小学数学典型内容教学设计与评析

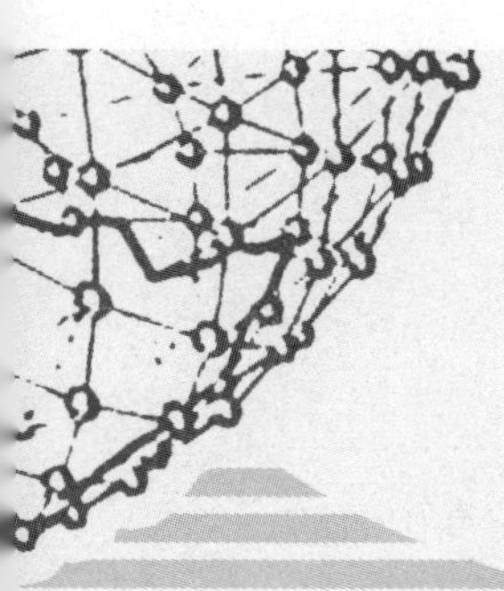

| 刘加霞　刘晓婷　刘琳娜⊙编著

清華大學出版社
北　京

内容简介

把握数学内容的本质与长远育人价值、基于证据调研学生学习的难点与需求、指向目标设计有效学习任务(活动)是教师的三项基本功。本书即以这三项基本功为靶向,提升教师(尤其职初新任教师)的教学能力,助力教师学会教学、思考与育人。

本书以小学数学教师日常教学中的"问题"为出发点,以小学数学典型内容为载体分析优秀教师的教学案例,提炼出教学设计、课堂教学组织与调控的有效方法、策略与基本原理。读者可以直接使用本书提供的学习活动、情境与教学方法等,也可以在读懂、弄通原理基础上创造性地提出新的教学手段与措施。

图书在版编目(CIP)数据

小学数学典型内容教学设计与评析/刘加霞,刘晓婷,刘琳娜编著.—北京:清华大学出版社,2019(2021.12重印)
(清华汇智文库)
ISBN 978-7-302-52150-1

Ⅰ.①小… Ⅱ.①刘… ②刘… ③刘… Ⅲ.①小学数学-教学设计 Ⅳ.①G623.502

中国版本图书馆CIP数据核字(2019)第010719号

责任编辑:杜 星
封面设计:李伯骥
责任校对:王荣静
责任印制:杨 艳

出版发行:清华大学出版社
网 址:http://www.tup.com.cn, http://www.wqbook.com
地 址:北京清华大学学研大厦A座 **邮 编**:100084
社 总 机:010-62770175 **邮 购**:010-62786544
投稿与读者服务:010-62776969, c-service@tup.tsinghua.edu.cn
质量反馈:010-62772015, zhiliang@tup.tsinghua.edu.cn
印 装 者:涿州市京南印刷厂
经 销:全国新华书店
开 本:170mm×230mm **印 张**:20 **字 数**:346千字
版 次:2019年8月第1版 **印 次**:2021年12月第5次印刷
定 价:98.00元

产品编号:078504-01

前言

Foreword

弗赖登塔尔曾经这样描述数学的表达形式:没有一种数学的思想,以它被发现时的那个样子公开发表出来,一个问题被解决后,相应地发展为一种形式化技巧,结果就把求解过程丢在一边,使得火热的发明变成冰冷的美丽。教师进行教学时又何尝不是这样:艰辛思考、愁眉不展、豁然开朗的教学准备过程要比最后上出一堂"完美的课"更为重要。

基于数学本质吃透教材、基于证据调研读懂学生、基于经验设计出有效学习活动是教师的三项基本功,教师的专业成长就蕴含在这三项基本功的培养与修炼中,本书旨在呈现这个"培养与修炼"的过程。

一、本书"典型内容"的选择依据

小学数学有结构清晰的知识内容,其内容边界较为明确,这些基本内容中都渗透了重要的、基本的数学思想方法,可以说小学阶段任何内容都具有教育价值。根据《义务教育数学课程标准(2011 年版)》的要求,本书精选小学阶段典型数学内容作为案例,结合教材深入分析这些典型数学内容的数学本质及其承载的教育价值,帮助教师首先弄清楚并掌握"教什么",然后调研学生在学习"应该学的内容"时已有的知识基础、经验储备以及学习的难点,最后,学习优秀教师教学时所使用的"好活动",进而创造性地设计出能够激发学生学习需求、愿望与兴趣,并能够达成教学目标的有效的学习活动。

何谓"典型内容"? 典型内容首先是最基础的内容,数(包括倍的认识)的认识,四则运算,图形的认识,认识统计表、统计图和统计量等,是小学数学最基本的内容。本书围绕这四个方面精心选择了13节新授课和1节复习课：二年级的万以内数的认识、三年级的分数初步认识、四年级的小数的意义以及二年级的倍的认识；一年级的两位数加一位数的进位加法、二年级的乘法的初步认识、四年级的除数是两位数的除法以及五年级的异分母分数加减法；三年级的图形的周长与图形的面积、六年级的圆的认识以及五、六年级的平面图形的复习课；三年级复式统计表以及四年级的平均数的认识。学科实践活动课程是近几年所倡导的课程内容，旨在综合运用所学习的数学知识解决实际问题，在问题解决过程中初步感受和体验数学思想方法的意义与作用，因此本书在数学综合实践领域选择了两个内容：一片树叶有多大和经典的鸡兔同笼问题。除了基础性，选择这些典型内容还基于以下考虑。

(1) 具有代表性。本书所选择的教学内容在该知识所属领域中具有代表性，能揭示该内容领域的数学本质及所承载的教育价值。例如，“万以内数的认识”从属于认识自然数的单元，理解自然数的多重含义（表示数量多少、表示顺序、与数轴上的点能够建立一一对应关系等），理解一个数是由其计数单位及其个数累加共同组成的，感悟自然数背后的两种重要思想：十进制、位值制，以及学会估数等数感的培养等，这些学习目标在“万以内数的认识”中都有明确的体现。作为一线教师，掌握了“万以内数的认识”的教学设计及实施，自然数领域的其他内容教学也就容易掌握，其思考过程与教学策略基本类同于“万以内数的认识”。

(2) 教师教学该内容有一定难度且学生学习时易混淆。小学数学中有些内容在学习时容易混淆，甚至是长期混淆，本书就选择了这样的内容作为典型内容进行教学分析，试图为一线教师提供学生学习时易混淆的证据、教师教学时可借鉴的教学活动材料。例如，平面图形的周长与面积，“周长”与“面积”似乎是一对相依相生、互为仇敌的“冤家”，即使到了六年级，仍有很多学生解决问题时混淆这两个基本概念。其原因很复杂，有时是学生问题解决时“不仔细审题”所致，但更多的是学生对这两个概念的理解不深入、不牢固，忙于记忆“公式”并简单套用公式解决问题，而教师教学“周长”时所采用的不恰当学习活动导致学生建立的不是“周长”概念，而是强化了“面积”概念。

(3) 学习（教学）该内容的活动具有示范性。小学数学中有效的学习（教学）活动具备以下几个特点：活动能够激发学生的好奇心、探究的需求与愿望，能够引发学生持续地思考；适合“做中学”，便于学生在直观操作（动手拼摆演示、画图、调查等）中学习与探究；适宜于学生小组合作完成，在合作中分工明确又能独立思考，等等。例如，在学习“倍的认识”时，学生通过“圈画”明确哪个量是“标准”，以“标准”

作为一份,再圈画另一个量,看看有这样的几份,那么就说另一个量是这个量的几倍,不同学生圈画的方式或习惯可能不同,但最终都要明确"谁是标准""另一个量里有几个'标准'",在不同的操作、表示中寻找相同的"结构"。

二、本书的特点及特色

本书旨在帮助教师尤其新任教师学会教学:学会分析教材、学会调研学生、学会设计有效学习活动、学会组织管理与调控课堂教学活动的有效开展。本书以"典型内容"为例,阐述教学的上述四个方面,尤其前三项,一方面掌握这些典型内容的教学,另一方面以这些内容为例,让教师掌握备课的基本思路与方法,在教学准备过程中学会提出问题、查阅相关材料分析问题、借鉴优秀教学方法和经验解决问题。为实现前述目标,本书在写作过程中特别体现以下特点及特色。

1. 问题导向

优质、有效的教学准备始于教师的真思考,即对即将进行的教学提出"真问题"。很多一线教师还不会也不能提出教学过程中的真问题,因此本书的每一节基本都从教学中常见的问题或现象入手,以案例的形式具体描述这些问题和现象,不是笼统宽泛地提出问题。

这些问题包括三个层面的内容:一是学生学习该内容时的困惑与难点;二是教师对教学内容的数学本质把握不准,不清楚特定内容的数学本质到底是什么;三是现行教材采用"螺旋上升"方式编排,导致很多教师不能清晰地把握同一学习内容在不同年级的学习目标,造成"教不到位"或者"教的越位"。学会提出问题并列举出经典教学案例、学生的典型行为表现是教师专业成长必备的能力。

2. 自主思考与及时训练

在提出问题或教学常见现象后,强调学习者的"自主思考",即针对所陈述问题先阐述自己的看法、做法与观点,再阅读教材中所提供的其他人的方式方法以及相关解释与理论,将自己的理解、做法与他人的做对比,寻找两者之间的共性与不同,如此才能增强理解力、将相关理论内化于心。之后,再通过"练一练"活动,巩固所获得的认识、强化所获得的技能,真正将教学的相关知识、技能转化为教学能力。

"自主思考"需要学习者敢于提出自己的见解与主张、乐于分享自己教学实践中的方式方法,真诚地敞开自己的"前见"或"成见"。这取决于学习者的学习态度与教学自信,往往越有自信、越成熟的教师越敢于敞开自己的"前见",越是自主思考型教师，其学习收获与专业成长速度越快。

3. 提供丰富的阅读材料

本书提供了丰富的阅读材料，以便于一线教师在自主思考的基础上，吸取其他优秀教师的教学方法与策略，深化理解相关的教学理论。

第一类材料是一线优秀教师做的学生实证调研、教学设计与执教的课堂教学实录（教学视频），这些材料不但为我们提供了丰富的学与教的案例，更重要的是为我们提供了学生调研、教学设计和课堂教学管理的基本思路与方法。第二类材料是教师培训者或理论研究者对一线教师的前述做法所做的深度评析，通过评析，试图让一线教师不但清楚"怎么做"，更明白"为什么这样做"，以期望探寻优秀教师教学实践方式方法背后的基本原理与规律。第三类材料是教育理论工作者所著述的论文和著作，这些材料虽然距离教学实践有些远，不能直接提供具体的教学方式方法，但其所论述的是数学学科本质与教育教学的基本规律，既为一线教学提供思路与策略，也为一线教师提供一定的理论支撑，使得教学实践少走弯路，指引正确的方向。

三、使用本书的建议

本书每章分学习目标、学习准备、学习任务、练一练四个板块的内容，其中"学习任务"是主体内容，在编写时遵循"问题提出""自主思考""分析与点评"的写作思路，强调学习者的深度参与、内化思考与实践训练，以期望在此过程中真正提高学习者的教学能力与水平。本书作为教师的培训教材，提出以下使用建议。

1. 重视"学习准备"的内容，做好充分的"学习准备"

成年学习者的学习"自我准备度"是影响学习效果的重要因素，本书每节的"学习准备"既提出了关于本节内容的"疑问"，也指明了本节内容不同版本教材的处理方式不同，需要学习者提前了解不同版本教材内容，同时又提供了曾执教本节内容的优秀教师的教学设计或教学视频。认真思考"学习准备"栏目所提出的问题、阅读观看所提供的文本资源或教学视频资源是有效学习的前提和保障，希望学习者和教材使用者尤为重视"学习准备"。

2. 适时组织学员进行小组合作学习

每位教师对教学都有自己的理解，并有一定的教学经验和教学困惑，这些是重要的培训资源。本书又提供了其他视角的具体教学方法、策略与理论，教师个人资源与教材所提供的资源共同构成培训的多样化资源。因此，培训过程中宜组织小组讨论与合作学习，为学生自主思考、小组讨论提供空间、时间与讨论的话题，培训组织者应该在学员讨论交流的基础上进一步提炼概括相关的观点、具体做法和策略。

3. “练一练”部分作为“作业”，巩固强化学习效果

巩固、强化是想法(念头)、技能内化为能力的重要途径，同时受培训教学课时数的制约，很多内容在培训现场无法得到及时训练，因此，布置学后作业也是培训的重要环节。本书中的“练一练”板块围绕相关内容，提出了需要进一步查阅相关资料、在教学实践中要具体落实的问题与活动，希望教师培训者重视“练一练”板块内容，做出“标准答案”，划分学员作业的层次和水平，作为考核评价学员学习效果的指标，真正将“自主思考”、完成“学习任务”“练一练”各环节有机整合为一体，实现培训目标，提升培训效果。

教师培训的本质即是让教师思想、观念与行为发生改变并学会创造的一种活动，参与培训的教师不是学习、接受培训者事先设计好的主旨与内容，而是借助培训课程与活动，改变、整合自己已有的“经验”，创造出新的方式、方法。本书是实现这一目标的有益尝试，需要在培训实践中不断修正、完善。

编 者

2018 年 10 月

目录 Contents

第一章 数与倍比关系的学与教

学习目标

1. 理解数、倍的内涵、形成过程以及“数”所蕴含的十进制、位值制思想。

2. 了解数及倍比关系在数学教育中所承载的价值，明确其在小学阶段的教育价值。了解数感的内涵以及教学中的培养策略。

3. 在读懂所使用教材以及了解学生学习基础、难点的基础上，设计能够激发学生探究愿望、兴趣并能深刻理解数学实质的学习活动。

4. 初步掌握分析教材、调研学生、设计有效数学学习活动的基本方法。

第一节　万以内数的认识：整体建构数的概念

学习准备

1.（不同版本）教材上关于“万以内数的认识”的学习都设计了哪些情境？哪些学习活动？

2. 数概念的内涵与实质是什么？“数的认识”教学的核心点是什么？

3. 认识万以内数和认识百、千以内数的教学有何不同?教学起点和教学目标是什么?

4. 阅读本节提供的关于“万以内数的认识”的文章。

自然数的概念学习在小学可分四个阶段:20以内数的认识、100以内数的认识、万以内数的认识、大数的认识。学生在一年级的学习中,已经认识了百以内的数,二年级分两个部分继续认数学习:认识千以内的数、认识万以内的数。学生在学习20以内、百以内和千以内数的时候,已经积累了比较丰富的经验。在教学“万以内数的认识”时,仍应依靠这些经验,再一次引领学生经历对生活中大数量的抽象过程,借助直观工具,通过数数理解数的组成,在构建“万”这一计数单位的过程中,进一步深化对计数单位、数位等概念的理解,形成对位值的深刻感悟。

在数的概念教学中,重要的两个核心点是进位制与位值制。人类在计数更大数目时,产生了系统化的记数方法。人类历史上形成进位制方法有:二进制(计算机时代使用)、五进制、十进制、二十进制、六十进制。其中使用最多、世界各国通用的是十进制,即“满十进一”的十进位记数方法。在此基础上,更关键的一步是“位置值制”(positional value,简称“位值制”),即相同的记数符号(0~9的印度-阿拉伯数字)由于所处的位置不同而表示大小不同的数目。例如:1111,不同位置上的1代表不同的数目。有了位值制,就可以用有限的几个数字表示出无限多的自然数。小学数学的自然数概念的教学中,理解“位值”是很抽象的。在认识万以内的数,甚至对更大的数的认识,更需要强调理解“十进制”“位值制”思想,才有利于整体上认识把握数概念。从教学策略上讲,小学生理解抽象的内容最有效的学习方式就是直观化、操作化。因此,各类教材均会借助形象化的直观教具或模型理解数,如数位筒、计数器、算盘、第纳斯木块、小棒、点子图、数位顺序表等,实现由直观走向抽象。

自主思考:

1. 教材中“数的认识”教学内容通过哪些材料展开教学?

2. 试分析不同阶段的“数的认识”在教学上的异同。

自然数的记数法是十进位值制。教材中分多个年级来学习自然数。首先教师要了解每个年级的具体要求,每一部分都是逐步引导学生进入理解十进位值制的意义,学生可以借助实物(如手)、直观模型(如小棒、方块、计数器、数轴)等来加深理解,特别是教学中要鼓励学生操作“直观模型”来加以体会,遵循逐一计数—按群计数—初步体会位值和计数单位的十进关系—类比进行“数级”扩充的学习路线①,深入体会位值和计数单位的十进关系。教师在教学中应该观察学生真正的学习路线是否与教材一致,在此过程是否存在困难。各阶段数概念借助直观模型的学习分析如下。

对于10及10以内数的学习,学生是逐一计数,体现“一一对应”的思想。学生一个一个地数计数器上的珠子,一根一根地数小棒,在“数直线”时(小学阶段,老师们以“数直线”替代严格的数轴)一格一格地数,一个一个地数手指头,同时学习10及10以内数的阿拉伯数字表示方法。

20及20以内数的认识,学生将正式由逐一计数发展到按群计数,学习“1个10相当于10个1”,教师鼓励学生操作小棒,把十根小棒捆在一起当作“1个10”,来理解15根小棒是10根一捆和5根小棒,并学习到数的构成“由1个十和5个一组成”。小棒便于操作成为常用的主观模型。进一步,将1捆小棒对应于计数器上十位上的1个珠子,使学生初步体会位值。

100及100以内数的认识,学生除了要进一步扩充对数位的学习,学习“10个十是100”,还将进一步体会到“同一个数字在不同的数位上表示的意义不同”,例如,“11”这个数中两个1表示的意义是否相同成为学生的讨论问题。小棒和计数器仍然是帮助学生体会十进位值制的直观模型。

万及万以内数的认识,学生进一步学习新的数位——千和万,并且体会到这些计数单位的十进关系。教材中采取“第纳斯木块”作为直观模型,同时,学习数位顺序表,将计数单位系统地整理起来。在“千以内数的认识与表达”教学中,教材中先从实景图到数图,帮助学生建立千以内数的直观认识,然后结合千以内数的读写、计数器(算盘)上表示千以内的数、千以内数的数位顺序表以及千以内数的组成(由几个百、几个十、几个一组成),突出了十进制记数法的位值概念,帮助学生初步系统地建立起对千以内数的认识。然后再通过千以内数的数射线,进一步丰富学生的数感。教材展示了一个较为完整的对数的认识与表达的过程,给学生提供了一个足够的空间,使他们的认识从直观到抽象,从认识到表达,最后初步建立起自己的模型,这对学生的认知也是一个大的促进。

延伸到“万以内数的认识”教学,“万”是什么?对学生来讲,直观地去构造出“万”,从而认识万,既是教学重点也是难点。突破学生认识“万”的困难和整体认

① 张丹. 小学数学教学策略[M]. 北京:北京师范大学出版社,2014.

识大数结构，教学要抓住的核心本质就在于十进制思想和位值制思想。不同版本教材提供不同方式，但都依据“直观”“操作”原则，总的说来有以下方式途径。

方式一：体育馆的人数图，通过一千一千地数来认识“万”。

方式二：通过用板条块学具、自制计数器或用算盘表示出“万”等实践操作活动。

方式三：用自己熟悉的材料建构出“万”。例如用“千数图”拼出“万”，在具体拼的过程中得出10个一千就是一万；通过迁移，让学生用第纳斯木块建构万以内的数，而且从图中可以清楚看到个、十、百、千、万之间的十进制关系。

在多位数的学习中，学生从“个级”扩充到“万级”“亿级”等，完整地学习了表示所有自然数的方法，并在此基础上探索数与数之间的关系、数的运算（精确计算和估算）。

学习任务1：如何串联起万以内数的意义、认、读、写等零散知识点？

“万以内数的认识”属于数与代数领域部分，是关于数的认识教学。课标中对“数的认识”维度的教学要求是：在现实情境中理解万以内数的意义、能认、读、写万以内的数，能用数表示物体的个数或事物的顺序和位置。因而在认识万以内数的教学中，学生通过结合生活中熟悉的具体情境和对学具的操作继续学习，发展数的概念，并且将数的范围从百以内扩展到千以内，然后再扩展到万以内。一方面为后面进一步学习大数（百万、亿）等做准备，另一方面也可以扩展学生日常生活中对“数”的实际应用的范围。教师需要思考的是，以什么主线贯穿于数的读、写、认及比较计算等零散知识点中？对此，北京教育学院石景山分院附属小学赵燕老师在执教此课时的思考是：以数的认识教学核心的“十进位值制”数学思想串联起上述知识点，以使学生从真正意义上、从整体上把握理解数。“十进位值制”思想的两个重点：对计数单位的理解和满十向相邻高位进一。将抽象的计数单位“万”具体化，以直观模型作为理解的基础，形成计数单位的表象。

学习任务2：如何调研理解学生“万以内数”的已有认识？

学生在认识万以内数之前，已经学习了1～10的认识、11～20各数的认识、百以内数的认识，接触了“十进”“位值”“计数单位（个、十、百）”等主要的核心概念，也通过数数、估数等多样化的活动，借助小棒、计数器等直观模型对数概念有了初步的感悟，那么学生究竟对数理解多少呢？有了认识百以内数的经验，学生能否流畅计数万以内的数？对数的意义理解多少？在万以内数的读写中遇到的困难和问题有哪些？对数之间的相对大小关系的感知如何？教师编制以下测评题目（在学万以内数的认识之前的）对学生在数的意义、数的关系、数的估计等方面的掌握和认知情况进行前测。

1. 用你自己的方式表示这个数（至少用两种方法）。

二百一十五

2. 1 个代表 1，下面每个数中的“3”能用哪个图形表示，你能用线连一连吗？

573　　　　306　　　　230

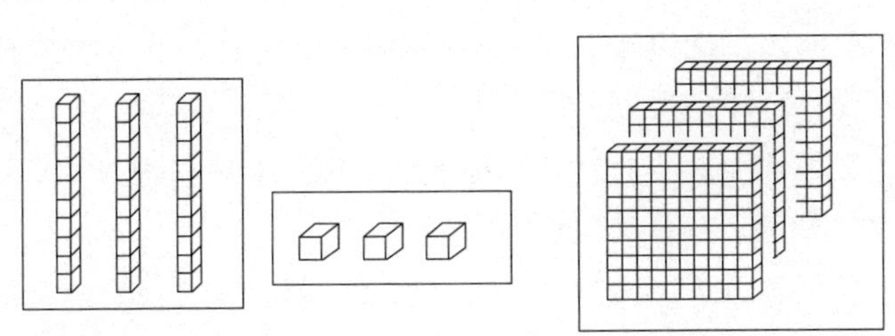

3. 读写下列各数。

① 2018 读作：　　② 3005 读作：　　③ 一千零三 写作：

4. 189 和 201 大概在数轴上哪个位置？请你用“·”标出来。

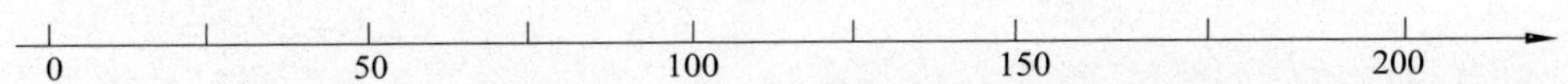

首先，请老师思考：在你的教学前进行这些题目的测评，你预设学生可能有的答案是什么？根据学生作答情况，可以检测教师在教学中哪些“点”没有突破，哪些直观模型的利用不够充分？下面对这些题目的调研结果进行分析并联系万以内数的认识教学略做提示。

第 1 题是多模式表征数，属于数的意义理解维度。学生基本能够将二百一十五改写为 215，而且能用其他模式表示 215。见图 1

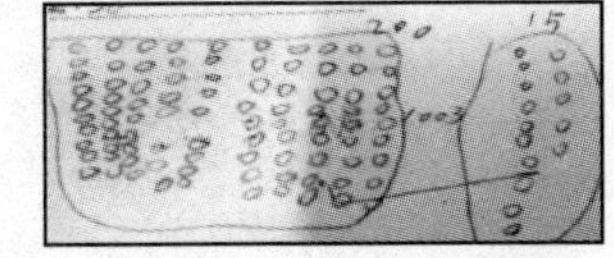

图　1

(1) 用实物符号表示。见图 1

这一结果表明，有学生依赖“个”数，以“个”为单位点数，每一个数与量要一一对应。

(2) 具有计数单位意识。见图 2

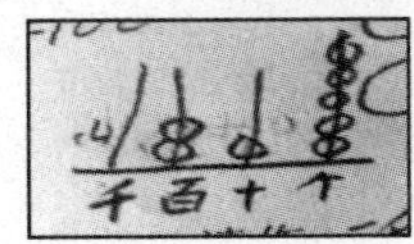

图　2

从这些解答中可看出，有些学生有计数单位意识，能够借助直观模型如计数器来表征不同位值上的数(图2左一)，甚至有意识将已学分数的意义迁移到个与十、百与十的关系(十分之一)表征上(图2右一)，这些学生能够从结构上认识数。教师在万以内数认识教学时，应考虑学生的已有认识扩展直观模型，再从数结构上加以巩固、强化和发展。

(3) 阿拉伯数字表示：完全写对215；错写为2015。

写对的学生对位值思想理解比较好，写错的学生对位值的意义理解得还不够清晰，抽象化还不足。在认识万以内数时，仍需借助位值的直观模型强化认知。

第2题是考查对数的意义理解，学生对573中的3表示"3个一"没有问题，对306和230中的"3个百"和"3个十"混淆。这主要由于教材中只呈现过表示3个一和3个十的小正方体模型，在认识百的时候，并没有呈现小正方体模型。这个结果提醒教师在"万以内数的认识"教学时应注意"百""千""万"直观模型的应用以及计数单位之间的进制关系，仍然突出直观模型达到对数结构的把握。

第3题是关于数的正确读写的测试，从测试结果中可以看出学生存在一定的读写数的问题，主要错误是落写计数单位"百""十"等。但是，通过个别学生的访谈发现，这些错误大部分能口头纠正。学生对于含有0的数的读写比较困难，特别是0的占位思想学生并不能充分理解。学生虽然能够用不同方式表征数，在表示数时，计数单位的意识明显，但是在读写数时，却大量出错，这正是口语计数中的"乘法分群计数系统"与书写数中的"印度-阿拉伯十进位值制计数法"有区别，会读数却不一定能够写正确，写正确的学生又不一定能够读正确，在教学中既要重视"读数"又要重视"写数"，并将二者进行对比，在熟练运用中进一步理解"十进位值制"，理解数的意义。

第4题考查学生对数的相对大小关系的感悟能力，属于数的关系理解维度。题目给了"数轴"半抽象数模型来考查学生对数的大小关系的感觉，这就是所谓的"数感"。由于数轴上的数以"25"为最小间隔单位分布，因此，学生需要估计189和201离200的位置远近，并寻找估计方法，如利用189和201与200之间差的大小判断这两个数在数轴上的大致位置。因此，培养数感需要有合适情境，有"估"的需求，进而有"估"的方法。在万以内数及之后的大数认识，需要教师思考，以怎样的合理情境来让学生感知大数，这一点是学习大数较为重要的内容。

从四道前测题目的调查结果来看，学生初步形成"计数单位"的概念，但对"位值"理解不够深刻。"个"与"十"的满十进一较为熟悉，但"十"与"百"，甚至"百"与

"千"之间满十进一的十进制理解不够透彻,在"万"的认识上,教师应当突出与"千""百"间的关系。尽管之前有百以内数的认识为基础,但计数单位和背后所蕴含的"位值"思想在二年级学生学习万以内数的认识之前依然是学生的困难所在,需要在万以内数的认识再加以巩固强化。具体教学活动设计参考学习任务 4。

学习任务 3:分析"数"的概念实质与教育价值

在数概念的教学中,从数学意义上如何理解数的概念本质?数的本质结构就是"计数单位与其个数乘积的累加"[①]。自然数记数系统首先是"十进制",所以计数单位是一(个)、十、百、千、万……不同计数与其个数乘积的累加就构成了全部的自然数。在"万以内数的认识"教学中,位数由百以内扩展到万以内,位数扩大到四位,学生应逐渐认识"千""万"的计数单位及其构成数的"位值"功能,同时加深计数单位之间的十进关系的认知。在实际教学中,学生如何理解计数单位由百到千、万的过渡?同样,将抽象的计数单位走向具体化,仍需借助直观模型,同时考虑设计活动过程,使学生感受到相邻两个计数单位的进率是 10。

关于数的认识教学,承载了数学核心素养或数学关键能力中"数感"的培养。《义务教育数学课程标准(2011 年版)》(以下简称《数学课程标准》)给出了义务教育阶段数学内容所涉及的最重要的十个核心概念,十个核心概念之首就是数感,其解释是:数感主要指关于数与数量、数量关系、运算结果估计等方面的感悟。建立数感有助于学生理解现实生活中数的意义,理解或表述具体情境中的数量关系。数感培养的重要途径之一是采用多种方式进行数的表征。在"万以内数的认识"教学中,赵燕老师提供了多种方式,包括用第纳斯木块的模型表示数、用实物表示数、用自己制作的计数器表示数、用纸制计数器表示数、用古埃及的象形文字表示数、用十进位值制记数法表示数(参见学习任务 4)。其次,数在现实世界中的意义,借助"量"感知数,因此赵燕老师用了 100 粒绿豆和万人礼堂的现实模型感知数,对数感强调的是一种感悟。在小学数学教学活动中,不仅要让学生感悟"数是对数量的抽象",还应当反过来,让学生感悟"抽象出来的数与数量是有联系的"。抽象的核

① 刘加霞.小学数学课堂的有效教学[M].北京:北京师范大学出版社,2014.

心是舍去现实背景，联系的核心是回归现实背景①。例如，同样是100这个抽象了的数，但100粒绿豆与100匹马给人的现实感觉是很不一样；再如，对商品价格的感知，去市场买菜，带100元钱就差不多了，但要购买房子，100元钱是远远不够的。因此，对于现实生活的许多情况，人们需要感悟数与现实背景之间的联系，从而感悟并且判断在日常生活和科学研究中的数据所提供的信息。有了这些对数和数量的感悟，学生就能在现实生活中比较合理地把握数以及数的运算。例如，合理地估计教室里同学的数量，估计一堆苹果的数量。再如，知道1 000步大概有多长，知道1 000名同学做广播体操大概需要多大的场地等。通过以上讨论，培养学生的“数感”，不仅是学习数学的需要，而且有助于培养学生认识和解释现实事物的能力。

除了最根本的“数感”培养，在情感态度价值观方面，让学生体会到马克思评价十进位值制记数法为“最妙的发明之一”。因其表达数目简洁明确，无论是在表达数还是数的运算中，十进位值制具有无可比拟的便利性，成为全世界科学及社会生活中的选择。同时也让学生明白数学的发展就是不断优化算法、不断优化概念的历史发展过程，这是我们理解数学、发展数学的重要视角和方向。

学习任务4：核心教与学活动及其设计意图

下面是北京教育学院石景山分院附属小学赵燕老师执教“万以内数的认识”所设计的学习活动以及意图分析。

活动一：在数一数的活动中感受产生新的计数单位的必要性

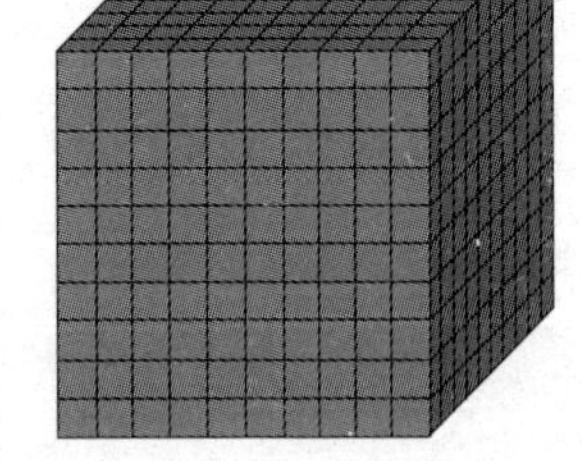

(1) 出示正方体，让学生数一数这个大正方体里有多少个小正方体？提问怎样数？

(2) 学生回答：先一个一个地数，数出一排，再一排一排地数，数出一面，再一面一面地数，数出这个大正方体里面有多少个小正方体。

(3) 演示：按照学生方式边数边演示。

(一个一个地数，10个一是十)

① 史宁中主编．基本概念与运算法则——小学数学教学中的核心问题[M]．北京：高等教育出版社，2016.

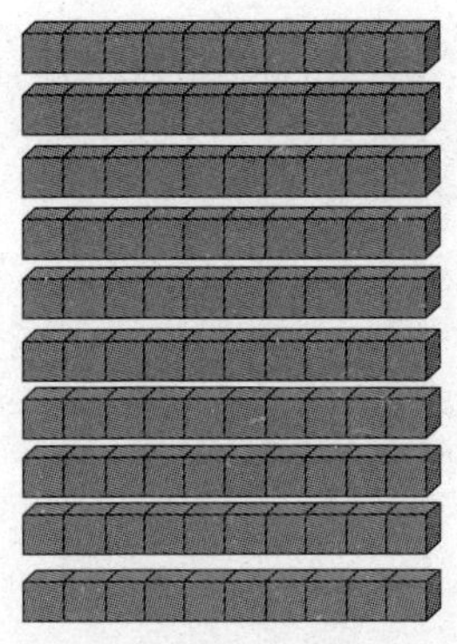

(十个十个地数:10,20,30,40,50,60,70,80,90,100,10 个十是一百)

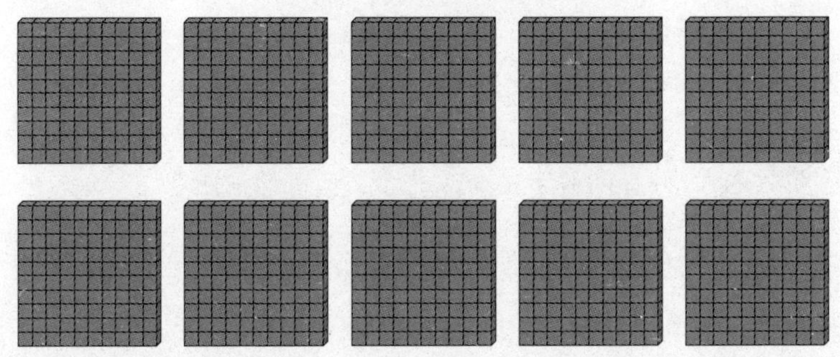

(一百一百地数:100,200,300,400,500,600,700,…,1000,10 个一百是一千)

(4) 板书记录:10 个一是十;10 个十是一百;10 个一百是一千。

【设计意图】 首先为学生提供了第纳斯木块作为直观模型,组成一个大正方体的小木块有 1000 个。在“数(shù)是数(shǔ)出来的”的朴素数观念下,调动先前学习百以内、千以内数概念学习经验,教师先组织学生分别以“一”“十”“百”为单位进行计数,经历了三次满十为一个新单位的数数过程。这既巩固了计数单位个、十、百,再次体会 10 个一是十,10 个十是一百,为学生理解相邻两个计数单位间的十进关系积累经验,也为引入新计数单位“万”以及本节课贯穿的“计数单位整体结构和特征认识”教学主线做好铺垫。

活动二:利用多模型认识、感受“万”

1. 第纳斯模型

(1) 继续数数:如果一千一千地数,你会数吗?师生一起数(出示课件)。

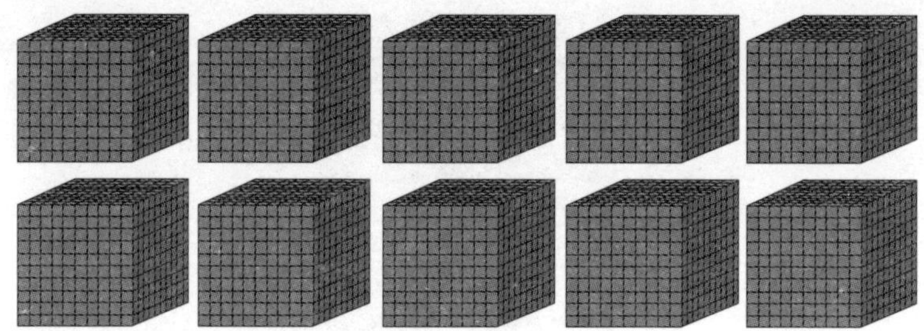

(学生共同数数:1000,2000,3000,…,9000,10000)

(2) 认识计数单位:刚才经过数数,九个1000后再添一个1000,是10000。总结以上方式,数数可以怎样数?

生:一个一个地数、十个十个地数、一百一百地数、一千一千地数。

师:今天学习后,我们还可以一万一万地数。那么这些用来数数用的单位就叫作计数单位。

(3) 感受数的大小:提问对于10000这个数有什么感觉?

生1:实在太多了。

生2:数不过来。

【设计意图】 借助直观模型,认识新的计数单位"万",并感受计数单位之间的十进关系。引导学生感知数的大小,为后面数感的渗透做好铺垫。

2. 绿豆模型

初步模糊感受:一粒绿豆很小,那么一万粒绿豆有多少呢?

生1:这么多(用手比画)。

生2:一大把。

师:老师给你们提供一些工具,一起想办法数数一万粒绿豆。昨天老师数了数100粒绿豆大约一小瓶盖,1000粒绿豆大约一小烧杯,下面你打算选择哪个容器数出大约10000粒绿豆?

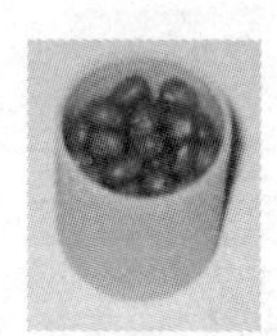

生:选 1000 的方便、快。

师:方便。用这个小瓶盖能不能数出来?但是怎么样?

生:能数出来,但太麻烦了。

师:那咱们数数看行吗?老师给你们带来一大瓶子绿豆,咱们数数看,这有多少粒?

生:1000,2000,3000,4000,5000。

师:猜猜 10000 粒绿豆得有多少啊?

生:一瓶。

师:怎么想的啊?

生:5000 这么多,10000 就一瓶。

师:5000 这么多,10000 就一瓶,咱们来看看是不是这样!

生:6000,7000,8000,9000,10000。

师:10000 粒绿豆大约有多少?

生:一瓶。

师:整整一瓶。

师:如果要数 30000 粒绿豆,你还用这个小烧杯吗?

生:一万一万地数,用这个大瓶子。

师:一万一万地数,数几次啊?

生:数三次就数出了 30000 粒绿豆。

3. 会场容量模型

出示图片:人民大会堂。

教师让学生观察人民大会堂的空间,如果坐满了人,尝试估计出能容纳多少人,通过学生所猜空间的容纳人数,来对比感知人民大会堂容纳 10000 人的数感。

活动三：多模式表征“万以内的数”。

1. 利用第纳斯木块表示万以内的数

教师为学生准备的学具袋中装有下列物品(凌乱摆放)。

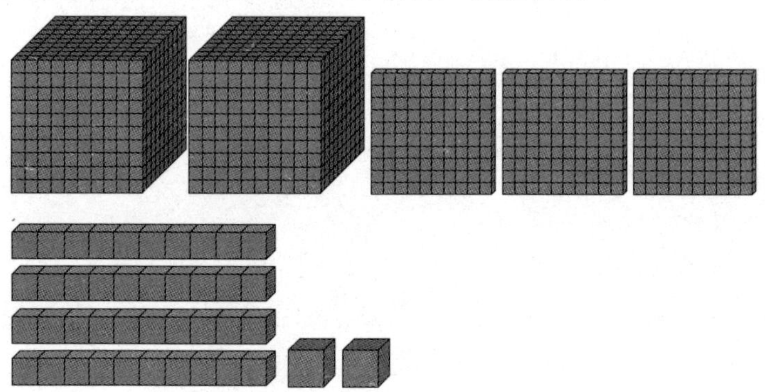

教师让学生数出这些小正方体有多少块，并按照数数规律摆放小正方体块。

生：我先把 2 个一千放到一块，我再把 3 个一百放到一块，然后再把这 4 个十放到一块，一共是 2340，再把这 2 个一放到一块，一共是 2342。

2. 利用自制计数器表征数

师：刚才我们用这么多的小正方体表示出了 2342，今天老师还带了一些珠子，但是这些珠子肯定不够 2342 个，我想让同学们用特别少的珠子也表示出 2342，这时候，你们有没有办法？什么办法？

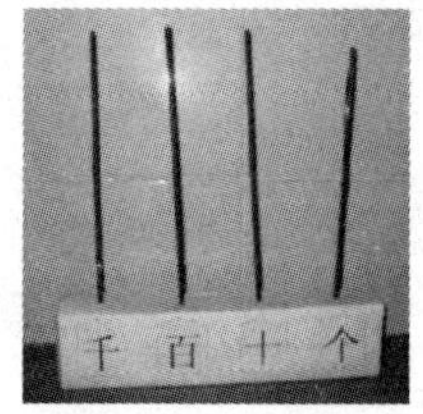

生：把两个珠子放在一起表示 2000。

师：这个想法不错，用很少的珠子表示 2000，那么你怎么样能区分出你这两颗珠子是 2000 而不是 200？

生：我可以把这两个珠子放在不同位置上，像计数器那样。

师：那我们就尝试一下用材料制作一个计数器。

师：这 3 颗珠子就表示三百，这 4 颗珠子就表示四十，2 个表示一。

师:我们用这么少的珠子就表示出了这么大的一个数,看咱们自己制作了一个简易计数器。方便不方便?

生:方便。

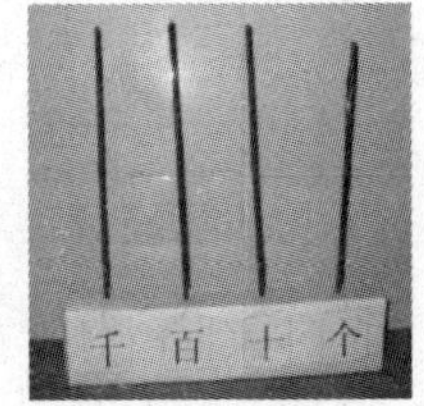

师:用这么少的珠子就能表示出这么大的数,是不是以后遇到多大的数你们都能用很少的珠子表示出来?那我想表示10000,老师给同学们带来计数器了。你们打算怎么表示10000,用几颗珠子就可以了?大家试试。

学生自己试着表示。

3. 利用十进位值制记数法表示数

师:用一颗珠子就表示了10000,很方便,看来同样的珠子放在不同的位置上,它表示的大小就不一样,用这么少的珠子放在不同位置就表示出了一个很大的数,有了这个计数器不管这个数有多大,我们都能用很少的珠子表示出来。那同学们能不能自己写出2342这个数啊?

学生在黑板上写出了2342。

师:用这么几个数字就可以表示这么大的一个数,你们觉得这种表示法有何特点?

生:简洁、方便。

师:二千就在千位上写2,三百就在百位上写3,四十就在十位上写4,2个就在个位上写2,我们这么几个数字写在不同的位置上就可以表示出这么大的数,你觉得用数来表示物体的数量怎么样?

生:更简单了。

师:这里的2、3、4、2分别表示什么?

生:2表示2个千、3表示3个百、4表示4个十、这个2表示2个一。

【设计意图】 这三个活动分别由具体走向抽象,让孩子在头脑中逐步形成计数"单位"的整体认识,并形成数位顺序的观念。

活动四:梳理计数单位,制作数位顺序表

师:到现在为止,你们认识了哪些计数单位?

生:个、十、百、千、万。

师:每个计数单位都有自己的位置,计数单位所在的位置我们叫它数位,你们能自己试着制作一个数位顺序表吗?

学生自己制作数位顺序表：

数 位 顺 序 表					
	( )位	( )位	( )位	( )位	个 位

师：我们看，从右往左分别是哪些数位？有何特点？

生：个位、十位、百位、千位、万位。数位逐渐变大。

师：你们觉得万位左边还有数位吗？

生：有。

师：万位左边如果还有数位，那它的计数单位和一万又会有什么关系？

生：10 倍关系。

师：你们怎么想的？

生：因为从个位到万位，相邻的两个单位之间总是十进位的，所以万后面就是十万，10 个万才是 10 万。

生：10 个一百是一千，就觉得到万位还是那样。

师：老师听明白你的意思了，前面 10 个一是十，10 个十是百，10 个百是一千，10 个一千是一万，后面这个计数单位，肯定也是它的 10 倍，是这样吗？

师：的确，万左边的数位叫十万位，计数单位是十万。

【设计意图】 每一个数的表示都有这样的数位顺序结构。通过学生制作数位顺序表，将这个结构形成于头脑中，在认识数的结构和数运算中能够自觉应用。

分析与点评

赵燕老师执教的这节课，能够看出她是在“单位化”思想引领下，把计数单位作为自然数概念学习的核心，再次引导学生较为深刻感受位值制思想。她围绕计数、计数单位的产生、意义、多重表示、应用等方面设计了数学活动，充分积累学生认知数概念及数结构活动经验，为之后学生认识大数、发展数感做好铺垫。

数概念教学从学生一年级开始就成为重要的教学内容和学习任务之一，教师在“万以内数的认识”教学时该把握什么样的主线，以统领之前 11～20 以内数的认识、百以内数的认识，又可正向迁移到后续认识更大的数？

1. 以计数单位的结构和特征形成单位化思想

“万以内数的认识”重点是认识计数单位“万”，但并不是孤立地认识“万”，而是将其放在整个系统中，在认识个体的基础上，进一步关注“万”与其他计数单位之间的关系，从而形成对计数单位整体结构和特征的认识。这种对结构特征整体把握的意识，始终贯穿在赵燕老师的课堂中。在引入计数单位“万”时，教师不是从“千”开始，而是有意从“一”开始，到“十”“百”“千”“万”；接着教师在板书中将各个计数单位的模型有序排列出来，并再次点明相邻单位间的关系，明确计数单位的概念，使学生对计数单位间的关系有了形象的认识。

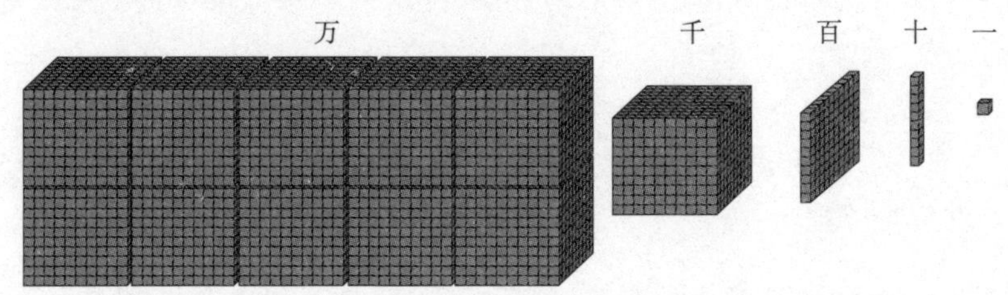

在课堂接近尾声的时候，教师又组织学生尝试制作数位顺序表，再次对计数单位进行了梳理。有了这种结构化的认识，学生对下一个计数单位的认识自然水到渠成。因此，单位化思想形成的关键在于，对计数单位的结构和特征进行整体认识。

2. 计数单位直观化

建立计数单位“万”的概念很重要。由于计数单位对于学生来说是枯燥而抽象的，如何将抽象的计数单位具体化、形象化？教师采取了利用多种实物模型帮助学生认识计数单位的做法。首先，以“单元模块”形式划分第纳斯木块的组成，一千一千地数、10 个一千是一万，由此引出计数单位“万”；其次，教师组织学生经历计数大约一万粒绿豆的过程，借助量体会数感；最后，教师提供座无虚席的人民大会堂，通过空间的容纳度感知一万的人数。这三次直观认识，使学生对计数单位“万”有了真切感受，“单位”的产生和意义得以凸显，有助于学生以“单位”理解数的结构，并且从计数单位角度对大数进行结构式认知。

3. 在计数的过程中联系“单位”的价值

数(shù)是数(shǔ)出来的。教师组织学生运用不同的计数单位计数的过程，就是用“单位”度量整体的过程，也是体现“单位”价值的重要载体。教师在课堂上，多次组织学生进行数数活动。在计数单位“万”的引入上，教师组织学生分别以“一”“十”“百”“千”为单位进行计数，经历了四次满十为一个新单位的数数过程。丰富的数数活动，为学生提供了用“单位”进行度量的实践过程，从具体到抽象，从相同的模型表示相同的单位到相同的模型放在不同的位置表示不同的单位，学生在运用计数单位计数的活动中，充分体会了单位的意义，这是计数单位概念形成的核心。

学习任务5：教学效果评价的工具设计与效果分析

自主思考：

1. 考虑如何从知识与技能、过程与方法、情感态度与价值观三个维度进行“万以内数的认识”教学。

2. 学习水平的划分和对应水平的习题设置。

一、课堂评价

在课堂上，教师关注学生的参与度、活跃程度，是否积极参与到动手及讨论中来，对其他同学的发言是否认真倾听，是否将自己的想法与别人进行交流。

二、课后评价

(1) 借助课后小结及时了解学生的学习情况、情感投入情况等，教师给予客观、公正的点评。

(2) 课后通过作业、测试卷评价“万以内数的认识”知识与技能的掌握情况，主要围绕以下几点(依据《课标》要求)：能正确读写万以内的数；会运用万以内的数表示物体的个数和顺序；会正确比较万以内的数的大小并能用“多一些”等词语描述数之间的大小关系；能熟练地口算整百、整千数的加减法；能用估算解决简单的实际问题。评价样例如下。

● 对数位和位值的理解。

每个数中的“5”各表示多少？连一连。

512　　　305　　　850

● 对核心概念如数与数关系、按群计数、计数单位等的认识。

● 估算能力。

(1) 带学生去一个开会的礼堂里，估一估大概有多少个座位。

(2) 学生在操场上站队，按照这样的间距站队，估一估站满整个操场大概能站按规律填一填，再读一读。

多少人。

（3）给学生一篇文章，估一估这篇文章有多少字。

（4）估一估一摞作业本大概有多少本。

练一练

1. 根据本节学习材料，你将如何区分“11～20 以内数”“百以内数”“万以内数”“大数认识”四个阶段整数（自然数）部分的教学层次？你认为每个阶段学生的学习重、难点何在？你是否有突破学习难点的方式途径？

2. 请你设计“万以内数的认识”学习时的前测题目并根据测试结果做出分析，根据调研结果，请谈谈你将如何设定“万以内数的认识”的教学目标及相应教学活动？

第二节　分数的初步认识：直观辨认与表达

学习准备

1. 小学阶段“分数”有两次学习：三年级“分数的初步认识”、五年级“分数的意义”，你是否了解这两次学习目标有什么不同？写下你的想法。

2. 查阅相关材料，了解“分数”产生的缘由。

3.“平均分”是分数产生的前提，“平均分”的目的是什么？

4. 我国很多数学名师都执教过“分数的初步认识”一课，请查阅 2 节名师的教学视频，初步了解名师如何执教。

很多老师认为，“即使不学习分数，学生对 1/2 也认识啊”。分数初步认识教什么？怎么教呢？直观地认识分数并不难，但什么是“直观地”认识呢？“分数单位”是否在三年级学习过程中有所渗透？分数是如何产生的？吴正宪老师执教“分数的初步认识”时从“分物时，‘自然数’不够用了，如何创设新的‘数’表示结果”引入分数。华应龙老师则应从“测量”而不是“分物”角度引入分数，在教学中把“四分之三”写为“四份之三”，这是为什么？教学“分数的初步认识”有各种教学活动、方法与策略，但都殊途同归，最终的目的是让三年级学生能够“初步认识分数”。

另外，我国各个版本教材关于分数的学习，基本都分两次（三年级、五年级）进行：“分数的初步认识”和“分数的意义”，这两次学习的教学目标到底如何区分？不同阶段认识分数应该设计哪些学习活动？如何既“到位”又不“越位”也是三年级学习“分数的初步认识”时一线教师难以把握的。

学习任务 1：理解分数的内涵与教育价值

自主思考：

1. 举出生活中见到的分数。

2. 分数既能表示“量”的多少，又能表示两个“量”之间的比率关系，试分析教材所呈现的问题与情境，看一看三年级所学习的分数表示“量”还是“率”？

3. 三年级学生认识分数离不开“平均分”，“平均分”对分数的形成有什么意义？

4. 在三年级分数初步认识的内容中，被平均分的“对象”有哪些？是否有不同的类别？

一、表示分数的各种模型

一对数字符号，如$\frac{1}{2}$，$\frac{2}{5}$等，或者短语“二分之一，五分之二”等并不是“分数”，它只是代表分数概念的符号或者语言，一般说来，学习分数不能直接从这些符号入手，而是从分数的“产生”入手。即理解分数首先是从“行为”（平均分物体）入手，而不是从“定义”（形如 $\frac{b}{a}$，$a \neq 0$ 的数）入手。只有学生经历并体验了把一个“整体”平均分为各个部分，所“关注”的部分与整体之间的关系可以用一个新的数来表示之后，才可以给出分数的“符号”表示，并建立“行为”与“符号”之间一一对应的关系，只有经历这样的过程，学生才能逐步理解分数概念。从“行为”的角度看，除了从“平均分”认识分数外，“测量”也是认识分数的重要途径。大多数教材认识分数是从“平均分”开始，从“率(部分与整体的关系)”的角度来理解分数。如果从测量角度认识分数，则是从“量”的角度来理解分数。

我们知道，自然数主要用于“数”个数，即数“离散的量”的个数，当测量“连续的量”(例如物体的“长度”)时，首先需要选定“度量单位”，“数”被测量物体中包含多少个“度量单位”，一般情况下，我们不能“数尽”，为了得到更准确的值，我们把原来的“度量单位”分割为更小的“度量单位”(一般情况下是平均分为“十等份”，以其中的一份作为新的度量单位)，再以更小的度量单位来测量以得到更精确的结果。这时，就可以用“分数”来表示测量的结果(用不同的“单位”表示)，只不过此时得到的“分数”不是一般的分数，而是特殊的“十进分数”即小数。这时，是从“量”的角度理解分数。度量产生的不是一般的分数，一般的分数产生于“解方程”或者是除法运算的结果。

教材中往往以学生熟悉的日常事物与活动为模型，建立分数的概念，如把一个月饼平均分为两份，其中的一份是$\frac{1}{2}$个，把一张纸平均分为4份，其中的一份是$\frac{1}{4}$，这仅仅是从“面积模型”的角度来理解分数，学生理解分数可以借助于多种“模型”。

1. 分数的面积模型：用面积的“部分—整体”表示分数

儿童最早接触分数概念及其术语可能与“空间”有关，并且更多的是“三维”的，而不是“二维”的，例如半杯牛奶、半个苹果……

儿童最早是通过“部分—整体” 来认识分数的，因此在教材中分数概念的引入是通过“平均分”某个“正方形”或者“圆”，取其中的一份或几份(涂上“阴影”)认识分数的，这些直观模型即为分数的“面积模型”。例如，写出下图中阴影部分表示的分数。

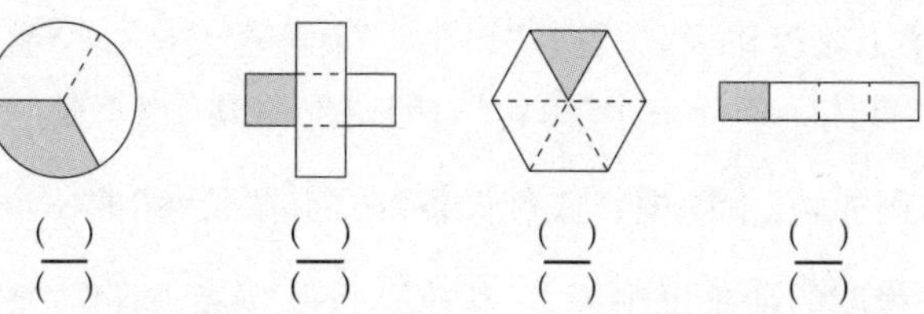

又如一个更有难度的问题：

涂色部分是整个图形的几分之几？

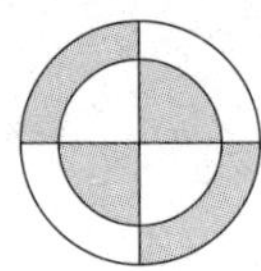 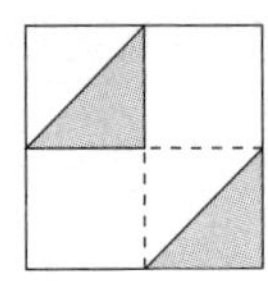 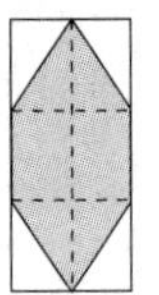

对于"平均分"，儿童有丰富的经验。皮亚杰等的实验发现：一些学生能成功地把纸张或扁平泥块通过"对折"进行"剪切"或"切割"，例如：

4～4 岁半的儿童能把小的正规图形分成两半；

6～7 岁的儿童能把小的正规图形进行三分；

7～9 岁的儿童能把小的正规图形通过试错进行六分；

10 岁的儿童能把小的正规图形较精确地进行六分，如先对半分，再三分。

儿童的这些丰富的经验为他们认识分数的面积模型，或者从"部分—整体"的角度认识分数打下了坚实的基础。

对于分数的"面积模型"，在学习过程中学生经常遇到一些困难，例如：

(1) 不能认识到图形"面积相等"的必要性，即"整体 1"是否一样大；

(2) 不习惯由图形语言到符号语言表达的转换，学生初步学习分数时对分数的特有表示方法不能立即掌握，需要一个熟悉、习惯的过程；

(3) 不能理解大于"整体 1"的分数；

(4) 不能从表示多于一个"单位"的图形中确定谁作为"单位"。

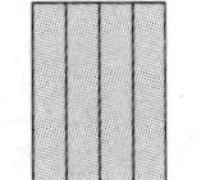 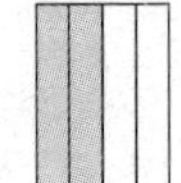

例如，对于下面图形，学生的回答是$\frac{6}{8}$，而不是$\frac{6}{4}$。

这时用"面积模型"来认识分数就存在困难，分数被理解为表示"单位面积"(关键是哪部分是"单位面积")的子面积，被理解为"整数的部分"，这就为儿童理解假分数带来了困难，如学生常常把$\frac{6}{4}$写成$\frac{6}{8}$。

2. 分数的集合模型：用集合的"子集—全集"来表示分数

这也是"部分—整体"的一种形式，与分数的面积模型联系密切，几乎没有区别，但学生在理解上难度更大，关键是"单位 1"不再真正是"1 个整体"了，而是把几个物体看作"1 个整体"，作为一个"单位"，所取的"一份"也不是"一个"，可能是"几个"作为"一份"，例如，在下图中，"蓝色长条"占全部"长条"的$\frac{3}{5}$。分数的集合模型需要学生有更高程度的抽象思维能力，其核心是把"多个"看作"整体 1"。

例如：

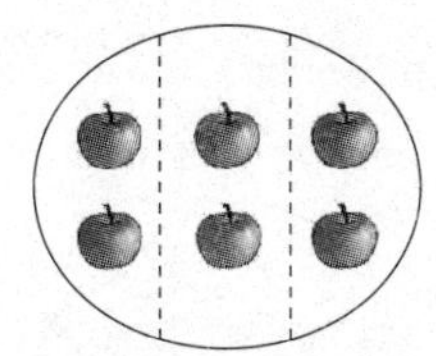

6个苹果平均分成3份，
1份是苹果总数的 $\frac{1}{3}$ ；
2份是苹果总数的 $\frac{2}{3}$ 。

说一说涂色部分占总数的几分之几?

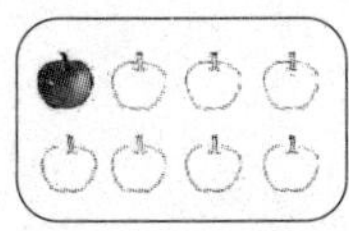
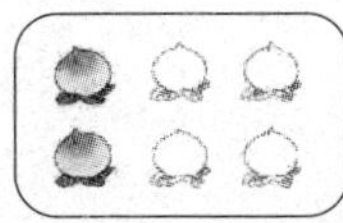

有研究者认为：学生对离散的集合的“部分—整体”的理解，不如对“面积模型”的理解，但随着学生年龄的增长和认知水平的提高，这种差别并不明显。

分数的集合模型的缺点仍然是容易对“假分数”（improper）产生误解，这与面积模型的问题完全一样：谁作为“整体 1”，这既是认识分数的一个核心，同时也是一个难点。J. Martin 总结出“整体 1”可以分为以下六种情况（以$\frac{1}{5}$为例）：

（1）1 个物体，例如一个“圆形”，平均分为 5 份，取其中的 1 份；

（2）5 个物体，例如“5 块糖”，其中的“1 块”占“5 块”的$\frac{1}{5}$；

（3）5 个以上但是 5 的倍数，例如，“15 块糖”，平均分为 5 份，取其中的 1 份；

（4）比 1 个多但比 5 个少，例如，“2 条巧克力”作为“整体”；

（5）比 5 个多但不能被 5 整除，例如，“7 根香蕉”作为“整体”；

（6）一个单独物体的一部分的五分之一，例如，一米的四分之三的五分之一。

上述六种情况不可能让学生同时学习，但学生逐步地经历这些“情境”对学习分数是非常必要的，尤其是(1)、(2)、(3)这三种情境。(4)、(5)两种情境对于学生进一步理解“分数”与“除法”的关系是非常必要，情境(6)对于学生理解分数乘分数则是很好的“模型”。

3. 分数的“数线模型”：数线上的点表示分数

分数的“数线模型”就是用“数线”上的点表示分数。它把分数化归为抽象的数，而不是具体的事物，对这个模型的理解需要学生更高水平的抽象思维能力，甚至有的初中学生对用“分数”表示点仍然感到困难。

分数的“数线模型” 与分数的“面积模型”有着密切的联系：一个分数可以表示“单位面积”的“一部分”，也可表示“单位长度”的“一部分”，前者是二维的，后者是线性的，是一维的。

“数线模型”是“数轴”的前身，是数轴的“局部放大”和“特殊化”，是用“点”来刻画“分数”。

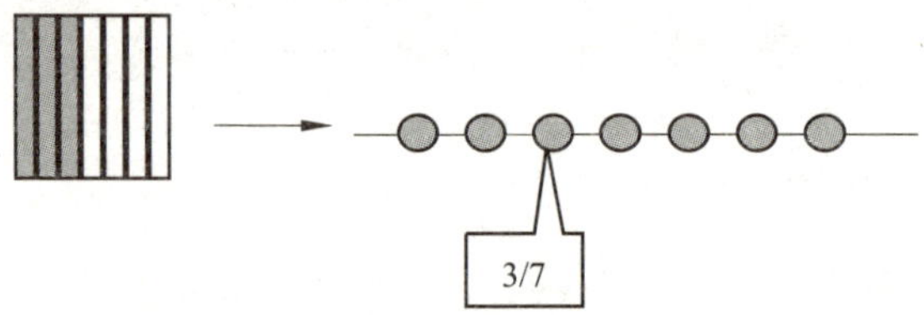

4. 分数与“除法”“比”的关系

对分数的另一种理解是把分数与除法联系起来。例如：$\frac{3}{7}$，被解释为 7 个人平均分 3 个东西。分数是除法运算的结果，但事实上，小学生对此并不理解，其典型表现就是在解决实际问题或者解方程时，当结果为“分数”时，有很多学生认为“还没有计算完”，一直要把分数再化为小数为止。

分数与除法的互相转化有重要的应用：把分数化为小数或百分数。

当刻画两个量的数量关系时，我们经常用“比”，例如 A 和 B 的点数之比是3:5，也可以记作$\frac{3}{5}$，其比值则是 3 除以 5 的结果即为$\frac{3}{5}$，小学生更习惯于写作“0.6”。

二、分数的内涵

分数概念的意义有很多，Kieren 提出分数概念的五种建构：部分/全体关系、比、商、测量及运算元等，台湾学者吕玉琴等认为分数概念的意义主要有 6 个：部分/全部的意义[表示量的大小(带单位)，也刻画部分与整体的倍比关系]；子集/集合的意义[表示量的大小(带单位)例如，10 块饼干是一盒，2 块饼干就是$\frac{1}{5}$盒，“盒”是单位，也刻画子集与集合的倍比关系，例如 2 块饼干占一盒(10 块)饼干的$\frac{1}{5}$]；商的意义(两个数相除结果的表示方式，例如 2 张饼分给 5 个人吃，每人吃几张饼?);数的意义(数线上一个点所代表的数值);运算子的意义(分数可视为一种操作或函数,例如,12 颗糖果的$\frac{2}{3}$是多少颗糖果?)[①]。国内学者王永认为分数产生有三种现实背景:分物、度量、比较中的“倍比”关系[②],张奠宙则认为“分数的真正来源在于自然数除法的推广”,“由‘份数’定义到‘商’的定义是数系的扩充”[③]。

从上述各种意义中可知,分物是分数产生的最原始背景。当所分配物品少于分配对象时,就有可能产生分数的概念。[④] 中国西周时期就已出现具有分数意义的专用量名,如后来在战国铜器铭文上所见到的“牟”“料”“料”“参”“罗”等。前三个一般用作半字,在数量上表示二分之一($\frac{1}{2}$)。“参”,意为三分,指三分之一($\frac{1}{3}$);“罗”,意为四分,指四分之一($\frac{1}{4}$)。这些可以作为原始分数概念形成的佐证,但这些都是汉语文字表示而不是数学符号表示。拉丁文的分数一词“fraction”源于“frangere”,意为分割、断裂。法文的分数“nombre romprer”,则表示“折断的数”。俄文的分数意为“破碎的数”。虽然各个国家语言文化的背景不尽相同,但对于“分数”一词的解释大体一致,就是“被分割的数”。[⑤]

因此分数的原始意义“等分割以及再合成其份数的活动”是分数概念发展的基石。对于所有分数问题,儿童只有实际操作或在心理操作等分割及再合成其份数的活动,才能理解分数。这也是各个不同版本教材在“分数的初步认识”时都设计“分物”活动的依据。

测量的需要也是产生分数的重要现实背景,也有等分割以及再合成其份数的活动。当度量单位太大而不能顺利进行测量时就需要将度量单位平均分为 n 份,以其中的 1 份 $\frac{1}{n}$ 为单位,数出有 m 个更小单位,则这个量的大小就是 $\frac{m}{n}$。当 n 分别是 10,100,…,这个量的大小就用十进小数表示,现实中表示量的大小更常用自然数或有限小数表示,而很少用普通分数,但在小学阶段由“分物”或“测量”引入分

---

① 吕玉琴,等.国小分数与小数的教学、学习与评量[M].台湾:五南图书出版公司.2009:45。
② 王永.从分数产生的现实背景认识分数的本质[J].黑龙江教育(小学文选),2008(9):4。
③ 张奠宙.话说分数(上)[J].小学教学(数学),2007(6):46。
④ 刘钝.大哉言数[M].沈阳:辽宁教育出版社,1992:15。
⑤ 林永伟,叶立军.数学史与数学教育[M].杭州:浙江大学出版社,2004:19。

数都可以[①]。

再换一个角度看，即从分数产生的三种现实背景（分物、度量、比较中的“倍比”关系）出发，可以清楚地看到分数产生于量的“倍比”关系。分数概念的核心是量、度量单位（基准量）与量数的基本关系，即

量＝度量单位（基准量）×量数

因此，分数具有两种不同的意义。

(1) 分数可以表示量的大小，这时或者是单位分数，或者是分数单位的整数倍。

(2) 分数可以表示量数（也就是“率”）。“量数”是以一个量为基准量（也就是“分数单位”）去度量另一个量所得的结果，它是描述两个量的“倍比关系”的一个数（自然数或分数）。

所以，从更抽象的角度看，无论是作为“量”的分数还是作为“率”的分数，其核心都是“分数单位（基准量）”。

如果再“细分”的话，两个量的“倍比”关系又有下面四种类型（王永，2008）：

(1) 一个量中部分与整体的“倍比”关系；

(2) 同类的两个量的“倍比”关系；

(3) 一个量中各组成部分的“倍比”关系（比例）；

(4) 不同类的两个量的“倍比”关系（比率）。

从类型(1)和(2)可以衍生出百分数的概念，从类型(3)和(4)可以衍生出“比”（比例、比率）的概念。

量＝基准量×量数，这一基本关系有下面两个等价的形式：

(1) 量÷基准量＝量数；(2) 量÷量数＝基准量。

分数的两个关键要素就是“分数单位”和“单位个数”，即分数单位的“分母”是平均分的“份数”，分子是“1”，其他分数的“分子”就是“分数单位”的“个数”。这和传统的“把单位‘1’平均分成若干份，表示这样一份或者几份的数，叫作分数”本质相同，并不矛盾。分数单位同自然数的计数单位本质是一致的，但因为分数单位是随着单位“1”被等分的份数的变化而变化，不像自然数（一、十、百、千、万等）或小数的计数单位（十分之一、百分之一等）那样固定，这就使学生理解起来比较抽象和困难。更困难的是“单位1”可以被平均分为任意等份，从而任何一个分数都有无数多个“分数单位”，分数单位不同其所对应的“个数”就不同，但两者的乘积是一样大

① 刘加霞．通过“分”与“数”，分数是个“数”？[J]．人民教育，2011(3)。

的。而一个固定的自然数(或有限小数)的计数单位是有限个,各个单位之间的关系又都是“十进”的。

不管怎么说,把分数看成“分数单位的累加”不仅延续了自然数的认识,又为进一步理解分数的性质以及分数的加减运算打下了坚实的数学基础。从这个角度来认识分数就使学生能够真正理解为什么同分母分数加减只需要“分子相加减而分母不变”,而异分母分数加减法则必须“先通分,然后再分子相加减,分母不变”,从而进一步理解“加减法计算的本质就是相同计数单位‘个数’相加减”,“通分的本质就是寻找两个分数的相同计数(分数)单位”,这也是分数的通分、约分和扩分(寻找等值分数)的“理论依据”。

三、“份”在小学数学中的教育价值

“份”是数学中的一个重要概念,“份”不仅是学习分数的重要基础,也是理解乘法、除法运算,研究数量关系(尤其是倍比关系、成比例关系)的重要基础。

1.“份”在理解基本数学概念中的价值

“分”产生了“份”,没有“平均分”就没有相等的每一“份”,没有“份”也就没有“整体—部分、部分—部分”等之间的各种关系,没有这些关系世界就混沌一片。为了刻画这些“关系”,数学上就“创造”(从这个角度上看,数学确实应该是“发明”的而不是“发现”的)了“除法、分数、比”等概念,因此这几个概念与“份”都有不解之缘,“份”是学生理解这些概念的重要认识基础。

“份”是串联“乘法、除法”“分数”“比”等重要数学概念的一条主线。用好“份”这一概念,小学的主要概念基本上就建立了网状结构。

(1) 除法运算中的“份”。

除法:把整体平均分几份求其中的一份是多少?或者一个整体中包含了多少个这样的“份”。

(2) 分数中的“份”。

分数:把单位1平均分成若干份,表示这样的一份或者几份(大小)的数,叫作分数,其中几分之一是分数单位,也叫单位分数。

(3)“比”中的“份”。

“比”有两个基本的现实意义。

其一,两个或两个以上的量(是同类量,相同的计量单位),若其中一部分 A 含有 a 份,另一部分 B 含有 b 份,则 A 与 B 的数量比就是 $a:b$,它刻画了这两个量之间的比例关系。比值的大小不同,导致了各量之间的倍比关系不同,例如,不同班级的男、女生的人数之比。此时"比"可以换一个"名称",比如说成谁是谁的几倍(可以是整数倍也可以是分数倍),当然,"比"还可以刻画三个及以上个数的量之间的倍比关系,例如一种果汁中苹果、梨与水的比例关系是 1∶1∶100。

其二,"比"还有另外的含义,即刻画两个不同类量的"比率关系",也就是这两个不同类量进行除法运算,求的是一份所对应的"量"是多少(这个量是产生的新量,也称为"导出的量"),例如,汽车 5 小时跑了 100 千米,可以求 1 小时汽车跑多少千米,即汽车的速度是多少。可以说路程除以时间等于速度,也可以说路程与时间的比是速度。当然这时候我们说的都是"匀速直线运动",事实上,真正是"匀速直线运动"的物体太少了,我们只能以更小的时间段内所行的位移与这个时间段做"比",这时所得到的速度更能反映真实的速度,当让这个时间段越来越"小",小到趋近于 0 时,再做这样的"比",这时候的比值就是每一时刻的真正速度即瞬时速度,这就是高等数学中重要的"导数"概念,其核心是"比"的结构。

因此"份"对学生理解上述概念起到直观模型作用,可以借助可操作的"份"来理解更为抽象的分数、比等概念。

2."份"在问题解决中的作用

"份"不仅有助于学生理解基本数学概念,更有助于学生解决问题,尤其是分数应用题、比的应用题等。借助于"份"甚至可以在小学低年级解决比较复杂的问题,例如,二年级的数学思维课上有这样一道题目:森林正在开运动会,小猴代表队有 8 人,教练准备给队员买汽水,2 个人喝 3 瓶汽水,请你帮助教练算一算要买多少瓶汽水?解决这个问题有多种方法,所有这些方法的背后,"份"概念都起着重要的作用。

1) 归一法

由"2 人喝 3 瓶汽水"可知,平均 1 人喝 1.5 瓶汽水(画图表示),现在有 8 人,所以要买:$8 \times 1.5 = 12$(瓶)。(画图表示,然后数出需要多少瓶)

2) 对应法

把 2 人看作一份,对应着 3 瓶汽水,8 人中有这样的 4 份,所以要买:$3\times4=12$(瓶)。

3) 比例法(二年级不要求)

在该问题中,按照"2 人喝 3 瓶"的比例喝,比例不变,所以,2∶3=8∶?。

"?"处就是要买的汽水数,根据"比"的性质,可以知道"?"处应该是 12。

自主思考:

1. 分数既表示"量"也表示"率"的大小,三年级要学习分数的哪层含义?

2. 教材上“分数的初步认识”部分设计了哪些学习活动来认识分数?

3. 倍、分数、比这三个数学概念内涵有哪些相同与不同之处?

学习任务 2:如何调研三年级学生对“分数”已有的认识基础?

小学生在正式初步认识分数之前,已有数数、平均分的操作经验和认识。掌握分数的意义及其加减乘除问题的解题活动往往需要实际的操作或在心理操作等分割及再合成其份数的活动。因此三年级学习分数的初步认识时,应该恰当合理地确定分割的“对象”以及“份数”。初步认识分数时(尤其第一课时),分割的对象一般是一个物体或一个图形,还不涉及分割对象是一个“集合”(离散的量构成的集合),而且分割的份数都比较小,尽量将分割份数限制在 10 以内。

因此调研学生对“分数”的学前情况从两个方面入手:一是“被分割对象”是一个物体还是多个物体,二是平均分的份数是多少。下面是一位教师[①]做的学前调研题目与调研结果,对此你有哪些评论?

1. 在括号里填上合适的数。

对半个苹果的表示方法	人数	百分比	访　谈
$\frac{1}{2}$	7 人	26.9%	
0.5	4 人	15.4%	
“半个”或“一半”	7 人	26.9%	
“$\frac{2}{1}$” “$\frac{5}{0}$”“$\frac{1}{1}$”	4 人	15.4%	
0	2 人	7.7%	
分别用 6、4、2、1 来表示	2 人	7.7%	“我看见了半个苹果,如果把半个苹果看成 1,那么一个苹果就是 2,两个苹果就是 4,三个苹果就是 6”

① 北京市朝阳区教师研修中心孙家芳老师。

2. 你认识下面的数吗？认识就在数右边的括号里画"√"，并读出来。

$\frac{1}{2}$ （ ）　　读出来：（　　　　）

$\frac{1}{3}$ （ ）　　读出来：（　　　　）

$\frac{2}{5}$ （ ）　　读出来：（　　　　）

$\frac{3}{7}$ （ ）　　读出来：（　　　　）

学生情况	人数	百分比	备注或访谈
正确读出	15人	57.7%	
部分正确	3人	11.5%	题目可能对学生产生了干扰，学生将数混在了一起，能读对2～3个，后面的读错了
用比的方法读出（1比2；1比3；2比5；3比7）	1人	3.8%	
理解其中的意思（2份的一份；3份的1份；5份的2份；7份的3份）	1人	3.8%	
完全不会	6人	23.1%	读法有：1和2；1乘2；2÷1=2

3. 下列图形中涂色部分的表示方法对吗？

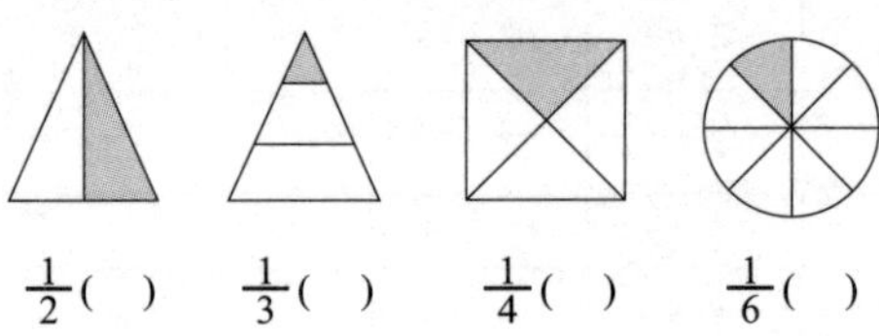

$\frac{1}{2}$（ ）　$\frac{1}{3}$（ ）　$\frac{1}{4}$（ ）　$\frac{1}{6}$（ ）

学生情况	人数	百分比
完全正确	9人	34.6%
忽略平均分概念，只认为第四个是错的	14人	53.8%
认为全是正确的	2人	7.7%
只认为第三个是正确的	1人	3.8%

4. 连一连。

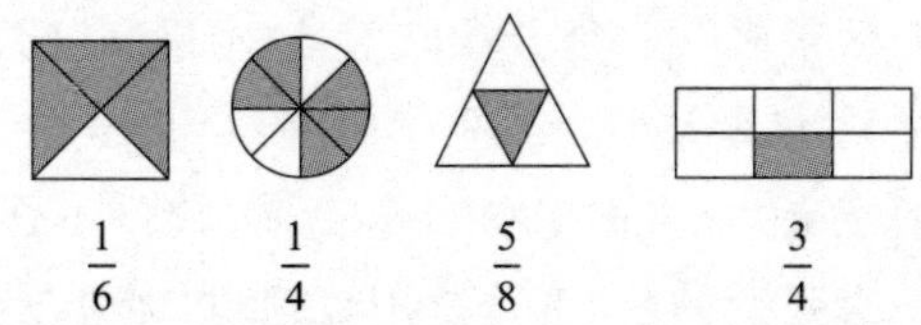

$\frac{1}{6}$　　$\frac{1}{4}$　　$\frac{5}{8}$　　$\frac{3}{4}$

学生情况	人数	百分比	备注或访谈
完全正确	17 人	65.4%	
部分正确(50%)	8 人	30.8%	$\frac{1}{6}$和$\frac{5}{8}$的选择是正确的,$\frac{1}{4}$和$\frac{3}{4}$的选择是错误的,在进行这个分数选择的时候他们关注的是空白部分占整体的几分之几,因此也可以看出题目不够严谨
部分正确(50%)	1 人	3.8%	在对$\frac{1}{4}$和$\frac{3}{4}$的选择上学生一会儿关注阴影部分,一会关注空白部分,题目存在问题

5. 你能用几种方法表示出$\frac{1}{2}$?请你画一画。

学生情况	人数	百分比	备注或访谈
正确画出	19 人	73.1%	他们涉及的图形有圆、等腰梯形、长方形、正方形、三角形、平行四边形、苹果、心形、菱形……虽然有些学生画图不够规范,但都能表达出图形的 1/2
基本正确	2 人	7.7%	能画出图形,并进行平均分,但没有明确标出或画出其中的一份
部分正确	3 人	11.5%	有的图形进行了平均分,有的图形没有进行平均分。另外 1 人在画图时只关注到自己的方法多样,但是最后在份数上出现错误
其他情况	2 人	7.7%	1 人空白。没有方法。 1 人用一个圆和两个圆来表示 1/2

一直以来,一些学生并不承认分数是个“数”,而认为它是个“结果”,例如,学生在解决实际问题时,答案若是“$\frac{3}{2}$米”的话,学生几乎都要化为“1.5 米”,仿佛只有

看到这个结果，心里才“踏实”。你是否关注到这种现象？原因是什么？

出现这个现象的原因很多。一是分数既不是“十进制”的，也不是“位值制”的，无法按照自然数的习惯看出其大小。二是学生在学习“分数”时（不管是分数的初步认识还是学习分数的意义）一直不把它当作一个“数”（不强调“分数单位”，不强调单位的个数）学习，一直强调的是“率”，是用来刻画“部分与整体”或者是“部分与部分”的“倍比”关系。三是学生关于自然数、小数有丰富的生活经验做支撑，而分数则少见。现实生活中的“数”与“量”都用自然数或者特殊的十进分数——有限小数表示，而不用分数表示“量”的大小。除了自然数外学生更认可“小数”是个“数”。（从数的意义上看，小数与自然数的血缘关系更“亲近”：都是十进、位值制的。）

学习任务3：分数初步认识的不同学习活动对比分析

自主思考：

下面是两位教师在执教分数初步认识第一个环节的学习活动，请仔细阅读下面材料，对两种学习活动进行评述分析。

活动一：借助学前调研的结果理解深入$\frac{1}{2}$①

师：下面哪个图形可以用$\frac{1}{2}$表示？

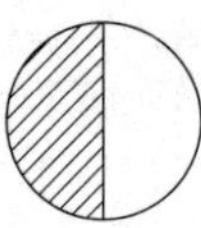 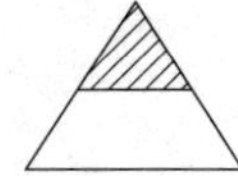 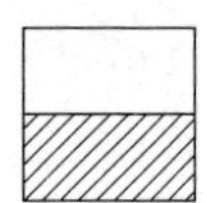

生：圆和正方形都可以用$\frac{1}{2}$表示，三角形不行，因为分数中的每一份都应该是相等。

生：我觉得把三角形中间的那条线往下一点就行了。

师：怎么往下一点使中间的三角形也能用$\frac{1}{2}$表示。

生：从中间的顶点往下画，画到底下中间的地方。

① 本案例由北京市朝阳区教师研修中心孙家芳老师提供。

师：为什么这样做就能用$\frac{1}{2}$表示了？

生：因为这样画完后可以把这个三角形平均分成 2 份，其中的一份就可以用$\frac{1}{2}$表示了。

师：这两个图形能用$\frac{1}{2}$表示吗？

生：心形图能用$\frac{1}{2}$表示，苹果图用$\frac{1}{2}$表示不好，因为苹果不是很圆，不容易把它平均分成两份。我觉得用学过的平面图形更好。

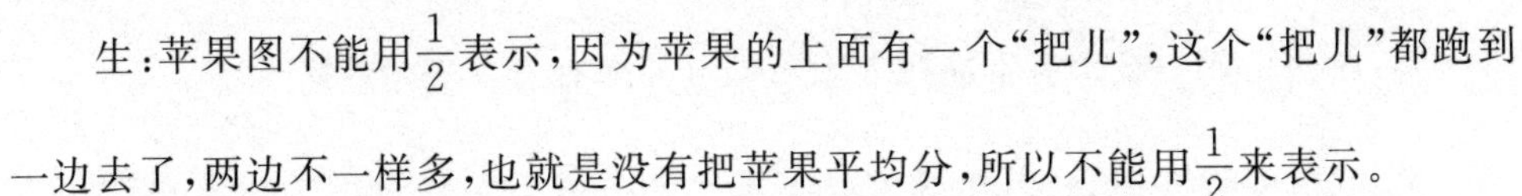

生：苹果图不能用$\frac{1}{2}$表示，因为苹果的上面有一个“把儿”，这个“把儿”都跑到一边去了，两边不一样多，也就是没有把苹果平均分，所以不能用$\frac{1}{2}$来表示。

师：有“把儿”两边就不一样多了，有解决这个问题的方法吗？

生：把“把儿”去掉就可以了。

生：我有办法平均分这个苹果，我用一支特别细、特别细的铅笔，从上到下慢慢地把“把儿”也平均分成两份，这样就可以用$\frac{1}{2}$来表示了。

师：这些图形能用$\frac{1}{2}$表示吗？

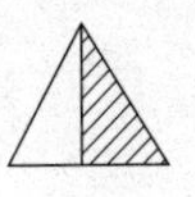

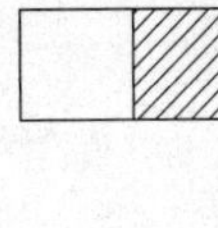

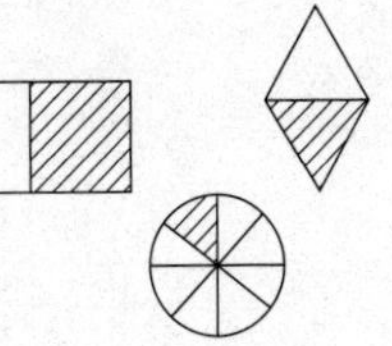

生：对称图形都可以用$\frac{1}{2}$表示。

师：什么意思？

生：他是说只要是对称图形都可以平均分成两份，其中的一份用$\frac{1}{2}$来表示。

生：我觉得他说的不完整，他只说对称图形可以表示出$\frac{1}{2}$，那不对称图形能不能用$\frac{1}{2}$表示？比如一个不规则的纸，我可以先把它分成两份，再让这两份慢慢相等，这样其中的一份也可以用$\frac{1}{2}$表示。

生：我有一个问题：八分之四是不是也等于$\frac{1}{2}$？

师:为什么呀?

生:八分之四也是分一半,二分之一也是分一半。

师:八分之四不是平均分成八份吗?

生:4+4=8,是取一半,$\frac{1}{2}$呢,1+1=2,也是取一半。所以我觉得是一样的。

师:谁听懂了他的意思?

生:他说 4+4=8,4 相当于 8 的一半,1+1=2,1 相当于 2 的一半,所以 $\frac{4}{8}$ 和 $\frac{1}{2}$一样。

师:这些图形中有没有不能用$\frac{1}{2}$表示的?如果有怎么表示?

生:圆形不能用$\frac{1}{2}$表示,因为它是把圆平均分成了 8 份,取了 1 份,应该用$\frac{1}{8}$表示。

师:仔细观察这些图形(将上面的图同时呈现给学生),有什么相同的地方?有什么不同的地方?

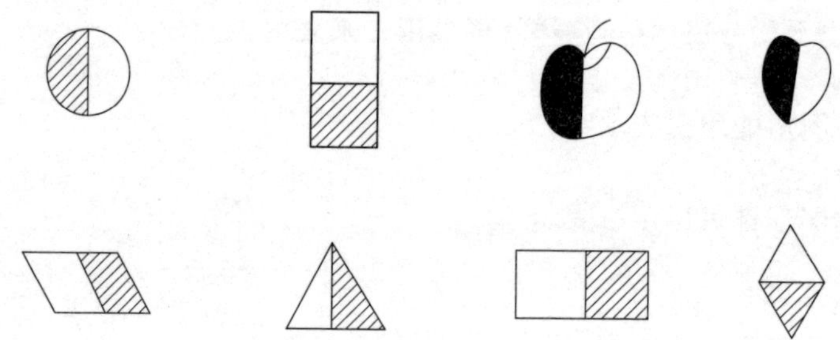

生:相同点是都可以用$\frac{1}{2}$表示,不同点是形状不同、大小不同。

师:为什么都可以用$\frac{1}{2}$表示呢?

生:因为它们都是占各自整体的$\frac{1}{2}$。

师:什么时候可以用$\frac{1}{2}$表示,什么时候可以用 $\frac{1}{5}$ 表示,什么时候可以用 $\frac{4}{5}$ 表示?

生:只要是把一个东西平均分成 2 份取 1 份就可以用$\frac{1}{2}$表示,若把一个东西平均分成 5 份取 1 份就可以用 $\frac{1}{5}$ 表示,要是取 4 份就可以用 $\frac{4}{5}$ 表示。

活动二:在测量的需求中认识分数:沙发有多长?①

1. 呈现要研究的问题

教师用 PPT 出示大头儿子和小头爸爸的卡通图片,呈现要研究的问题。

师:大头儿子碰到难题了,我们能帮他解决吗?请看——

天热了,小头爸爸到商店里去买凉席。到了卖凉席的柜台,他遇到了麻烦,于是给他的大头儿子打电话。

"儿子,我忘了量床的长了。你找把尺子量一量,床有多长?"

"嗯。"

大头儿子在家里找来找去,就是没找到一把尺子,怎么办呢?突然,大头儿子想到了一个好主意。

"爸爸,你今天打领带了吗?"

"打领带?哦,真是个聪明的大头!快量吧。"

大头儿子拿了一根爸爸的领带,他用领带一量,嘿,巧了!

"爸爸,床是两根领带长。"

"儿子真有办法!我知道了。儿子,再量一下沙发的长吧!"

大头儿子再用这根领带去量沙发,"哎,沙发没有一根领带长,怎么办呢?"

师(疑惑着):床正好是两根领带长,沙发不到一根领带长,你说怎么办呢?(学生们陷入了思考。少顷,PPT 继续播放动画。)

大头儿子把领带对折来量,"哎,沙发又比对折后的领带长了一些。"大头儿子再想办法,他将领带再对折,这样一量,"巧了,沙发正好有三个这么长!"大头儿子真高兴啊!可是,他又遇到了难题。

"床是两根领带长,现在我怎么和爸爸说,沙发是多少根领带长呢?"

师(微笑着):刚刚解决了一个问题,现在又碰到了一个问题啊!沙发是多少根领带长呢?能不能把你的想法写出来。

---

① 本案例由北京第二实验小学华应龙老师提供。

（学生们在白纸上写写画画，教师巡视）

2. 动手一折解疑难

学生借用老师的领带操作，理解“对折，再对折”是把领带平均分4份。

3. 众说纷纭再生疑

师：大头儿子用这个长度去量，量了几次？

生（众）：3次。

师：那沙发是多少根领带长呢？

生：3个1/4。

生：我觉得是3/4。

师：还有不一样的想法吗？

生：我觉得是1/3。

（四名学生分别走上讲台，在黑板上写下3个1/4、3/4、4/3、1/3）

师（惊讶地）：从同学们的回答中，我发现大家已经知道，在这里要用上一个新的数，这个数叫什么？

生（众）：分数。

师（赞赏地）：真厉害！真厉害！

（教师随即板书：分数。在“分数”的正下方，重新写了一个“3/4”）

活动三：“四份之三”还是“四分之三”？

介绍读法

师（手指黑板上的3/4）：那这个分数怎么读呢？

生（抢着说）：四分之三。

（教师板书：四份之三）

师（微笑着）：怎么读？

生（众）：四份之三。

生：哦，我明白了，就是4份中的3份。

师：哈哈哈，心有灵犀！

师：在课前，老师发了两张纸片，一张正方形，一张圆形。现在请你任选一张，折一折、画一画、涂一涂，表示出你头脑中所想的“3/4的意思”，好吗？

（学生开始动手操作，教师巡视，收集学生作品）

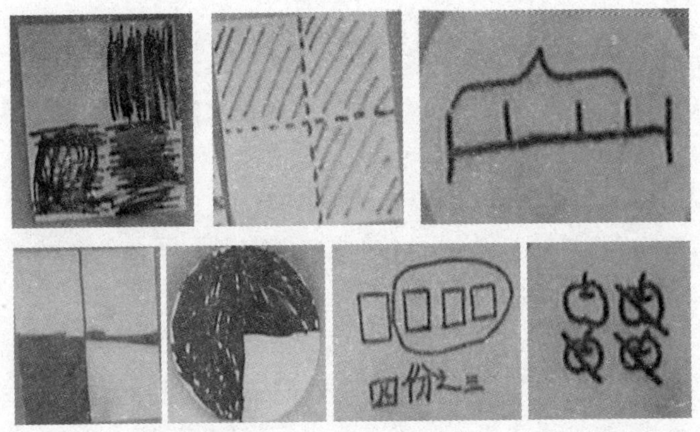

自主思考：

1. $\frac{3}{4}$怎么读？“四分之三”还是“四份之三”？

2. 学生创作的各种$\frac{3}{4}$的“教学资源”，教学中应如何运用？各种表示的价值是什么？例如图4，表示的是“四分之三”吗？

两种读法首先引起学生的“冲突”与思考：到底读作什么？“分”与“份”的区别是什么？等等，这一过程就是由数学符号（写出来的）到汉语语言表示（读出来的）。然后再到“图形表征”即怎么画图表示$\frac{3}{4}$，学生的“作品”各不相同（单位1是一个常见几何图形、线段、“集合”），但其表达的意思相同即都是$\frac{3}{4}$的含义，在相互读懂同伴的“作品”的过程中感知理解分数的基本意义：将一个图形（整体）平均分4份，表示其中的3份。在相互读懂的过程中强调“平均分的4份”，即一眼看出是平均分了4份，要想表示的份数用“阴影”画出来。

学生对“分数”的理解水平比较高应该表现为能够实现三种“表征”之间的灵活转换，即能够由操作事物（图形）或者图形表示转换为用语言表达出所表示分数的意义，或者能够写出分数；或者给定一个分数，能够画图或操作来表示，同时也能用语言清晰表述其含义。显然第一课时很难达到上述的要求，尤其是用语言清晰、准确地表述分数的含义，例如 $\frac{2}{8}$ 表示“把一张纸平均分成8份，涂阴影的2份是（占）

这张纸的 $\frac{2}{8}$ ”，这样的语言描述对很多学生来说都非常困难。

测量引入分数和分物引入分数相比，有什么特别的价值？从测量的角度来认识分数有哪些意义？概括说来有如下几点。

1. 更好地凸显分数的计数单位与分数的构成

测量中需要先有“测量单位”（分数单位），再数出单位的个数，个数累加起来的结果就是度量值，其大小可以用“分数”表示，沿袭了自然数表示个数多少的传统。从度量的角度认识“分数”的含义，有助于强调分数的单位、分数与自然数类似，是数单位的个数“数”出来的，这样分数与自然数的构成与结构就都一致了，更有助于学生认可分数是个“数”，因为很多学生不认为分数是“数”①。

2. 有助于学生理解分数概念中“平均分”的价值

“平均分”意味着公平，而认可“公平”是人的天性（杜威认为人的四个天性分别是：好奇、公平、论证、探究），因此认识平均分不是学生的难点，学习分数时“为什么要平均分”倒是个难点。“为什么要平均分”这个问题有些教师在初步认识分数的教学中不强调，在学生表述分数的含义时只说“把某某分成某份……”时老师会追问一句“怎么分”。只是这样强调“平均分”意义不大（学生知道分数产生的前提是“平均分”，只是口头表达时没说出来），学生还是没有感知“平均分”的作用，即学习分数“为什么要平均分”。而由测量引入分数则让学生从“不平均分”的角度直观地看到了平均分的价值：若不平均分，用哪一份作为测量的单位呢？即若不平均分，$\frac{3}{4}$个领带的长度就不唯一，就不确定了，而要量的沙发的长度是确定的，由此学生能够初步地直观感知“平均分”对分数概念的价值。

3. 借助多元表征，直观辨认与表达分数

借鉴布鲁纳的“多元表征（动作表征、表象表征、符号表征）”理论，我们认为三年级学习“分数的初步认识”这一内容时，小学生学习的过程应该如下图所示。

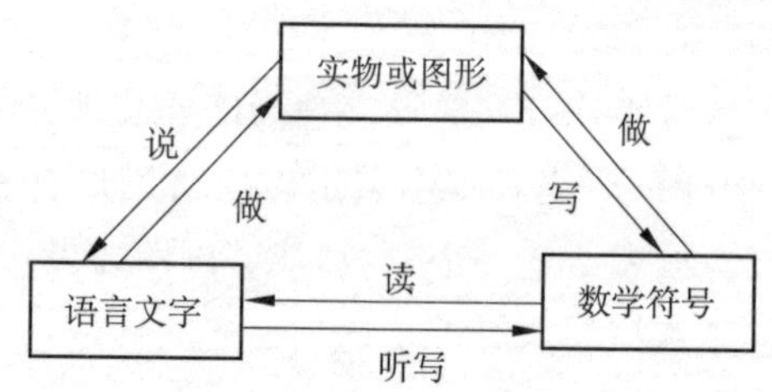

① 刘加霞．通过“分”与“数”，分数是个“数”？［J］．人民教育，2011(3)。

(1) 由“实物操作”到“语言文字”与“数学符号”表示。

在引出“沙发有多长”的问题时，学生观看视频录像：将领带对折再对折，然后再去量沙发，从而产生问题：沙发有多少个领带长？即产生需要创造一种新数的需求，然后学生再操作实物(具体的领带)理解“对折再对折”的含义以及“单位”是$\frac{1}{4}$，领带的长度到底是3个$\frac{1}{4}$，还是$\frac{3}{4}$、$\frac{4}{3}$、$\frac{1}{3}$？

在“产生问题”的学习过程中，学生的学习经历了“实物操作”到“语言文字”和“数学符号”表示的过程，其主要活动有平均分“实物(领带)”、语言表达以及观看教师书写分数的数学符号等，由此引入新课的内容：分数$\frac{3}{4}$表示什么意思？

(2) 由数学符号、语言表示到图形表征。

$\frac{3}{4}$怎么读？“四分之三”还是“四份之三”？两种读法首先引起学生的“冲突”与思考：到底读作什么？“分”与“份”的区别是什么？等等，这一过程就是由数学符号(写出来的)到汉语语言表示(读出来的)的过程。然后再到“图形表征”即怎么画图表示$\frac{3}{4}$，学生的“作品”各不相同(单位1是一个常见几何图形、线段、“集合”)，但其表达的意思相同即都是$\frac{3}{4}$的含义，在相互读懂同伴的“作品”的过程中感知理解分数的基本意义：将一个图形(整体)平均分四份，表示其中的3份。在相互读懂的过程中强调“平均分的4份”，即一眼看出是平均分了4份，要想表示的份数用“阴影”画出来等。

学生对“分数”的理解水平比较高应该表现为能够实现三种“表征”之间的灵活转换，即能够操作事物(图形)或者图形表示转换为用语言表达出所表示分数的意义，或者能够写出分数；或者给定一个分数，能够画图或操作来表示，同时也能用语言清晰表述其含义。显然第一课时很难达到上述的要求，尤其是用语言清晰、准确地表述分数的含义，例如，$\frac{2}{8}$表示“把一张纸平均分成8份，涂阴影的2份是(占)这张纸的$\frac{2}{8}$”，这样的语言描述对很多学生来说都非常困难。

实现三种“表征”之间的灵活转换即高水平理解分数需要时间，不是一节课能够完成的，但需要教师在一个单元的教学中有意识地设计恰当的学习活动，促使学生在三种表征之间灵活转换。

(3) 子集/集合意义上的“作品”不利于三种表征之间的转换。

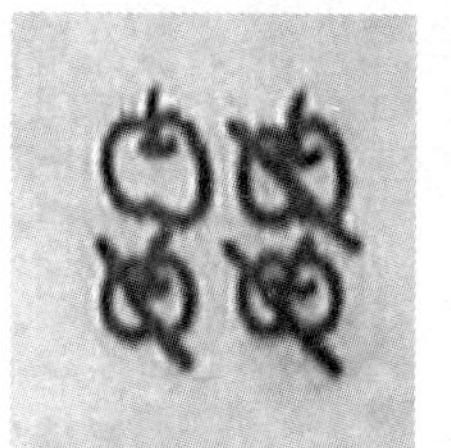

在华老师的教学中有一学生的作品值得引发进一步的思考:在分数初步认识阶段,这样的作品是否有助于学生理解分数?

在理解$\frac{3}{4}$时由于其“单位 1”是一个集合(4 个苹果),学生没有“平均分”的过程(数出个数是 4)。正如选取一条绳子作为基准量(连续量)与选取一盒内有 6 颗糖果为基准量(离散量),当要求对这两个“基准量”进行六等分割时,初次接触分数活动的儿童觉得这是不同的分割活动:前者必须切割,而后者只要点数内容物个数即可。因此该作品没有突出分数产生的本源(均分与合成份数),学生就容易把$\frac{3}{4}$说成“4 个中的 3 个”。

在此如果教师强调“4 个苹果是一个整体,也可以看作平均分成了 4 份”,三年级的学生不好理解这句话的意思,在学生头脑中仍然是数数而没有分割的过程。因此在分数初步认识阶段,最好还是让学生经历实际的平均分的操作过程,这样更有助于学生理解分数的含义。这样的“作品”在第一节课时应该淡化处理,后面继续学习的过程中再来解释说明其意义,即这个作品也有“平均分”和“合成份数”的活动,只不过“平均分”没有实际的操作过程。

练一练

1. 试比较下面两个“用分数表示”的活动有何不同?学生完成哪一个活动可能有困难,为什么?

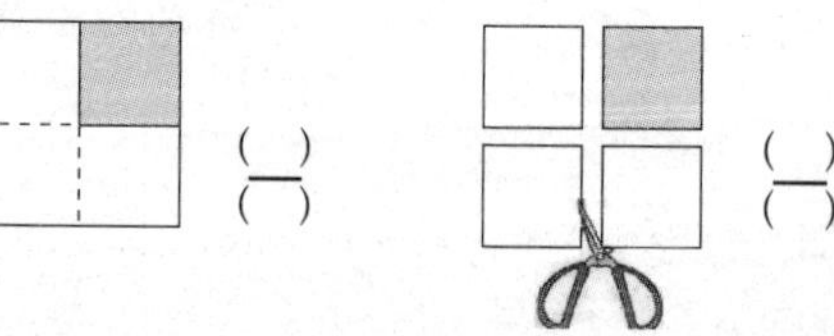

2. “平均分”产生“分数单位”,即平均分的“份数”决定分数单位即分母,要“表示的(阴影部分)”的份数即是分子,在分数初步认识阶段如何渗透“分数也是数分数单位数出来的”?

第三节　在十进位值制记数系统中把握小数意义

学习准备

1. 小学阶段认识小数分"小数的初步认识"与"小数的意义"两次学习，这两次学习的教学目标有什么不同？

2.（不同版本）教材上关于"小数的意义"的学习都设计了哪些情境？哪些学习活动？用意何在？

3. 请利用网络搜集名师关于"小数的初步认识""小数的意义"教学视频进行观摩学习①。

4. 请阅读本节提供的关于"小数的意义"的文章。

"小数的意义"属于典型的概念教学，在整个小学数学教学体系中占有非常重要的位置。它是在学生三年级（人教版教材）已经学过的"小数的初步认识"的基础上进行的。教材中对于"小数的初步认识"的编排主要是与实际生活经验相结合，在米、分米、厘米相互转化以及元、角、分相互转化的过程中，让学生初步感知 $\frac{1}{10}$ 可以写成 0.1，$\frac{1}{100}$ 可以写成 0.01。教材在"小数的意义"编排中继续以"长度单位的转换"为素材，将学生的认识拓展到三位小数以及小数的意义。这对于教师来讲，教材呈现的素材与方式一样，有重复的感觉，素材比较多且要讲得也多，教师上起来会感到有些吃力，那么教师就要思考"小数的初步认识"与"小数的意义"的教学应该在什么地方有所区别呢？怎样安排二者的教学层次来促进学生对小数形成深刻理解呢？甚至也有老师思索："小数的意义"能否跳出米制单位的换算来进行教学吗？

在小数内容的教学中，教师还会遇到教学困惑和学生的学习困惑。如仔细分

① 教师利用学术期刊网或其他网络平台检索特级教师吴正宪关于"小数的意义"教学实录、评论文章及视频进行学习。

析多版本教材后发现,小数与分数在多教材中呈现顺序不同,有先学一点分数再学小数,也有先学一点小数再学分数,这样不同编排各有什么好处?继而对于"小数的认识"教学重心有所犹疑,是像分数还是更像整数?学生学习了小数后,对小数在生活和数学中的作用应该具备怎样的认知呢?要回答上述一系列问题,我们有必要追本溯源,从小数产生的历史及其发展过程掌握小数的本质,从优秀教师教学视频、文章中汲取概念教学的不同思路和教育智慧,从小数与整数、分数的关系网中认识小数的意义,以此来整体思考小数意义的教学核心和难点化解策略。

自主思考:

1."小数的初步认识"与"小数的意义"有何区别?

2.(不同版本)教材对于这两部分的整体设计有何特点?遵循的共同原则有哪些?不同之处在哪里?

学习任务1:如何理解教材中关于小数内容不同阶段的编排意图

课程改革后,不同版本教材都是"螺旋上升"式地处理小数的认识,在小学阶段,学习小数一般经过两个阶段,一是小数的初步认识,二是小数的意义。在教学中如何把握这两个阶段的不同要求?即什么是初步认识?什么是"意义"的学习?

J. L. Martin 在其《教与学的新方法 · 数学》一书中谈到①,认识小数要基于学生已有的生活经验,一般说有两种基本方法:第一种方法就是从记录花钱的数量发展而来,例如2元5角就是2.5元。然而这种方法存在的问题是由于通货膨胀,在很多国家,更小的货币单位已经不使用了。既然核心是使用孩子现有的经验,那这种方法看起来似乎就不合适了。第二种方法是使用孩子们关于米制系统(Metric System)的知识,即以米制系统作为学习小数的基础。在度量长度的过程中学习小数更符合学生已有的认识经验。

J. L. Martin 进一步指出,学生有效地使用小数必须具备以下基础。

(1) 理解符号。即学生应该意识到小数(每一个十等分)是整数(基于每十个一组)的一种扩展。

---

① 刘加霞. 基于生活经验探索发现概念的本质意义——评许卫兵老师执教的《认识小数》[J]. 江苏教育研究,2011:59-61.

(2) 理解小数和其他分数的等价性。即分数、百分数、小数之间能够灵活互化。

基于此,我们认为小数的初步认识与小数的意义的学习有如下不同。

1. 小数的初步认识

基于生活经验,借助于具体的、生活中常见的"量"(先用人民币再用米制)认识一位、两位小数,知道小数所表示的具体量的含义。

初步体会到"单位"的意义与价值。同一个量,采用的单位不同,其结果就用不同的数来表示,例如 1.5 元=15 角=150 分,初步体会现实的量的单位之间的"分"与"聚"。初步理解小数中,每一个"数字"的现实意义,但不涉及计数单位。总之,小数的初步认识中不把小数作为一个抽象的"数",不脱离具体的"量"。对小数的初步认识未必要以分数的初步认识为基础,可以基于学生已有的知识和生活经验,在现实的量的基础上初步认识小数。

2. 小数的意义

结合具体的量,体验单位的不同导致度量结果用不同的数表示,单位越小度量的结果越精确。对小数的计数单位有系统深刻的认识,理解相邻计数单位之间的十进关系。拓展对"数概念"的系统认识(从自然数拓展到小数),初步体会到人类追求完美、追求精确的需要产生更小的度量单位,由此产生更小的计数单位。数学为了适应现实的需要,将数概念从自然数拓展到小数,完善丰富学生对"数"的认知结构,渗透位值制的思想。

在小数意义的学习中,体会计数单位的拓展非常重要,而且传承了自然数十进的计数单位,沟通了与自然数之间的密切联系,完善了数结构。在自然数范围内,1 是最小的计数单位,其他计数单位是以 1 为基础,满十个就记作一个新的计数单位,其他计数单位可以看作"1"的"聚集",体现在数位顺序表中就是以"1"为基准,从右向左计数单位越来越大,永远没有最大的计数单位。而小数则是以"1"为基础,是对"1"的"分解",每次都是平均分十份,产生新的计数单位。在数位顺序表中,仍以"1"为基准,从左向右计数单位越来越小,永远没有最小的计数单位,数的结构体现出对称与完美。

基于以上认识,回到教材中,教材中"小数的初步认识"和"小数的意义"分别都"教什么"? 各版本教材在第一次"认识小数"时都把握了共同的原则[①]:①基于学

① 刘加霞. 基于生活经验探索发现概念的本质意义——评许卫兵老师执教的《认识小数》[J]. 江苏教育研究,2011:59-61.

生的生活经验学习小数，在具体的“量”中理解小数的现实意义，这里具体的“量”主要指钱数、长度；②都是“规定”小数是十进分数的另一种表示方法；③沟通用“整数、分数、小数”都能表示同一个“量”，例如，北师大版主要是沟通用“整数、小数”表示同一个量；④都涉及纯小数和混小数的认识。下表呈现了“小数的初步认识”的内容安排。

版　本	内　容	导　入	学具(呈现)	活　动
人教版	一位、二位小数	生活中用小数表示的价钱是什么意思	以米制系统为直观模型；长(正)方形的面积模型、线段图以及数轴(习题中)等学具	——生活场景感受小数是生活中常见“数” ——再用整数、分数、小数表示“钱数”
北师大版	一位、二位小数	小数位上各数字的“人民币”意义	以“人民币”为直观模型	不同商品价格含义以及价格比较
苏教版	一位小数	以米制系统呈现一位小数是“分母为10的分数”的等价表示法	米制系统和人民币模型；学具同人教版	用“人民币”认识混小数；提出“整数部分”“小数部分”的概念

“小数的意义”各版本教材遵循的原则：①着重从“小数是十进分数的另一种表示形式”来说明小数的意义，突出小数依据了十进制与位值制的原则；②借助同类型十进制计量单位理解小数的实际意义。

学习任务2：如何调研理解学生关于“小数初步认识”学习后的认知

如前讨论，“小数的初步认识”之后进行“小数的意义”的教学，那么，初步认识小数之后，学生的学习起点究竟在哪里？学生已有的知识基础可能会出现什么样的问题？这些问题有哪些可利用之处？为了弄清这些问题，有教师设计了如下题目，课前调研了解学生关于“小数初步认识”的已有知识基础和小数意义教学前获得的经验①。

1. 日常生活中你在哪里见过小数？你能写出几个小数吗？

2. 你知道这些商品的价钱是多少吗？

① 刘加霞等．小学数学有效学习评价[M]．北京：北京师范大学出版社，2015.

4.75 元＝(　　)元(　　)角(　　)分

8.40 元＝(　　)元(　　)角(　　)分

0.45 元＝(　　)元(　　)角(　　)分

20.00 元＝(　　)元(　　)角(　　)分

3. 看图写出合适的分数或小数。

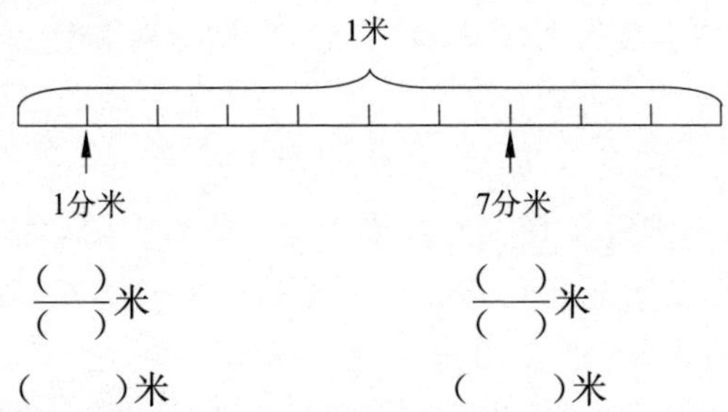

4. 用小数、分数表示出下图中的阴影部分。

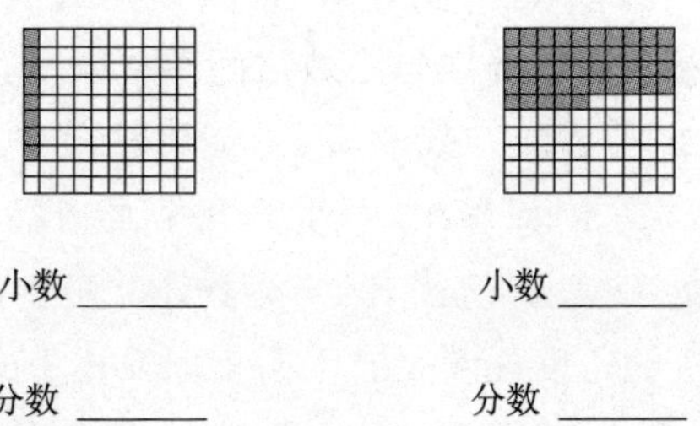

5. 说说 0.58 中每个数字是什么意思？

6. 以前学过整数的数位顺序表，你能写出小数的数位顺序表吗？

	亿级				万级				个级					小数部分			
—	千亿位	百亿位	十亿位	亿位	千万位	百万位	十万位	万位	千位	百位	十位	个位	·				
—	千亿	百亿	十亿	亿	千万	百万	十万	万	千	百	十	个					

自主思考：

1. 写出你的答案。

2. 这几道调研题目的设计意图是什么？

3. 学前调研题目、结果能否应用于教学中？怎么用？

首先，简要分析这几道题目的设计意图：第1题用以了解学生已有的生活经验；第2题了解学生是否能够结合生活中具体的“量”——价格模型来理解小数；第3题了解学生是否能够结合生活中具体的“量”——米制系统来理解小数，是否能够在小数与分数之间建立联系；第4～6题从小数的数学意义理解维度进行前测，在学生三年级学习了“小数的初步认识”之后，借助分数和计数单位来抽象理解小数概念的程度。

以上测评题目结果存在下面几种可能情形。

(1) 对小数意义的理解没有脱离具体情境。如第1题：“日常生活中见过的小数”，大部分学生的回答都是带有元、角、分单位或长度单位的小数，如“限高3.5米”“跳高成绩6.74米”“身高1.40米”“考试分数97.5分”“商店里的面包卖5.8元”“可乐1.5升”。而且从第2题的回答中也能看出，只要结合具体的量，学生理解小数的含义并不困难。第4题的正确率不高，则说明学生尽管已经学习过分数的初步认识，但并不能够主动在分数与小数之间建立联系。

(2) 学生无法抽象出小数的一般意义，不能将整数中的位值思想有效迁移到小数意义的学习中。第5题的回答中，学生分几个水平层次：①借助直观模型，如“0就是0元，5就是5角，8就是8分”；②与分数建立联系，如“把1分成100份，其中的58份”；③从单位1的角度说明，如“不到1但又比1的一半大”“0表示把1平均分成1份取其中的0份，5表示把1平均分成10份取其中的5份，8表示把0.1平均分成10份取其中的8份”；④完全“不知道”。这些结果说明：仅靠之前对小数的认识，学生无法自己完成小数一般意义的抽象。第6题是针对“小数的意义”前测，学生不能够写出也属正常。

根据以上前测题目的结果分析，教师是否在“小数的意义”教学重点和难点方面有所启发呢？$\frac{1}{10}=0.1$这个关系是视作规定直接告知学生？还是让学生经历关系等价的探究过程？这往往是困扰新教师的教学问题。首先，从学生前测结果来看，可以以学生日常生活中熟悉的情境作为小数意义的学习起点，如价格的元角分模型、长度米制系统成为学生认识小数计数单位十进关系适合的模型。其次，教师根据调研结果进行“小数意义”计数单位的认识，即十分位、百分位、千分位的意义需要从结构化加强认知，并且借助“量”的直观化呈现，这点在学习任务4中具体说明。

学习任务3:分析"小数"产生背景、意义实质与教育价值

教师对小数部分的教育价值如何定位存在困惑,承载的基本数学素养或者数学关键能力之一"数感"如何在"小数"内容教学中培养、渗透?此外,"小数"的内容教学中还蕴含了什么教育价值?我们追本溯源梳理"小数"产生发展的历史脉络,在教学中把握学科本质,带来对其教育价值的思考。

人们对小数的认识要比对分数的认识晚得多,直到18世纪人们才建立起稳定的十进位小数表达形式,这比微积分的出现还要晚100多年。建立小数的概念,一方面是为了现实世界中数量表达的需要,如6元7角5分就可以表示为6.75元;另一方面是为了数学本身的需要,主要是为了表示无理数。如果没有小数来表示无理数,人们就很难进行无理数的加法运算。为了理解小数,需要重新理解整数,其核心在于重新理解十进制。十进制可以用10的幂(次方)的形式来表示。无论整数还是小数,都可以用10的整数次幂的组合(加法)表示,如

$$238 = 2\times 10^2 + 3\times 10^1 + 8\times 10^0$$

$$6.75 = 6\times 10^0 + 7\times 10^{-1} + 5\times 10^{-2}$$

人们通常把这样的表示称为线性组合,其中10的整数次幂称为基底。这样就可以清晰地解释乘法运算 $0.1\times 0.1=10^{-1}\times 10^{-1}=\frac{1}{10}\times\frac{1}{10}=\frac{1}{100}=0.01$。可以看到,这种运算的实质是对分数单位的进一步等分,得到新的分数单位,而且注意每次进行的都是十等分。依据这个理由,为了更好地理解小数的乘法运算,教科书在教学内容的安排上,分数单位的进一步等分应当安排在小数乘法运算之前。这样审视我们的数概念教学,整数和分数教学,就会强调"单位",强调"数位"教学,介绍分数的时候介绍分数单位,并且介绍分数单位的进一步(10)等分的关系,这为更好说明 $0.1\times 0.1 = 0.01$ 做铺垫。

小数的意义是规定的还是发现的?这个问题需要追本溯源来回答,首先"小数"这个词的英文是"decimal fraction",英文名称直指小数定义,即十进分数。不难看出,小数的产生于分数之后,16世纪荷兰数学家、物理学家斯蒂文(Stevin)为了便于计算复杂的利息问题最早发明小数。在当时的利息问题中,斯蒂文发现利率都以10、100、1000等作为分母时,按照复利计算的利息问题将变得简单,其结果都以分母是10、100、1000等的分数表示。但还是不太便于比较大小和计算,于是

他发明用“小数”（书写形式与现今不同，没有小数点）表示非常方便和直观，于是创造出“十进小数”，这样一来，自然数的四则计算可以沿用到小数的四则计算中，从其产生的本源来看，“小数”选择了“十进系统”，即以10为基底也是经历了人类的选择，为了与自然数系统相容，这可视作人为的“约定”“规定”，数学的规定源头便是人的理性思考，这也是在数概念教学中贯穿始终的价值所在。到此，历史发展脉络清晰，教师在教学上困惑可以减少一些，知道了小数的历史发展过程会帮助学生理解小数意义，因此教师在教学中也会采取不直接告知学生小数的意义的规定性，而是选择通过个别案例的探索，引领学生“真正发现”小数的含义，这是学生的“再创造”过程。学生经历这个“再创造”过程远比告知学生“十分之几就可以记作零点几”更有价值。理清这个思路，接下来要思考的是让学生充分展开探索活动，教师能提供的支撑是什么？有的教师会借助直观图示的形象支撑，依托可视化的“形”认识抽象的“数”，例如，一位小数的建立用面积直观模型——等分、涂色的长方形；然后将一位小数（纯小数、混小数）的认识拓展到“米制系统”借助“米尺”；进而再在半抽象、半形象的“数轴”上认识小数。这三层过渡符合学生的认知特点，有助于学生学习过程的顺利展开与实施。

谈及“小数”教学内容的教育价值，首先要落实基本数学核心素养——数感。在学习自然数、分数初步之后学习小数，需要对这三类数有整体和内在联系的认知，那么，这三类数在哪些方面有联系？哪些方面有重要区别？首先，自然数和小数相统一的十进位值制体系，以小数点为分界，整数部分从右到左数位无限扩张，小数部分从左及右数位无限缩小，这就使得我们在认识客观事物时，超越经验的“大”和无限精细的“小”都有了方法和依据，这使二者统一带来不可比拟的优越性。换言之，小数为我们刻画事物“精确度”提供了最直观的方式。其次，分数与小数的关系，我们之前已略做讨论，作为特殊的十进分数的小数，包含在分数集合中，意味着在现实测量中，同一事物可以有两种不同的表示形式。而在生活中，出于实际便利，人们更多选择了小数表达，分数在刻画事物关系（占比、比较）中更胜一筹。辩证地看待数概念是建立数感的重要内容，通过三类数概念的学习和比较，我们可以在更广的文化背景下看数概念发展带来的启发，对现今所形成的数学“规定”有深刻理解。

学习任务4：核心教与学活动及其设计意图

下面是刘延革老师执教“小数的意义”所设计的学习活动以及意图。

一、以测量"数位顺序表"为需求还原小数产生的必要性

1. 复习整数数位顺序表

师:认真观察这个表,第一行和第二行分别表示什么?

生:第一行是数位,第二行是计数单位。

师:整数部分的计数单位从右往左的变化规律是什么?

生:逐渐扩大。

师:它们相邻之间的进率是多少?

生:10。

【设计意图】 数位顺序表是本节新授课依托的教、学具,通过测量它本身的长宽引出小数产生的背景,并构建与整数数位表相同的小数数位结构,因此开篇先复习整数数位表结构,形成关注焦点和教学核心。

2. 提出测量问题

师:老师这里有一把尺子,你们感觉它有多长?

生:约 1 米。

师:感觉很准。老师将此米尺(只有起始 0 和终点 1 两个刻度)粘到黑板上,用数位表与米尺做比较,你发现什么?

生:这个 1 米的尺子比数位表的长度长。

师:如果想确切知道这表的长度是多少,怎么办?

【设计意图】 将问题聚焦于:一米的"大"单位尺子测量物体长度,测不出来的实际困难,让学生主动思考。

3. 解决问题

生:我觉得这个表的长度正好跟尺子的一半差不多,所以用那个尺子的 1 米除以 2 等于 0.5 米,0.5 米再长一点,我觉得这个表的长度应该是 0.6 米。

师:他的意思是先把这个尺子分一分对吗?

生:我觉得可以把这个尺子给折成两半去量,如果比一半多了,再将一半分成 5 份。

师:她有两层意思,先将尺子分成两部分去测量,测量不到准确数之后,再把其中的一半继续分,分多少份?

生:5 份。

师:其实是把这 1 米的尺子分了多少份?

生:10 份。

师:将 1 米的尺子分成 10 份,然后看这个表的长到底是多少份?

生:对!

师:分的时候,我们应该注意怎么分?

生:平均分。

师:好,我就用你们的方法来试一试。

(教师将 1 米的尺子平均分成 10 份,指着其中的 1 份问学生)

师:我现在得到的这 1 份是多长?

生:1 分米。

师:1 份就是 1 分米。如果以米做单位它是多少?

生:0.1 米。

师:0.1 米,如果用分数表示它是多少?

生:$\frac{1}{10}$米。

师:说明 0.1 米就表示$\frac{1}{10}$米,$\frac{1}{10}$米就等于 0.1 米对不对?

生:对。

师:我们再来看这份,它表示多少?(教师指第 3 份)

生:0.1 米。

师:这份呢?这份呢?(教师随机指 10 份中的任何 1 份)

生:都是 0.1 米。

师:那从 0 开始到这里(教师从第 1 份指到第 2 份),以米做单位怎样表示?

生:0.2 米,$\frac{2}{10}$米。

师:从第 1 份到第 5 份呢?用分数表示呢?用小数表示呢?

生:$\frac{5}{10}$米,0.5 米。

师:为什么这就是 0.5 米?

生 1:因为它是$\frac{5}{10}$米,$\frac{5}{10}$米就是 0.5 米。

生 2:1 份是 0.1 米,5 份就是 0.5 米。

师:也就是说 0.5 米里有几个 0.1 米?

生:5 个。

师:接下来我们可以量量表的长度了。(老师将表的长一端对准 0,另一端让学生读出数据)

生:0.6 米。

师:刚才第一个发言的男生就已经估出了大约是 0.6 米,现在用尺子一量它确实是 0.6 米。谁来说一说 0.6 米的含义?

生:就是 $\frac{6}{10}$ 米。

【设计意图】 建构十分位解决问题,先认识小数部分的第一个单位——十分位 0.1,同时理解 0.1 米的意义,并用分数等价表示,初步建立分数与小数的关系。

4. 回顾

师:我们回顾一下测量这个表长度的过程,首先用 1 米这个单位去量,发现得不到准确的数据,然后我们是怎么办的?

生:把 1 米平均分成 10 份。

师:把 1 米平均分成了 10 份后,我们找到了一个更小的单位,然后用这个“单位”去量,得到了这个表的长度是 0.6 米。

【设计意图】 思考解决问题的过程,再次加深将大单位细分为 10 份的印象,同时思考选择 10 份的原因。

二、在解决测量需求的过程中建构小数结构(计数单位)的合理性

1. 提出测量宽的问题

师:现在我们测量一下宽是多少?(老师将表的宽一端对准 0,另一端让学生读数据)

生:0.3…5,0.3…(含糊)

师:好像又得不到准确数据了,应该怎么办?

【设计意图】 建立小数部分第一个计数单位之后,为继续建立第二个计数单位——百分位做铺垫,学生思考起点是已建立的十分位,并非回到最初的一米米尺上。

2. 认识百分位

生:把这个 1 米的长度可以分成 20 份。

师:你的意思是将 0.1 米先平均分成两份,1 米就平均分成了 20 份,如果测量

不出来再继续分，对吗？

生：我觉得应该可以把 0.1 米平均分成 10 份。

师：你们说把 1 份平均分成 10 份好，还是把这 1 份平均分成两份，不够了再接着分好？

生：10 份。

师：我们把每个 0.1 米平均分成 10 份，这样 1 小份的长度是多少？（教师随即将 0.1 米平均分成 10 份）

生：1 厘米。

师：1 厘米是我们熟悉的单位，1 厘米如果用米做单位怎么表示？

生：0.01 米，$\frac{1}{100}$米。

师：把每个 0.1 米平均分成 10 份，也就是把这 1 米平均分成了多少份？

生：100 份。（学生齐答）（教师随即将 1 米平均分成 100 份）

师：这其中的 1 份用分数表示是多少米？用小数表示是多少米？

生：$\frac{1}{100}$米，0.01 米。

师：$\frac{1}{100}$米写成小数就是多少米？

生：0.01 米。

师：从 0 开始，这样的 6 份是多少？它表示什么含义？

生：0.06 米，它表示 $\frac{6}{100}$ 米。

师：（教师指到 72 份处）从 0 到这是多少米？

生：0.72 米。

师：现在我们又来量一量表的宽度是多少？

生：10，20，30，31，32，33，34，35，0.36 米。

师：大约是 0.36 米，0.36 米表示什么含义？

生：$\frac{36}{100}$ 米。

【设计意图】 借助十分位理解百分位，继续加深小数数位相邻间单位进位为 10，同时理解百分位在长度中的意义，通过“量的等价”关系建立两位小数与分数之间的关系。

3. 扩展到千分位

师：仔细观察，我们会发现并没到 0.36 米，如果想知道更精确的数据怎么办？

生：把 1 厘米平均分成 10 份。

师：就是把这 1 米平均分成了多少份？

生：1000 份。

师：你们用手比画一下，这 1000 份中的 1 份大约有多长？

生：1 毫米。

师：老师在尺子上不好表示出将 1 米平均分成 1000 份，你们能想象出 1 份是多长吗？以米作单位怎样表示？

生：$\frac{1}{1000}$ 米，0.001 米

师：这样的 13 份是多少？这样的 123 份是多少？

生：0.013 米，0.123 米。

师：如果我们想继续知道更精确的数值怎么办？

生：把 1 毫米再平均成 10 份。

师：也就相当于把 1 米平均分成了多少份？

生：10000 份。

师：随着我们生活当中对数的精确度要求越来越高，单位就会越分越小，有时候小得甚至连肉眼都看不见。

【设计意图】 对小数部分的计数单位进行扩展，明确指出，依据“十进”规律，这个过程可以无限下去，不仅保证人们对精确度的要求，同时与自然数系统融合。

4. 动态呈现“单位”关系

师：回顾一下刚才测量的过程，为了得到更准确一些的数值，我们是怎么办的？

生：把 1 米平均分成了 10 份，得到一个小一些的单位 1 分米。

师：接着呢？

生：又把 1 米平均分成了 100 份，得到了一个更小一些的单位 0.01 米；然后又把 1 米平均分成了 1000 份，得到了更更小的一个单位 0.001 米。

师：随着单位越分越小，我们可以用更小的更精确的单位去测量了。接下来，我们也可以用一个正方体来表示刚才分的过程。

师：如果用这个正方体表示“一”(图序号与前文顺排)(从左往右)动态呈现：

把“一”平均分成 10 份，得到 1 个十分之一(图 2)；

把“一”平均分成 100 份，得到 1 个百分之一（图 3）；

把“一”平均分成 1000 份，得到 1 个千分之一（图 4）。

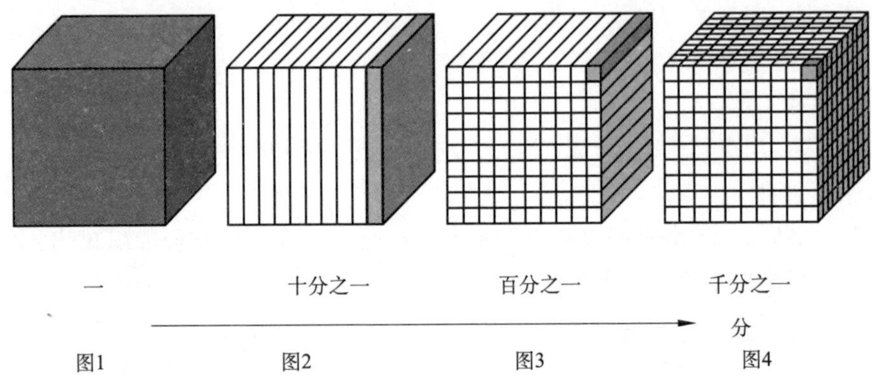

图1　图2　图3　图4

师：随着平均分的份数越来越多，你发现得到的单位有什么变化？

生：单位越来越小。

师：那么像十分之一、百分之一、千分之一这样的单位，它们跟“一”比都怎么样？

生：都比“一”小。

师：像这些比“一”小的单位就是小数的计数单位。你想想小数的计数单位都可以有哪些？

生：十分之一。

生：千分之一。

生：万分之一。

师：你们觉得说得完吗？

生：说不完。

（教师随着学生的回答，将小数计数单位和省略号贴在黑板上）

【设计意图】 通过动态演示，将小数部分（较为常用的）计数单位“十分位”“百分位”“千分位”与对应分数等价性直观显示，将抽象“等价关系”形象化理解，并再次注意小数计数单位相邻进位为十的原则，为接下来建构数位顺序表做好准备。

三、以“数位顺序表”联结自然数与小数的内在关系

1. 建构小数数位顺序表：十进位、与整数数位表的延续

师：你觉得小数的计数单位应该在整数计数单位的哪边？谁来给小数的计数

单位找找家？

（学生把十分之一、百分之一、千分之一分别贴在十位、百位、千位对应位置之下）

师：说说你为什么把十分之一、百分之一、千分之一分别贴在这呢？

生：十分之一对着十位；百分之一对着百位；千分之一对着千位……

师：好，有不同意见吗？

生：十分之一、百分之一、千分之一应该在右边。

（学生把十分之一、百分之一、千分之一依次贴在个位之后）

师：你为什么把小数的计数单位贴在整数计数单位的右边？

生：因为它们都比 1 小。

师：他的意思就是说小的计数单位应该在相对大的计数单位的右边，同意吗？

生：同意。

师：那么，小数部分的计数单位从左往右应该怎样排列？（整体从左往右越来越小，变化趋势是一致的）

生：十分之一，百分之一，千分之一，万分之一，等等。

师：这些小数计数单位所在的位置就是小数的数位，小数部分的数位从左往右依次应该是什么？

生：十分位、百分位，千分位，万分位，等等。

师：好，我们已经给小数的计数单位找到家了。再观察这个数位顺序表，你还有什么建议吗？

生：我觉得缺小数点。

师：如果 0.01 这个小数中没有这个点它还是小数吗？

生：不是！

师：这说明数位表中也应该有小数点的位置，你觉得小数点应该在哪？

（学生展示两种不同位置方式）

2. 明确小数结构：位值制与小数点

师：你们同意哪位同学的意见？

生：小数点应该在整数部分和小数部分的中间。

师：对，小数点的左边是什么？右边是什么？

生：左边是整数部分，右边是小数部分。

师:我们接下来研究,小数部分的计数单位之间有什么关系?

生:它们的进率和整数一样都是10。

师:你能举一个例子说说吗?

生:万分之一和千分之一的进率就是10。

生:万分之一乘10等于千分之一。

师:也就是说10个万分之一等于1个千分之一,谁再举一个这样的例子?一个例子不具备普遍性,我们看看是不是都这样。

生:千分之一乘10等于百分之一。

生:百分之一乘10等于十分之一……

师:你们的意思就是10个千分之一就等于1个百分之一;10个百分之一就等于1个……(课件从右往左动态呈现)

生:10个千分之一是百分之一;

10个百分之一是十分之一;

10个十分之一是一。

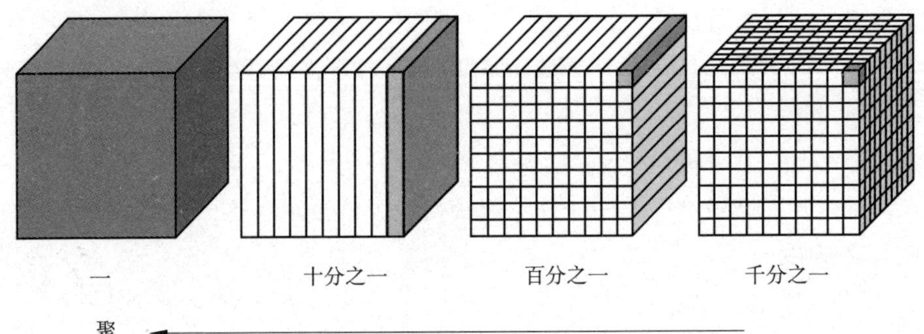

师:接着说!10个一等于多少?(教师指向数位表的整数部分)

生:10个一等于1个十,10个十等于1个百,10个百等于1个千,10个千等于1个万……

师:在整个数位顺序表中,你发现计数单位之间是什么关系?

生:所有的进率都是10。

生:相邻的进率是10。

师:他补充得很好,是"相邻"的计数单位之间的进率都是10。

师:今天,我们不仅认识了小数的计数单位和数位,还知道了小数的计数单位和整数的计数单位之间的关系与联系。

【设计意图】 强调小数与自然数(学生理解的整数)本质关联:同为十进位值制。这是数学发展过程中的历史选择,这种选择有其必要性和合理性。

四、以拓展练习明确小数与分数的关系

1. 小数意义及与分数关系

练习一:写小数明确位值制

将上面测量出的"数位顺序表"的长和宽的结果写出来,并说明每部分的意义。

练习二:写小数明确小数意义

看图写出小数及分数。

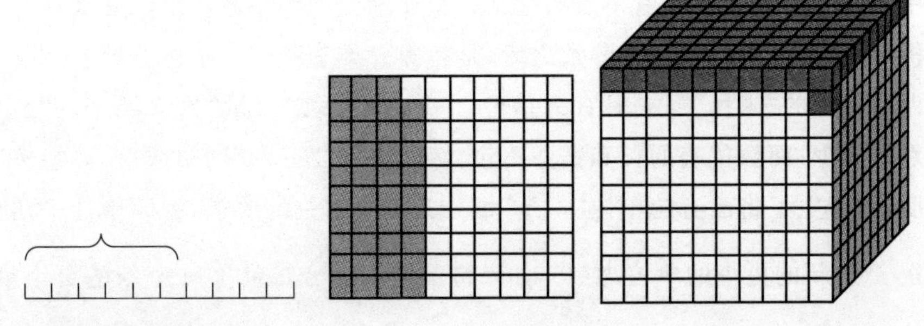

2. 渗透数轴思想

练习三:刚才加长后的数位顺序表有多长?(整数部分与小数部分等长,都为0.6米)它的长在(2米长的)米尺上什么位置?

【设计意图】 通过小数与分数关系练习,体会小数是特殊的一类分数——十进分数,明确小数的基本意义;此外,拓展小数在数学发展中的意义。

分析与点评

教师在"小数的意义"部分的实际教学过程中,会存有这样三个疑问:①如何突破小数与分数的等价关系,例如 $0.1=\frac{1}{10}$?②在构建形成小数基本计数单位十分位的过程中,如何突破将单位"一"均分10份,而不是2份、2份地分得到小数计数单位?③小数部分的计数单位为何可以在整数数位表上继续?

这三个问题触及小数产生的历史,直指小数的"实质",刘延革老师执教的这节

课让学生体验了小数产生的必要性，建构对小数的理性认识，这对于后续进一步学习小数形式和大小比较、小数与单位换算、小数的近似等内容打下清晰的认知基础，这节课对上面三个问题做了回答。我们做一简要分析。

1. 度量需求是小数产生之源

自然数的理论是整个数学大厦的基础。日常生活中存在大量需要计数个数的量，因此人们能够朴素地理解自然数。但在现实生活中，我们不仅要数单个的对象（离散的量），而且也需要度量如长度、面积、质量和时间这样的量（连续的量）。一方面，为满足现实的测量需求，仅有自然数系是不够的，数系必须扩充；另一方面，从数学内部来看，为了满足运算的封闭性，数系也需要扩充，即由整数系到有理数系再到实数系等数系的发展。在此过程中，表示度量的结果，有限小数发挥了巨大的作用，因此，小学阶段学习小数的意义必须让学生理解小数产生的必要性。如前文分析指出，小数的产生远在分数之后，是特殊一类分数——十进分数。刘延革老师的课以特殊的"米尺"——只有大单位"一米"刻度，来度量"数位顺序表"的长和宽分别是多少，而数位表的长和宽并不包含度量单位"一米"的整数倍，要想精确知道长度，就产生了将已有的单位"一米"细分为更小单位的要求，将原单位平均分为 n 等份，产生新的更小的单位为 $\frac{1}{n}$，如果待测量的量恰好包含 m 个新的更小单位，则它的度量结果用 $\frac{m}{n}$ 来表示。以此类推，度量结果的精确度是通过不断对给定单位的细分获得的。然而，在这个单位细分过程中学生产生的疑惑是，为何细分不是二分法，而是十分法，至少前者是学生最直接最朴素的想法，这一点又如何释疑呢？从理论上来说，二分也是可以的，但是实际操作中并不便捷，因为"大"单位二分为新单位，这个新单位并不足够"小"，度量时仍旧得不到新单位的"整数倍"，我们只能增加"二分"的过程而使度量变得烦琐，但我们的选择总是趋于最优的。进一步追问，"二分"不可取，为何不选择"十六分""二十分"甚至"六十分"，而偏偏是"十分"呢？这又是另外一个重要原因，需要从数学内部的角度来阐明。

2. 数系相容是小数发展之流

如果将小数的表示纳入到已有数系表示系统中，那么将极大方便实际应用。数学史上，小数确有其他进制的发展阶段，当小数的计数单位选择"十进"时，能够与自然数系的记数系统相容，测量庞大的量和微小的量，统一于"数位顺序表"，这也正是刘延革老师在课堂中动态呈现自然数与小数计数单位以“1”为基础，由左到右地“分”、由右到左地“聚”的统一体现。这样，当小数部分的计数单位分别为0.1，0.01，0.001，…时，“分”的含义就与“分数”是一致的，分别对应于分数 $\frac{1}{10}$，$\frac{1}{100}$，$\frac{1}{1000}$，…。小数与自然数系相容之后的发展，就是用来表示无理数，继续在扩充数系方面扮演重要角色。

学习任务5：教学效果评价的工具设计与效果分析

一、课堂评价

在课堂上，教师关注学生的参与度、活跃程度，是否积极参与到动手及讨论中来，对其他同学的发言是否认真倾听，是否自己思考，是否将自己的想法清晰表达出来并与别人进行交流。

二、课后评价

1. 借助课后小结及时了解学生的学习情况、情感投入情况等，教师以给予客观、公正的点评。

2. 课后通过作业、测试卷考查学生知识掌握情况。对于小数意义及性质的学习，重点在于概念性理解，在此基础上应用相关性质和规律解决问题。因此，对于学生学习情况的测评，主要应以具体问题来考查学生对概念核心的认识和理解。例如，练一练题目。

（1）把下面各图涂色部分分别用分数和小数表示出来。

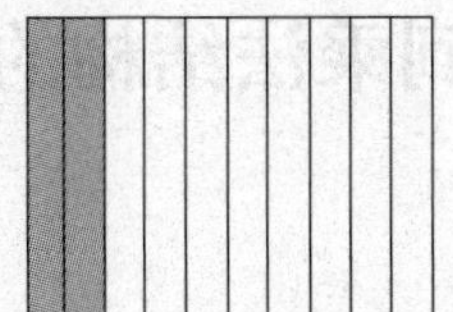
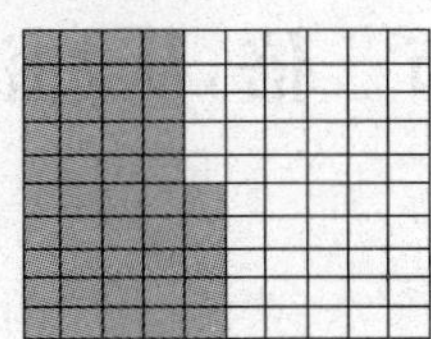

（2）你能在纸上画一个图形，把它看成整数“1”，然后把2，0.2，0.02，0.20这些数表示出来吗？

(3) 看图填一填。

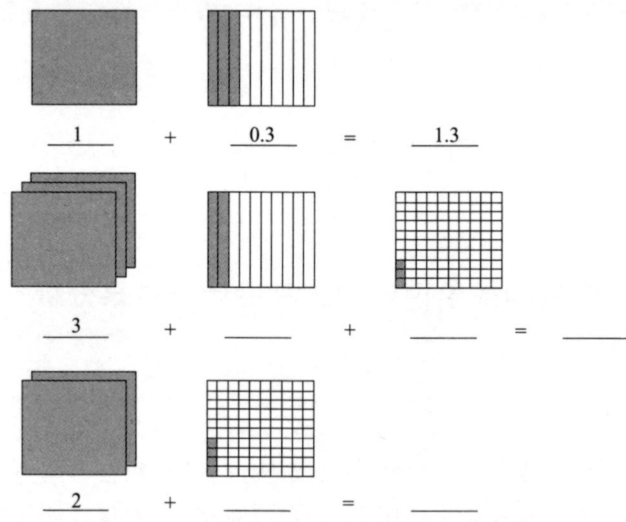

练一练

1. 根据本文材料，你打算通过什么样的方式让学生明白“小数是十进分数”的意义？直接告知方式？依据现实直观模型建立等价关系？从“度量”角度进行探究式学习？请谈谈你的思考。

2. 小数意义的教学与整数、分数、百分数教学内容之间的关系如何？你将以何视角看待这几个概念教学？

第四节　倍，从加法结构到乘法结构的转折

学习准备

1. 教材(可以不同版本)上关于“倍”的学习都设计了哪些情境和哪些学习活动？

2. 关于“倍”的教学，你有哪些问题或困惑？

3. 请分析倍、分数与除法的相同与不同之处。

4. 阅读本节提供的关于“倍”的拓展资源。

学生学习“倍”概念之前，有老师做过如下小调查。

出示下图：

师：以这幅图为例，你可以提出什么样的问题？（全班100％的学生举起了手）

生1：一共有多少颗星星？

生2：粉星比红星多多少颗？

师（教师有意识地引导）：再拿粉星和红星比一比，能提出什么数学问题？

生3：红星比粉星少多少颗？

师：还能提出其他问题吗？（学生沉默了，5秒钟后只有一位同学举起了手）

生4：以★★为一份，粉星有红星的几份？

自主思考：

1. 教学中你是否观察到存在这一现象？

2. 学生已有的认知结构中，“倍”与其他已经学习的概念有什么关系？

3. “倍”概念如何产生？即为什么学习“倍”？

4. 学生学习“倍”有哪些经验、知识基础？

通过前述现象可以看出，对于数量关系，学生的经验中都是关于“求和”和“比多少”的概念，那么学习“倍”概念，是学生自主建构还是教师告知学生接受？“倍”这个知识点何时学习？在什么情境或解决什么样的问题中学习？直接从“问题解决”入手学习“倍”是否合适？学生理解“倍”概念的难点到底是什么？

再者，“倍”概念与其他数学概念有密切联系，教师如何理解“倍”的实质以及如何整体把握与“倍”有联系的其他数学概念？一线教师必须在整体把握“倍”的实质与学习价值的基础上，再进一步分析学生理解掌握“倍”困难是什么以及产生困难的根本原因。

学习任务1:如何调研理解学生关于“倍”的已有认识

有一位教师设计了以下几个问题,调研了解学生关于“倍”的已有知识基础。

1. 观察下面的图,你能提出哪些数学问题?

●● ●● ●●

2. 观察下面的图,你能提出哪些数学问题?

△△

●●●●●●

3. 对比以上两幅图,有什么不同?

下面是清华附小CBD实验小学周冬梅老师设计的调研题目、调研结果以及她所做的分析。

1. 学前第一次调研

调研目的	设计标准结构的直观模型(第一题)和非标准结构的直观模型(第二题),了解学生对“倍”的认知情况
调研对象	三年级1班学生,共29人
调研形式	问卷
调研题目	要求:看图提出问题,能提几个就提几个 第一题: 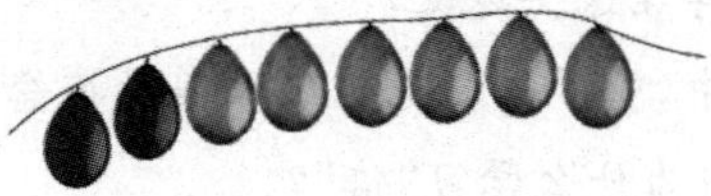 第二题: 

调研之后,周冬梅老师做了以下分析:

在第二题中学生提出了“海藻和黑红金鱼一共有多少?一共有多少气泡?大红金鱼和小红金鱼相差多少?”等问题。我们设计这道题的本意是想了解所呈现的材料是“无结构”的情况下,学生是否有“倍”的感觉,但由于图片中干扰因素过多,影响了前测的效果。而第一题，虽然是有结构的，但是由于排成了一行，要进行两类量的比较的意图体现得并不充分，测试结果也不理想。那么，如果"标准量"的感觉再清晰一些，学生的情况会怎样呢？带着这样的思考，我们对前测题进行了调整。

2. 第二次学前调研

调研目的	设计标准结构的直观模型（"标准量"清晰的第一题）和标准结构的直观模型（比较关系不明显的第二题）以及非标准结构的直观模型（第三题），以了解学生对"倍"的认知情况
调研对象	三年级 2 班学生，共 27 人
调研形式	问卷
调研题目	要求：看图提出问题，能提几个就提几个。 第一题： 第二题： 第三题：

调研结果如下：

学生提出了如下的问题：

蓝色水珠比红色多几个？一共有多少个？

一共有多少个气球？

红气球比蓝气球少几个？

第一道调研题目，已经清晰地将所比较的事物的数量关系直观化地展现在学生的面前，给出了"倍"的标准结构的直观模型，但是学生提出的问题，依然是以"求和、求差"为主。

这个班里有 2 名学生提出了与"倍"有关的问题，如下：

红气球比蓝气球少几倍?

蓝气球比红气球多几倍?

之后对这两个学生进行了单独的访谈。

师:你的问题里有一个“倍”,你知道这是什么意思吗?(蓝气球比红气球多几倍?)

生1:“倍”就是“乘”,蓝气球比红气球多3倍。

生2:红气球是1份,蓝气球有3份。

师:你是怎么想到“倍”的呢?

生1:我自己看过书。

生2:我听爸爸讲过。

针对前面的调研,周冬梅老师写道:学生虽然能够提到“倍”这个词,但对其含义并不了解。即使提出了和“倍”有关的问题,也多是“多几倍”或“少几倍”的问题。学生在一、二年级已经掌握了两个数量之间的比差关系,但这部分知识对学生建立“倍”的概念可能会造成一定的干扰。

自主思考:

1. 周冬梅老师所设计的“调研题目”是否合适?其调研的目的是否能达成?

2. 在进行两个量的比较时,学生提“某某比某某‘多几倍’或‘少几倍’”而不提出“某某是某某的几倍”,你认为原因是什么?

3. 学生头脑中是否有“倍”的经验基础?

通过对教材的分析和学生的情况调研发现,“倍”概念与加减法概念不同,并不是天生存在于学生头脑当中的,而且受以前加减法学习的影响,甚至会出现负迁移的现象。所以我们说“倍”概念的学习是学生数学学习的一个难点,也是一个重要的转折点。

小学生的数学认知结构主要有两个,一是加法结构,另一个是乘法结构。所谓“加法结构”“是一个概念域,是以加法、减法概念为核心的概念体系,是多种数学概念(被减数、减数、差数、部分数、总数等)围绕加、减法概念形成的联结网”。学生在一、二年级所接触的学习内容多为加法结构。

例如:一年级上册——加减法的认识

二年级上册——相差关系问题

相差问题是在一一对应、进行比较的基础上产生的。学生开始学习解决两个量之间“比差”关系的问题。

所谓“乘法结构”是心理学家吉尔德·维格诺德提出的,乘法结构不是指单一的认识乘法,而是一个概念体系,基本概念是乘法与除法,与之相关的倍、最大公因数、最小公倍数、运算规律甚至面积、体积、表面积、速度等概念和定律。

儿童乘法认知结构中的数学概念体系是按照整数—分数—比例的顺序依次建构的。因此小学阶段我们安排以下这些内容:

三年级上册——倍的认识

三年级下册——分数的初步认识

五年级下册——分数的认识

六年级上册——比

这些概念的本质都是“比率”。理解两个量的倍数关系(比率)是儿童乘法认知结构建立的重要方面。

那么,作为“乘法结构”建立的起始课,“倍的认识”到底难在哪儿？学生需要完成怎样的转变呢？

第一,从“一个量”到“两个量”的转变。

学生在二年级时就学习了乘法,知道了求几个相同加数的和可以用乘法来计算。这里虽然涉及乘法,但此阶段研究的都是针对“一个量”而言的,还是“合并”与累加的过程。我们在一定程度上可以理解为对乘法的初步认识依然建立于特殊的加法之上,本质上仍是“加法结构”。

“倍”概念则不同,它研究的不是一个量重复累加的过程,其本质是研究两个量之间的“比率”关系,这个不同点常被大家忽视。所以在教学中我们可以先将“倍”与学生已经掌握的“几个几”建立联系,初步认识倍的概念。再通过比较圆片、小棒等活动提供大量的比较两个量的倍数关系的机会,强化比较的意识,帮助学生建立倍的直观模型。从而帮助学生完成从“一个量”到“两个量”的转变。

第二,从“比差”到“比率”的转变。

比较两个数量大小的时候,有两种基本的方法。一种是比较它们的差(相差问题),另一种是比较它们的比率关系(倍比问题)。

学生在前期的学习中,头脑中建构的都是“比差”关系,也就是“加法结构”,是数量的合并与多少的比较,未曾学习两个量之间的比率关系。所以当学生接触

“倍”概念的时候，会出现“红花有 2 朵，黄花有 6 朵，黄花比红花多 3 倍”的说法，这是受到了比差关系的影响。

在前面教材分析的时候我们谈到，在建立“倍”概念时，我们需要经历三个层次的学习：第一层，标准量不变，几倍量变；第二层，标准量变，几倍量不变；第三层，标准量和几倍量都发生变化。通过对知识本质的分析，在后两层的学习中更能突出体现乘法结构中“相对量”的特点。通过几次变化，学生对“比率”关系的理解层层深入，从而逐步进入到乘法结构的学习中。

所以说，“倍”概念的学习是学生从“加法结构”到“乘法结构”的一次转折，学生认识结构需要发生一次“质”的变化。知识结构和认知结构的转变是学生在学习中将面临的困难。

对两个数量之间进行比较，92%的学生都不能提到“倍”这个词，说明学生对倍的概念比较陌生，为什么呢？

学生理解“倍”之困难是由“倍”的内涵决定的，因为“倍”概念从数学知识发展角度来看，处于从“加法结构”到“乘法结构”的过渡阶段，学生真正理解“倍”这个概念，其数学认知结构需要发生“质”的变化。

小学生的数学认知结构主要是加法结构和乘法结构，而乘法结构是在加法结构基础上产生的高层次的数学认知结构①。学生加法结构的建构为后续数学学习提供了最基本的知识准备和心理发展准备。入学后，儿童从运用“自发”（有人认为学生对加法的认识是天生的、自动化的行为。教学中我们发现也是如此，学生对加法的理解要比减法容易）形成的或学前教育中形成的非正规的直接模仿策略，到形成初步正确的抓问题的数学本质策略和正规的列式来理解加法结构，要经历一两年时间。因此，可以看出，在学习“倍”之前（一般在二年级学习“倍”），学生头脑中建构的是“加法结构”，是数量的合并与多少的比较，未曾学习两个量之间的比率关系。对两个量或多个量之间的比率关系问题的真正理解需要学生头脑中建构起“乘法结构”，“倍”的学习正是建构乘法结构的伊始。

从加法结构到乘法结构，学生认知结构需要发生一定程度“质”的变化，“倍”的学习是发生质的变化的第一次机会（对乘法的初步认识建立于特殊的加法之上，还是“合并”与累加的过程，本质上仍是“加法结构”），因此学生学习“倍”都要经历从

---

① 孙昌识，姚平子．儿童数学认知结构的发展与教育[M]．北京：人民教育出版社，2005：105.

加法结构到乘法结构的转变,认知结构的转变是学生学习的最大困难,因此小学生学习“倍”存在困难就很容易理解了。

另外,从语义的角度看,日常生活中的“倍”与数学中的“倍”也不完全相同,这也是学生理解“倍”比较困难的原因。日常语言中,说到“倍”好像就是增加、扩大。例如,《现代汉语词典》中有对“倍”的解释:“跟原数相等的数,某数的几倍就是用几乘某数。”一般当商大于1时,习惯说被除数是除数的多少倍,而当商小于1时,就习惯地说,被除数是除数的几分之几,用分数来表达。事实上,从数学的角度看,上述两种情况都可以用“倍”说明,在数学上,“倍”与“比”本质是一样的,只是应用的情境不同。数学与生活方面的歧义也给学生学习“倍”带来一定困难。

当然,学生头脑中建构清晰、稳定的乘法结构是整个小学阶段的重要目标,需经历一个长期的过程,需要教师知道什么是乘法结构,在乘法结构中哪些概念是最基本的。建议参看人民教育出版社出版的《儿童数学认知结构的发展与教育》一书。因此,“倍”的初步认识必须创设符合学生认知特点同时又能解释“倍”的数学本质的活动,让学生在丰富多样的活动中理解“倍”。

学习任务2:分析“倍”的概念实质与教育价值

虽然学生学习“倍”有困难,但它是一个重要的概念:“倍”、分数、百分数、“比”有密切联系,“倍”是后续这些概念学习的基础,运用“倍”解决的问题类型也比较多,如“和倍问题”“差倍问题”等。

自主思考:

1. 为什么要产生“倍”的概念呢?
2. “倍”、乘法、除法、分数、百分数、“比”等概念之间有什么相同与不同之处?
3. “倍”承载哪些短期和长期的教育价值?

小学阶段数学中两个量的比较有两种情况:一种是绝对量的大小比较,即谁比谁多(少)多少;另一种是相对量的大小比较,即以其中一个量为标准,另一个包含几个“标准”或者是标准的几分之几。这是数学中两种最基本的数量关系:差比关系与倍比关系,倍比关系内容丰富,可以说“倍、分数、百分数、比”等内容都涉及倍比关系,都体现着两个数量之间相对大小的比较,倍是学习这些概念的基础。在小学阶段，一般当商大于1时，习惯说被除数是除数的多少倍，而当商小于1时，习惯说被除数是除数的几分之几或百分之几。例如，4是3的$1\frac{1}{3}$倍，3是4的3/4或75%。

倍和比之间存在什么关系呢？我们首先要明确比的意义，比既表示同类量的比，又表示不同类量的比。例如：路程与速度之间的比就属于不同类量的比，这个比值就是时间。

同类量的比就和倍有着密切的关系了。两个数量之间进行比较，可以用除法，也可以用比，如谁是谁的几倍或是几分之几，也可以说成谁和谁比。例如：长15厘米、宽10厘米的长方形，可以用15÷10表示长是宽的多少倍，也可以表示长和宽的比是15比10；也可以用10÷15表示宽是长的几分之几，也可以表示宽和长的比是10比15。比的前项与后项之间存在的关系就是倍数关系。

在日常生活与数学中，与倍密切相关的问题主要有三类：①求一个数的几倍是多少；②求一个数是另一个数的几倍；③已知一个数的几倍是多少，求这个数。分数（百分数）的解决问题，有三种情况：①已知一个数的几（百）分之几求这个数；②求一个数是另一个数的几（百）分之几；③求一个数的几（百）分之几是多少。

例1：小新家养鸭10只，养鸡7只。问：(1)鸭的只数是鸡的几倍？(2)鸡的只数占鸭的几分之几？条件与第(1)问题搭配就是倍的解决问题中求一个数是另一个数的几倍，而与第(2)问题搭配就是分数的解决问题中求一个数是另一个数的几（百）分之几。分析如下：

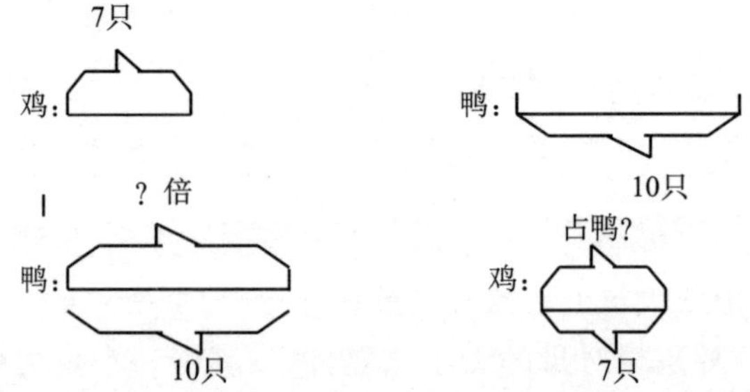

从图中可以看出：在倍的解决问题中，鸡是标准量，我们把鸡的数量称作1倍数，求鸭是鸡的几倍，就是求10只里包含着几个7只。在分数解决问题中，鸡同样是标准量，我们称作单位“1”的量。要求鸡的只数占鸭的几分之几，实际就是求鸡的只数里包含有几个相当于鸭的只数，也就是求鸡的只数是鸭的几倍。所以，“求一个数是另一个数的几（百）分之几”和“求一个数是另一个数的几倍”意义相同，只是前者求得的数值是分数和百分数。

这两道题都是要表示是鸭和鸡两个数量之间比的关系，只不过变换了一下说法。我们把两个问题与条件分别进行转换就会分别出现倍的解决问题与分数解决问题中的另外两种情况（这里不再赘述）。

另外，“倍数”与“倍”也有密切关系，如：有 5 个梨，苹果的个数是梨的 3 倍，有多少个苹果？在分析数量关系时，我们把梨的个数叫作一倍数，苹果的个数叫作几倍数，而 3 倍叫作倍数。这和高年级学习的倍数与约数中的倍数是不同的，约数、倍数里的倍数指的是：“整数 a 除以整数 $b(b\neq0)$，除的商正好是整数而没有余数，我们就说 a 能被 b 整除（也可以说 b 能整除 a），如果 a 能被数 b 整除，a 就叫作 b 的倍数，b 就叫作 a 的约数（或 a 的因数）。”在讲“数的整除时，我们所说的数，一般指自然数，不包括 0)”。“倍数”表示的是能被某一自然数整除的自然数。例：$15\div5=3$，我们就说 15 是 5 和 3 的倍数。而“倍”表示两个数相除所得商，这个商可以是整数，也可以是小数，还可以是分数，如 $6\div5=1.2$，$6\div5=1\frac{1}{5}$，我们可以说 6 是 5 的 1.2 倍，或者说 6 是 5 的 $1\frac{1}{5}$倍，再如 $0.6\div0.2=3$，可以说 0.6 是 0.2 的 3 倍。而“倍数”并不存在这类情况。

倍数和倍的区别：倍数是建立在整除的基础上的，表示能被某个自然数整除的数；倍是建立在“除尽”的基础上的，表示的是两个数相除所得的商，它描述的是两个数之间比的关系。

学习任务 3：核心教与学活动及其设计意图

下面是北京小学高丽杰老师执教“倍的认识”所设计的学习活动以及意图。

一、在观察中初步感悟“倍”的现实意义

(1) 出示情境图：老师和同学们要到水果超市逛一逛，看一看购买了什么水果？

寻找数学信息：买了几个桃子几个苹果。

(2) 将实物抽象成图片摆一摆。

(3) 说一说:把桃子和苹果比一比,你能看出什么?

预设 1:桃子比苹果多 3 个(桃子比苹果少 3 个)。

预设 2:苹果有 1 个 3,桃子有 2 个 3。

预设 3:3 个为一份,桃子比苹果多 1 倍(桃子是苹果的 2 倍)。

小结:同学们不仅发现了桃子与苹果之间多与少的关系,也发现了份、几个几,还有同学给我们介绍了一个新的概念:倍。(板书)

(4) 解读:请提到"倍"的学生,说说对倍的认识。

(5) 观察:把 3 个苹果看作一份,桃子有这样的几份?(边数边课件圈出 2 份)

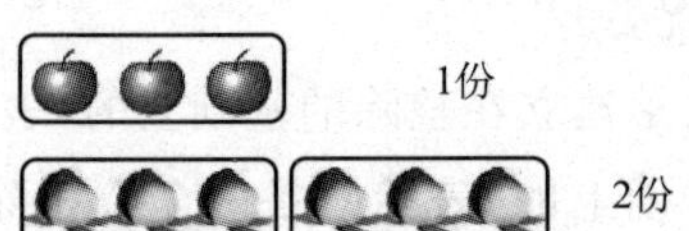

(6) 讲解:桃子有这样的两份,我们就说桃子的个数是苹果的 2 倍。

【设计意图】 依托学生已有的知识基础,帮助学生建立份(几个几)与倍的联系,使学生初识"倍"表示的是比较关系。

二、以"2 倍"为基准,在比较中建立倍的模型

(1) 想一想:桃子的个数是苹果的几倍?

说一说：你是怎样观察的？

想一想：是把几个苹果看作一份？桃子呢？

(2) 出示情境：(课件播放小朋友说的话)

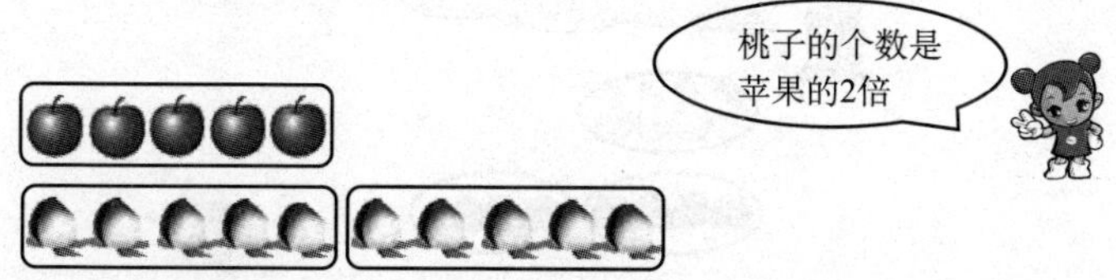

判断：你们觉得他说得对吗？生生交流中加深认识。

师小结：真会观察，知道先看苹果几个为一份，再看桃子有这样的几份，就知道桃子和苹果之间的倍数关系了。

【设计意图】 为学生提供直观的学习素材，紧紧抓住2倍这一基本倍数关系，学生经历观察、比较，发现水果的个数不同，但倍数相同。为进一步抽象、概括做好准备。

(3) 回忆：三次买水果的情况，有什么相同和不同？

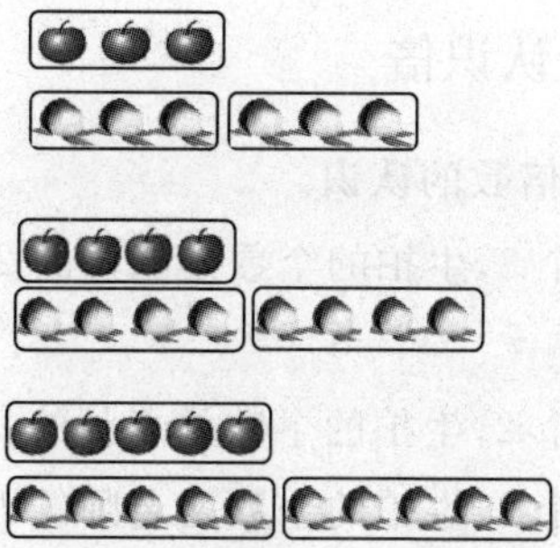

交流：苹果个数不一样；桃子的个数不一样；都是2倍；桃都分成了2份。

思考：是不是只要分成2份，就一定是2倍的关系？

学生自由讨论。

(4) 出示。

师：小猪的说法对吗？怎么想的？

出示：

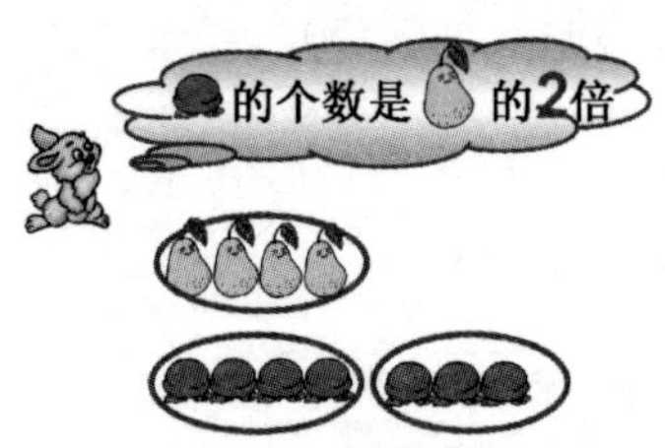

师：小兔子的说法对吗？

师小结：两个数量比较，以其中一个为一份，另一个有这样的两份，就可以说“另一个”是“一个”的2倍。

【设计意图】 本环节巧妙地运用了原型与变式，使学生在比较的过程中逐步抽象，逐渐加深了对倍的认识。典型的原型使学生对概念的本质有了较为清晰的认识，之后展示了菠萝和西瓜这一变式结构图，使学生在检验甄别的过程中更加深刻地理解了倍的概念本质。

三、在变化中进一步认识倍

(1) 拍手游戏拓展对几倍数的认识。

师生拍手游戏：师拍1个3，生拍的个数是老师的2倍，是老师的1倍还会拍手吗？

学生拍手游戏：师拍1个2，生拍的个数是老师的3倍、4倍。

启发学生想象：师拍1个2，生拍的个数是老师的10倍，50倍，100倍……想象你们要拍几个2？

思考：在你们想象的过程中，你发现了什么窍门，什么始终没变？

体会：一份数不变时，有几份就是几倍的关系。

【设计意图】 概念教学不是教“形式化的定义”，而要追求思维上的真理解。所以，本环节老师和学生一起做拍手游戏，通过不断增加份数，使学生认识了3倍、4倍、10倍……提问你发现了什么窍门？什么始终没变？促使学生深入思考从而抽象出一份数不变，有几份就有几倍，沟通份和倍之间的联系。强调“1倍”就是“同样多”。

(2) 圈一圈、画一画体会比的标准的重要性。

说一说：菠萝的个数是几倍？

(学生质疑:没有告诉和谁比,从中体会只有两个量进行比较时,我们才能找到倍数关系)

猜测:如果菠萝和苹果比,苹果可能是几个,菠萝和苹果有倍数关系吗?把你的想法画下来,并且圈一圈,看看菠萝是苹果的几倍?

汇报:你们想怎么画?

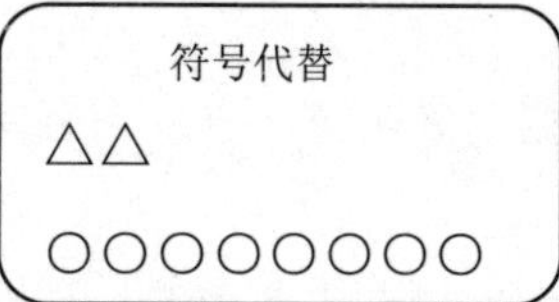

教师肯定学生的不同画法,鼓励符号代替的画法,点明符号的简洁。

讨论:菠萝的数量没有变,但倍数却变了,这是怎么回事?

(讨论中体会标准量的重要性)

【设计意图】 画一画的环节,让学生在交流的过程中体会到用图形代替实物既能表达自己的想法又比较方便快捷。在解决现实问题的过程中感受到符号化的好处,渗透符号化思想。通过圈一圈的形式,再一次观察,使学生主动探究倍数发生变化的原因,感受比的标准的重要性。

四、联系生活体会作用

(1) 出示蚂蚁图:一只蚂蚁能搬动是它体重50倍的物体。你想对蚂蚁说什么?

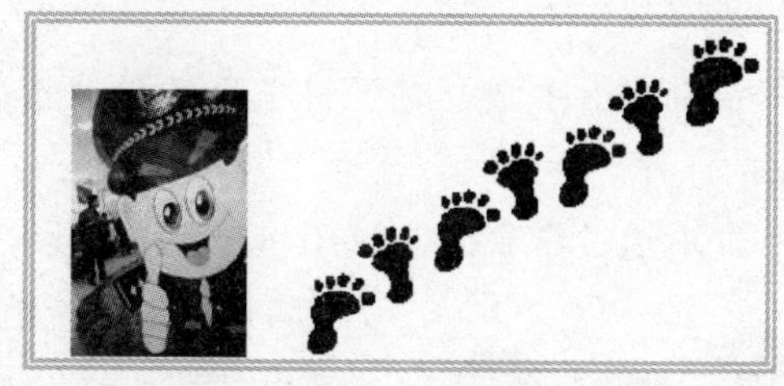

(2) 出示脚印图:警察叔叔在抓坏蛋时,能根据罪犯留下的脚印来判断出罪犯的身高,你们知道怎么回事吗?课件出示:人的身高一般是脚长的7倍。

高老师的脚长23厘米,我的身高大约是多少?你能说说你的想法吗?

【设计意图】 本环节延伸到生活中去，使学生体会到数学知识与生活的联系，感受数学学习的趣味性。同时，在第2题中再一次让学生在思考的过程中加深对倍的认识，为后面学习一个数的几倍是多少的现实问题做好铺垫。

五、收获总结提升理解

回忆学习的历程：刚上课时，同学们看到桃子和苹果图，只有少部分同学了解它们之间还有倍数关系。但在学习中，你们善于观察，认真思考，利用已有的旧知识，在比较的过程中认识了“倍”。大家都和“倍”交上了朋友。你对“倍”有了哪些认识？

【设计意图】 数学概念具有很强的系统性。学生掌握的并非一个个零散的概念，而应该是有着相互联系的一个整体。这里，教师引导学生回顾、反思，学生自觉地把新概念和与之相关的几个几、份的概念建立联系，把新概念纳入到学生已有的认知结构中，扩充了对乘法的认识，帮助学生建立丰富、立体化的概念意象。这时学生习得的概念才是活的、有生命力的，才能灵活地加以运用。

学习任务4：教学效果评价的工具设计与效果分析

一、课堂评价

在课堂上，教师关注学生的参与度、活跃程度，是否积极参与到动手及讨论中来，对其他同学的发言是否认真倾听，是否将自己的想法与别人进行交流。

二、课后评价

(1) 借助课后小结及时了解学生的学习情况、情感投入情况等，教师给予客观、公正的点评。

(2) 课后通过作业、测试卷考查学生知识掌握情况。例如可以出示如下题目分别测评学生学习情况。

基础知识评价：圈一圈，红花是黄花的(　　)倍。

能力评价：小猫吃了2条鱼，猫妈妈吃的是小猫的4倍，你知道猫妈妈吃了多少条鱼吗？请你想办法把你的想法表示出来？

三年级测试对“倍”的理解。

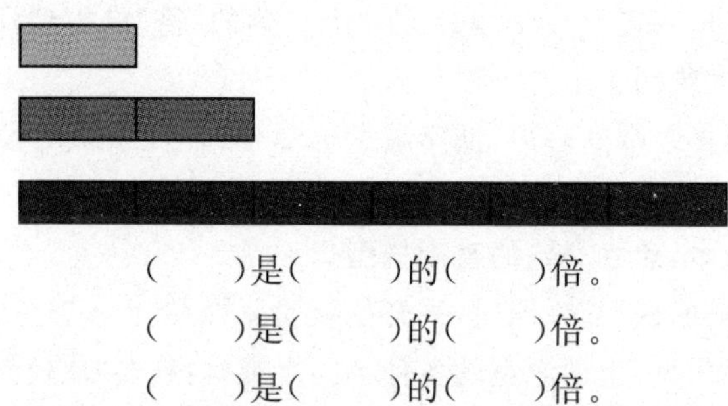

(　　)是(　　)的(　　)倍。

(　　)是(　　)的(　　)倍。

(　　)是(　　)的(　　)倍。

从结果中发现数学成绩好的学生对“倍”的认识两极分化明显,要不是概念完全正确,就是完全错误,这部分学生多认为一个数比另一个数多几倍就是一个数是另一个数的几倍,这部分学生在“倍”的概念建立之初,学习和接受能力很快,在练习时家长会给学生找一些变化性的题目作为练习,一个数比另一个数多几倍的题就是其中的一种,学生在概念建立之初本身就会有遗忘现象,而且基本题型练习不够,学生没能通过练习在“倍”的概念里区分开“是”和“比”的不同,使一个数比另一个多几倍给一个数是另一个数的几倍造成负迁移。

中间水平的学生在“倍”的概念认识上呈摇摆不定的状态,他们一会儿认为黑线段是红线段的 6 倍,一会儿又认为黑线段是绿线段的 2 倍,一会儿用几个几想“倍”的概念,一会儿又用相差的知识想“倍”的概念。学生对“倍”的概念认识是一个反复性过程,一会儿从对到错,一会又从错到对,说明“倍”的概念相对于其他数学概念更加具有抽象性、科学性。

水平较差的学生在“倍”概念建立之初,认识不深,停留在机械性模仿的状态,在教学后,教师发现学生仍没有建立“倍”的概念,给其补课进行有针对性的复习和练习,反复强化学生对“倍”的认识,学生在不断的复习中建立了“倍”的概念,这说明“倍”的概念建立需要长期的、反复的过程。

练一练

1. 在“倍的认识”教学第一个环节,是否设计“两个量比多少”的问题?由此在“两类基本数量关系”的对比中认识“倍”?

2. “倍”与乘法、除法、分数以及“比”的关系是什么?

3. 阅读下面材料,教学“倍的认识”应该关注哪些活动?

有一位高年级数学老师说：我不管你们（指低年级数学教师）是用“几个几”去讲，还是用“份”去讲，一定要让学生建立一个正确的“倍”的模型，不要看到“倍”就乘，否则到高年级太难纠正了。

这段话道出很多老师的心声：低年级学生学习“倍”一定要建立“倍”的模型，清晰地理解“倍”的内涵，不能片面地“见倍就乘”，教学“倍”要注意什么？

1. 以“2 倍”为本，建立“倍”的直观模型

教师在执教“倍的认识”一课时，一开始就紧紧抓住“2 倍”这一基本倍数关系，给学生提供了喜闻乐见、生动漂亮的各种不同直观材料（要“比较”的是不同数量的不同水果），以丰富学生对“2 倍”的直观认识。提供直观材料仅仅是数学学习的开始，提供这些学习素材的目的是方便学生进一步地抽象与概括。

因此，选择哪些直观材料是教师必须思考的，教师首先要选择不同的物理属性（不同种类的水果）、选择的“标准”不同：3 个、2 个、4 个，但相同的是倍数关系都是 2 倍，并且被比较的两类量的直观结构也完全相同。直观模型有以下两类。

一是标准结构的直观模型，如下图。

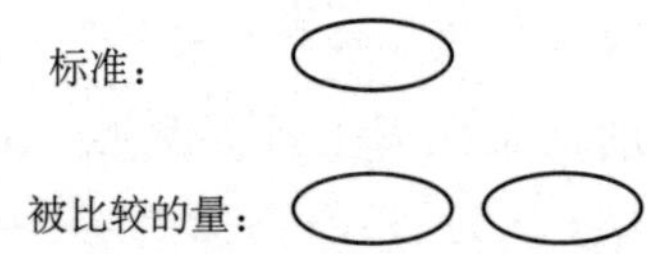

二是非标准结构的直观模型。非标准结构的模型也有两个，一个是“变式结构”模型，另一个是“错误结构”模型，如下图。

（变式结构）

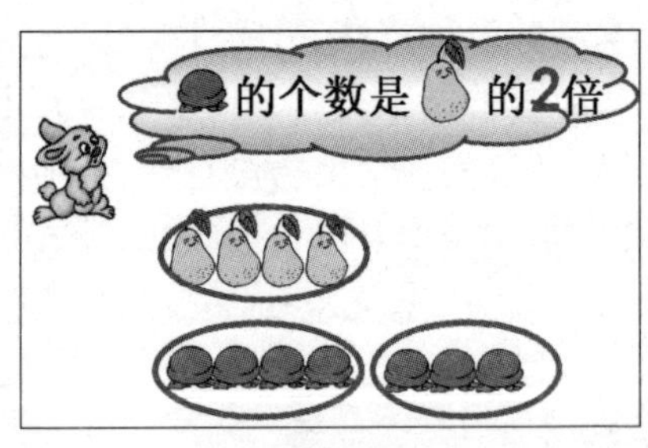

（错误结构）

由于初步认识“倍”，设计这样的清晰直观结构有助于学生第一次建立“倍”的概念。但教学中不能都是这样的“标准结构”，都是标准结构不能促进学生真正深入思考，因此需要再一次提供“变式结构”甚至是“错误的结构”，让学生在辨析中深化对“倍”的认识。

学习素材既有相同之处又有不同之处,才能促进学生真正观察、发现、抽象与概括。因此教师这样提问:“它们收获的水果不同、个数也不同,为什么都可以说摆在下面的水果是上面水果的 2 倍?”引导学生“舍弃各种不相干的因素”,在变中抓不变,而这个不变,正是两个数量之间的关系——2 倍,从而更为深入地揭示了现象的本质,这个本质就是新概念“倍”,从而实现了一次对“倍”认识上的飞跃。

在“变式结构”模型中,分两层次处理,一是打乱了实物的排列顺序,二是隐藏了实物只出示数据(写成文本不能展示动态的过程,实际教学中有动态过程),引导学生一步步把关注的对象从实物的比较过渡到数之间的比较,使学生真正做到“完全舍弃了事物或现象的质的内容,而仅仅着眼于它们的量性特征”。由于前面学生对 2 倍的“形”有着较为充沛的准备,因此很自然地过渡到“数”,有效地进行了正迁移,对“倍”的认识从感性上升到理性。

2. 在“变化”中进一步认识“倍”

“变化”分为两类,一是标准不变,被比较的量变化(两个量之间成正比例关系),二是被比较的量不变,标准变化(“标准”与“倍数”成反比例关系)。

“数学抽象是对各个具体情境的一种超越。”在第一类“变化”中,引导学生进一步拓展认识几倍,通过不断地增加教师要求学生拍手的份数,引导学生认识 3 倍、4 倍……通过提问“你有什么发现”,引导学生进一步抽象出:学生拍了这样的几份就是老师的几倍,归纳与整理为抽象提供了帮助,在此基础上引导学生认识较难理解的“1 倍”(同样多),孩子的理解自然水到渠成。

在第二类变化中,即“橘子”个数不变、“柿子”(3 个、2 个、1 个)个数变化的情况下,通过圈一圈的形式探究倍数发生变化的原因,感受比的标准的重要性,潜移默化地渗透反比例的思想。

在这两类“变化”的探讨中进一步认识“倍”,对很多学生来说有一定困难,但由于都是借助直观模型,再进行的“圈画”活动,学生对此也有一定的理解,但不同学生之间肯定有比较大的差异。

3. 从直观模型到抽象数量关系

学生生活中经常会看到各种各样的数据,但大多数孩子只能看到表面的单个数据,看不到数据之间的关联,而这个关联正是学生赖以解决问题的“工具”,本环节意在引导孩子通过观察数据(脱离直观模型),发现数据之间隐藏的倍数关系,引导他们透过现象发现本质。相信从此以后孩子眼中的数与数之间是互相联系的,也通过此环节的反馈，我们能感受到学生对“倍”的认识是到位的。

拓展阅读资料

[1] 郑毓信．数学思维与小学数学[M]．南京：江苏教育出版社，2008.

[2] 孙昌识，姚平子．儿童数学认知结构的发展与教育[M]．北京：人民教育出版社，2005.

第二章 四则运算的学与教

学习目标

1. 掌握乘法的意义、产生的必要性，理解四则运算的算法与算理的内涵、联系，明确算法与算理在不同年级、不同运算中的教学要求有所不同。

2. 在读懂所使用教材及了解学生学习基础、难点的基础上，设计能够激发学生探究愿望、兴趣并能深刻理解算法与算理的直观操作活动，突出直观操作活动对学生掌握算法理解算理的必要性。

3. 初步掌握分析教材、调研学生、设计有效数学学习活动的基本方法。

4. 理解运算能力的内涵以及教学中如何培养学生的运算能力。

第一节　简单中的不简单：百以内的加法

学习准备

1. 阅读教材中“两位数加一位数的进位加法”的内容，教材设计了什么情境？使用了什么直观模型？

2. 写出你在小学低年级计算教学中存在的问题和困惑。

3. 两位数加一位数的进位加法，看似简单，但蕴含着重要的数学教育价值，你认为其数学教育价值有哪些？

4. 阅读本节后提供的文献。

计算是小学数学的重要组成部分，也是最基本的数学技能。但也是小学数学新任教师头疼的内容之一。一位刚入职的新教师在执教“5 以内的加法”时曾经吐槽：“这么简单的几加几就要教一整节课，有什么可教的？”更有的教师在计算教学过程时，15 分钟就讲完了新授的内容，剩下的时间都是练习。可是，让人沮丧的是，教过一段时间会发现，孩子还是在计算时错误百出，反复强调也收效甚微。那么，新教师如何分析计算内容的教材，如何把握计算教学的内容，确定适宜的教学目标？如何设计有趣又有层次的教学活动，提高课堂教学的效率？本节将结合“两位数加一位数进位加法”的教学设计进行讨论分析。

学习任务 1：如何读教材、分析教材？

一位教师在执教“两位数加一位数的进位加法”时，做了如下教材分析。

> “两位数加一位数的进位加法”是人教版一年级下册第六单元的教学内容，它以 20 以内进位加法和两位数加整十数为基础，这一内容既是之前所学口算的拓展，又是之后学习笔算两位数加两位数的前提，是培养学生运算能力的重要内容。
>
> 通过之前的学习，学生已经理解了加法的含义，所以笔者把教学重点定位在掌握两位数加一位数进位加法的计算方法上。

自主思考：

1. 你如何评价上面的教材分析？

2. 你认为教材分析时都分析什么？结合“两位数加一位数进位加法”说说你的看法。

教材作为课程内容最集中的体现，直接影响着教师的教和学生的学。研究者指出：教师如何理解教材在一定程度上决定了教材在教学中的价值与功能①。那么，如何分析“两位数加一位数进位加法”这课的教材呢？特别是对于新教师而言，

① 陈柏华．小学教师教材观研究[D]．广州：华南师范大学，2007.

如何把教材读细、读懂呢？建议如下。

一、明晰例题的情境及处理方式，把握教学重点

在人教版教材中，教材创设了“箱子里有24瓶矿泉水，箱子外有9瓶矿泉水，一共有多少瓶？”这一问题情境，通过让学生提取图中的信息，得到“24＋9＝□”这一算式。如何算出结果呢？教材借助于小棒这一直观模型帮助学生用不同的拆分方法计算结果。方法1：从9中拆出6和24凑成30，用30再去加3，算得结果。方法2：把24拆成20和4，4和9合起来得到13，再用20和13相加，算得结果。两种方法都用了“拆分凑整”的方法，但转化的目标不同，方法1转化成了整十数加一位数，方法2转化成了两位数加整十数。但不论哪种方法，都有一个“从10个‘一’得到1个新的‘十’”的过程。这一过程虽然在教材图中没有体现，但在操作中是关键的一步。上述的两种方法是计算两位数加一位数进位加法的基本计算方法，在其他版本教材中也常见，如新世纪小学数学教材，北京版教材的前两种方法都和人教版的方法相同，并且全部都借助了小棒这种直观学具。在北京版教材中，小棒图中还出现了非常明显的重新打捆的指示。由此本节课的教学重点就是借助于直观学具帮助学生掌握两位数加一位数的计算方法，并理解“满十进一”的计算过程。

二、厘清习题的内容，把握教学层次

在计算教学中，有经验的教师常常反映，例题很简单，但学生一做练习题就错误百出，练习题的难度陡然增加。这就要求教师在做教材分析时把“做一做”以及练习也做细致的分析梳理。下面，仍以人教版“两位数加一位数进位加法”的教材为例，做简要说明。

本内容例题后“做一做”两个题目就非常需要教师认真思考。第1题中的“先算……后算……”表明在教学本内容时需要让学生把计算过程用语言表达出来，语言是思维的外显，这种日常训练非常有价值。低年级儿童语言表达能力相对较弱，教学中教师可以提供一定的“脚手架”，帮助学生学会表达。第2题中出现了一位数在前、两位数在后的题目，虽然只是位置的调整，但这就会增加学生出错的概率。如学生在计算27＋4时，得到31，即27＋4＝31，但两个数交换位置，改成4＋27，学生就出现4＋27＝67这样的错误，教师一般都称之为马虎。在访谈学生时，有的学生就认为在27＋4中，4和靠近的7相加，而在4＋27中，4靠近的是2，所以错误地得出了67这个结果。实际上，这是学生对计算背后的道理理解得不够清晰，自己

构建了错误的算法。学生出现的困难和错误就要求教师在设置题目时能够灵活变换题目,以免给学生造成思维定式。在之后的练习十五中,还出现了两位数加一位数进位加法和20以内进位加法对比的练习题,从比较的角度进一步凸显了进位加法的特点。此外,还有改错类的辨析题目,可以让学生通过纠正错误明白要把具有相同计数单位的数字相加。练习题的多种形式也提示教师在设计教学活动时要注意题目形式的变化。

学习任务2:如何分析学情?

学情分析即分析教学的对象——学生的情况,学生是一个个具有主观能动性的个体,学生的身心发展会随着知识的习得而发展。教师在进行教学设计之前,需要对学生现有的知识基础、学习能力、身心特点、兴趣爱好、认知风格等进行客观、系统的分析,为后续教学目标的制定、教学内容的组织和教学策略的确定等提供有效的依据。① 学情分析是小学数学教学设计的必要组成部分。然而,大量的小学数学教学设计表明,大多数教师都没有"学情分析"这个环节,只偶尔在教学内容分析或者设计意图处提到"学生已经对……有了初步的认识"之类。很多教师反映"对学生太熟悉了",但进一步追问对学生都了解哪些时,又说不清楚,往往只能提到一些很一般性的、表面的了解。而对一些很重要的如小学生思维发展特点,学生已有的知识经验、情感态度,学生的差异性和学习起点等了解甚少,甚至没有意识到。对学生缺乏正确的分析,会使教学目标定得过高或过低,并直接影响教学策略的选择,往往使教学设计产生很大的偏差。② 在一线教师写的教学设计(教案)中,进行学情分析的比例不高,进行学情分析的手段也比较简陋,基本上是一种经验似的判断,且三言两语,只见判断,不见分析;只见结论,不见过程。这种学情分析只是一种浅层次的描述,深度不够。

"两位数加一位数进位加法"如何做学情分析呢?先看一个案例。

学生已具备了学习本节课内容的知识基础,能够主动研究新的问题。只是学生由于个体的差异性,对计算方法研究的思维层次会有所不同。通过前测笔者了解到:50%以上的学生能够正确计算,有的学生还用到了数数的方

① 阳丽娜.课堂教学设计的主要成分及其一致性研究[D].金华:浙江师范大学,2012:9.

② 刘志平.小学数学教师教学设计的十大误区[J].中国电化教育,2010(9):96-98.

法。但学生对于怎么计算以及为什么这样算说不清楚，这说明学生理解抽象算理的水平有限，同时又具有一定的计算基础，能够进行自主探究。

自主思考：

1. 你如何评价上面的学情分析？

2. 结合“两位数加一位数进位加法”，设计学情调研题目，对学生进行调研，并分析结果。

案例中的学情分析是一位参加工作仅一年的新任教师呈现的结果，虽然内容较短，但是有以下优点：第一，教师能够用小测试卷前测的方式了解学情。第二，教师对前测的数据进行了分析，不仅关注到了计算的正确率，也关注了学生计算的方法，同时还分析了学生在本内容学习中的困难。但也存在以下一些不足，需要引起大家的重视。

第一，没能呈现学前调研的题目。用什么题目调研关系到最后的数据结果是否可信的问题，因此，教师需要给出学情分析的题目（工具）以及使用这个题目调研的目的。例如，根据前面的教材分析我们可以设计以下调研题目。

1. 计算下列各题，直接写出得数。

(1) 30＋5＝　　(2) 20＋14＝　　(3) 8＋20＝　　(4) 13＋30＝

【设计意图】 通过本题了解学生对两位数加一位数和两位数加整十数加法的掌握情况。

2. 计算下题，并把你是怎么算的写一写，或画一画。

27＋4 ＝

我是这样计算的：　　　　我还可以这样计算：

【设计意图】 通过本题了解学生对解决两位数加一位数进位加法的思维路径，以及可能遇到的困难。

注：结合第二道题目的调研结果进行学生访谈，了解学生真实的思维过程和语言表达情况。

上述调研题目的设计考虑到了学生的已有知识基础和学习新知识时可能具有

的思维路径及学习困难，而且还把访谈作为补充调研的手段。用小测试卷调研学生的思维过程有局限性，而访谈就可以作为有益的补充。

第二，对学生计算方法的分析需要进一步深入。案例中教师给出了计算正确的学生的比例，但计算正确的学生都分别采取了哪些方法，各自的比例又占多少，后面的分析就比较笼统了。此外，另外50％出现错误的学生，他们错误的类型都有哪些？引起错误的原因是什么？这些问题对后面教学设计时确定难点更有意义，但都没有进行分析。

学习任务3：如何设计学生的学习活动？

对于新任教师而言，最关心的就是如何完完整整上好一节课。设计什么样的活动会使学生感兴趣？就这么简单的一个计算题，应怎么教？练习题如何设计？一系列的问题困扰着刚刚迈上讲台的年轻教师。下面是R教师[①]设计的“两位数加一位数进位加法”的教学活动(含板书设计)。

一、复习旧知

73＋4你是怎么算的？

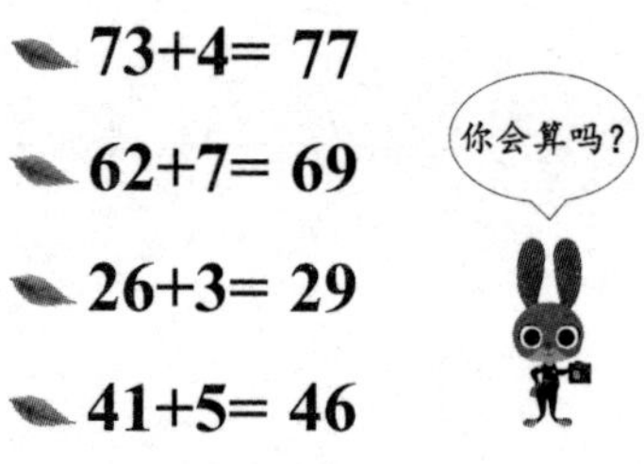

【设计意图】 复习旧知，为新知做铺垫。

【时间分配】 2分钟。

① 该教学活动设计由北京小学任昊阳老师提供，荣获2017年新任教师启航杯说课比赛一等奖。使用时略有改动。

二、新授

1. 问题引入

师：小动物们在进行跳绳比赛，图中的信息谁来读一读？

师：谁会列式？

板书：24＋7＝

【设计意图】 锻炼学生提炼信息并正确列式的能力。

【时间分配】 2分钟。

2. 学生探究

师：我们用老朋友小棒来帮助我们好吗？

拿出学习单和同桌说一说24＋7怎么算，你可以画一画，写一写。

【设计意图】 学生自主探究算法，并展示自己的作品。教师应肯定算法多样化，对凑十法熟练运用的学生要予以表扬。同时在小棒上圈圈可以让学生直观感受到“满十进一”。

【时间分配】 5分钟。

3. 汇报交流

（1）数数的方法。

师：他是怎么算的？

生1：一个一个数出来的。

生2：从24往后数7个数。

师：这个方法可以吗？

生：可以！

【设计意图】 让学生感受到新旧知识之间的联系，旧知识可以帮助学生学习新知识。

【时间分配】 1分钟。

(2)“凑十法”。

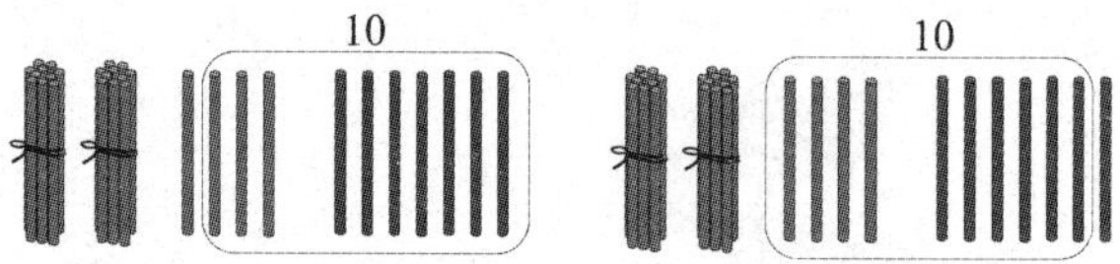

提问：谁看懂他是怎么算的？

生1：3加7等于10，21加10等于31。

生2：4加6等于10，20加10等于30，30加1等于31。

追问：他们都用到了哪个我们特别熟悉的方法？

生：凑十法！

师：谁还看懂他的方法了？

(根据学生发言板书计算过程，将黑板上的10根小棒捆成一捆)

预设：先算4＋6＝10，再算10＋20＝30。

其实就是24加6等于30。

师小结：我们不仅可以用“凑十法”计算20以内的进位加法，而且数比较大的时候同样可以用“凑十法”。

(3) 相同数位相加。

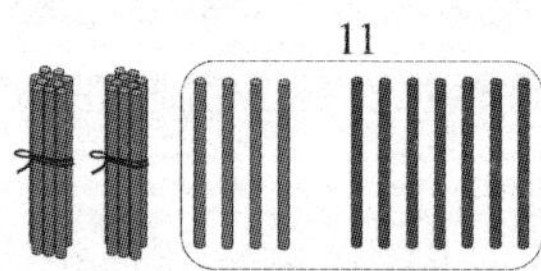

师：谁明白他的意思？

生：先算4加7等于11，再算20加11等于31。

提问：为什么先算4＋7呢？

生:相同数位相加!

(根据学生发言板书计算过程,将黑板上的10根小棒捆成一捆)

师小结:之前学习的知识能够帮助我们解决新的问题。

【设计意图】 从学生中取材,并将“凑十法”和相同数位相加两种算法落实在板书中。

【时间分配】 3分钟。

(4) 完整叙述计算过程。

生:24+7等于几? 先算……再算……所以24+7等于31。

师小结:我们用多种方法计算出了狐狸一共跳了31个,同学们真会思考!

今天我们继续学习两位数加一位数的加法。

(板书:两位数加一位数的加法)

【设计意图】 让学生在一次次描述算法的过程中掌握方法,感知相同数位相加和满十进一,锻炼数学表达能力。

【时间分配】 5分钟。

三、巩固练习与辨析

1. 巩固算理与算法

(1) 不用小棒帮忙,你会算吗?

提问:怎么算的?

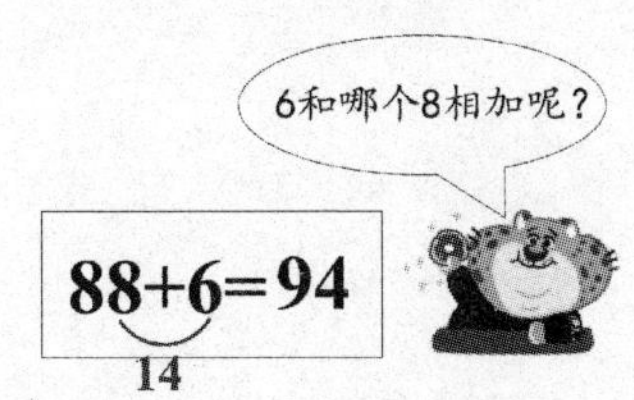

生:88加6等于几? 先算8加6等于14,再算80加14等于94,所以88加6等于94。

追问:两个8呢,6和哪个8相加? 为什么?

生:个位上的8! 因为个位和个位才能相加!

【设计意图】 脱离实物小棒的帮助，逐步计算抽象的算式。通过追问“6 和哪个 8 相加”以及“找朋友”，让学生探讨并巩固“相同数位相加”的算理。

(2) 谁是正确的？

师：你们猜猜小象哪里错了？

生 1：它用 5 个一去加十位上的 3 个十了！

生 2：十位上的 3 不能直接加 5，应该先算 6 加 5。

【设计意图】 在掌握计算方法之后，通过辨析活动提升学生的计算能力，培养学生思维的批判性和逻辑推理能力。

【时间分配】 5 分钟。

2. 学习单摘星星

47 + 5 =

82 + 8 =

66 + 5 =

4+ 39 =

教师展示学生作品，学生发现错误并改正。

师小结：特别感谢这几位同学，他们提醒了我们在计算的时候要认真，看清数位，满十进一。

【设计意图】 4＋39 的设计主要是想让学生巩固相同数位上的数才能相加，夯实算理与算法，为之后的练习做铺垫。

3. 不进位与进位做对比

师：我们观察一下刚上课时我们做的这组口算题和刚刚我们做的这组题，你们

62+7= 69　　　47+5= 52（+1）

73+4= 77　　　82+8= 90（+1）

26+3= 29　　　66+5= 71（+1）

41+5= 46　　　4+39= 43（+1）

发现了什么?

生 1:都是两位数加一位数的加法算式。

生 2:左边这组没有进位,右边这组进位了!

提问:哪里看出来进位了?

生:左边组和的十位上的数没变,右边这组和的十位上多了 1。

追问:和的十位上多的 1 怎么来的?

生:个位上的数相加满十进一得来的。

(板书:满十进一)

师小结:今天我们一起研究的就是两位数加一位数的进位加法。

(板书:进位)

【设计意图】 ①“满十进一”是本节课的难点,设计本环节的目的是让学生体会到个位相加满十,就要向十位进一。②补全课题,通过比较进位加法和不进位加法的区别,将凑十法、满十进一和进位加法三者串联起来。

4. 辨析

(1)

师:闪电想请聪明的你们帮助他送快递。它送对了吗?

生:送对了! 计算正确!

【设计意图】 创设学生喜闻乐见的动画情境,帮助闪电送快递。

(2)

师:为什么不是小熊猫的快递?

生1:49加5个一不可能得99这么大的数。

生2:他不应该用5去加十位上的4!应该先算5加9!

【设计意图】 PPT的设计突出了重点,隐去并弱化了不必要的信息,避免干扰学生做判断。

(3)

师:你们不是说先算5加9吗,和的个位上就是4呀,怎么错了?

生1:怎么可能越加越少呢,肯定错了!

生2:他没有进位,5加9满十了!

师:那你们想提醒闪电什么呢?

师小结:我们要注意相同数位相加,而且满十要进一。

【设计意图】 由浅至深引导学生积极思考,培养逻辑推理能力。

(4)

师：闪电到了一个特别神秘的小区，门牌号都盖住了个位，快递也盖住了个位。小组讨论这个是谁的快递？

生 1：可能是小河马的也有可能是小狮子的！

生 2：不可能是小鸡和小鹿的快递，四十几加三不可能得七十几或者三十几。

师：如果是小河马的快递，个位上可能是几？

生：可能是 7、8、9。

师：最小也得是几？为什么？

生：最小也得是 7，因为和是五十几，需要个位满十进一。

师：如果是小狮子的快递个位上可能是几？

生：个位上可能是 0 到 6。

师：最大是几？为什么？

生：最大是 6。因为和的十位上没有进位。

师小结：我们通过认真计算，帮助闪电送完了快递，还给了他一些建议，同学们真是太热心了，谢谢你们！

【设计意图】 在提高计算能力的同时给学生充足的空间去深入探讨何种情况下需要进位，小组合作帮助学生开阔思维，多种角度解决问题。

5. 总结

同学们，通过这节课的学习，你们有什么收获吗？

【设计意图】 回顾板书，巩固新知。

【时间分配】 1 分钟。

四、板书设计

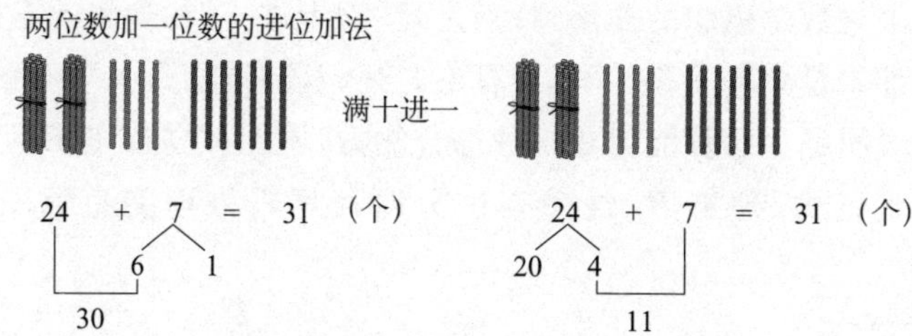

自主思考：

1. 你如何评价上面“两位数加一位数进位加法”的教学活动设计？该设计的

优点是什么?

2. 从活动设计中你能否反观本节课的教学目标?

众所周知,计算教学一直是我国小学数学教学的重要组成部分,也取得了备受世人瞩目的成果,有研究表明中国学生的计算能力世界排名第一。而在教育、课程改革的冲击下,对这一传统教学内容的研究日益减弱,也有人错误地认为中国学生的计算能力强是机械训练的结果,这样偏颇的观点掩盖了我们计算教学的真相,也没能揭示中国计算教学的优质根源。下面结合上述"两位数加一位数进位加法"教学活动设计,分析优质计算教学的特征。

(一) 运算能力的培养是小学数学计算教学的重要任务

一直以来,计算教学中注重的就是运算能力的培养。1986 年教育部颁布的第一个大纲《全日制小学数学教学大纲》将培养"运算能力"作为小学数学教学的重要任务,《义务教育数学课程标准(2011 年版)》将"运算能力"作为数学课程十大核心概念之一。以国家正式文件为指导思想的小学数学计算教学至今已经走过了 30 余年。运算能力是数学能力的重要组成部分,是形成 21 世纪数学核心素养的基础性能力。

所谓运算能力主要是指能够依据法则和运算律正确地进行运算的能力。培养运算能力有助于学生理解运算的算理,寻求合理简洁的运算途径解决问题。[①] 对本节课"两位数加一位数进位加法"而言,学生的运算能力主要体现为能够在 20 以内加法、两位数加一位数不进位加法、两位数加整十数计算的基础上,通过对数进行合理的分解后转化成已经学过的计算,并正确得出结果。运算能力的培养与发展是一个长期的过程,应随着数学知识的积累而深化。正确理解相关的数学概念,是逐步形成运算技能、发展运算能力的前提。[②] 从上面的教学设计可见,本节课的学习建立在学生对数学概念的理解,特别是对"满十进一"的理解的基础上。

运算能力首先是会算和算正确,会算不是死记硬背,而是在理解的基础上寻求合理的途径解决问题。运算能力是一种综合能力,不能孤立存在和发展,而是与观察力、注意力、记忆力、理解力、语言表达力以及逻辑推理能力等一般能力相辅

---

① 中华人民共和国教育部. 义务教育数学课程标准(2011 年版)[S]. 北京:北京师范大学出版社,2012:6.

② 教育部基础教育课程教材专家工作委员会. 义务教育数学课程标准(2011 年版)[M]. 北京:北京师范大学出版社,2012:100.

相成。[①]

（二）运用多种教学手段、方法，帮助学生探索算法、理解算理，发展思维品质

在计算教学中，需要教师结合具体的教学内容和学生的实际情况使用有效的教学手段，如使用直观模型、设计有层次的变式练习题等。在本节“两位数加一位数进位加法”教学设计中就非常恰当地使用了上述手段，下面做进一步分析。

1. 借助直观模型，帮助学生探索算法

“直观模型”指的是具有一定结构的操作材料和直观材料，如小棒、计数器、长方形或圆形图、数直线。并且“在计算教学中，它是帮助学生理解算理的一种重要方式”。[②] 教材、教学中出现的直观模型，从形式上来看，可以是具体的、能拿在手里直接操作的学具（材料），如小棒、第纳斯木块、计数器等；也可以是画在纸上的学具（材料）图，如小棒图、方格图、点子图等，或者是数轴，学生能在上面圈画；还可以是呈现在 PPT 上供直观演示的学具（材料）图。[③]

在本节课探究算法的活动中，教师为学生提供了印在纸上的小棒图，通过对小棒图的不同分解圈画，学生获得不同的计算方法——“继续往下数”“凑十法”“相同数位相加”。在备课期间，教师曾为选择哪种学具所困扰，是否一定给学生提供实物小棒去摆一摆呢？通过分析教材，教师发现在计算课的“做一做”中，总会有“先圈圈，再计算”的题目，可见图或实物都是辅助学生呈现思考过程的载体。学具的使用要为教学服务，而不仅仅是为了体现教材呈现出的方法而走过场。教学时究竟是让学生动手操作具体材料，还是在图上圈一圈、画一画，甚或只做直观演示，应依据学生的年龄特点以及思维发展水平来选择。同时，也与教学内容有关。

计算教学中使用直观模型会被冠以“通过操作学具帮助学生理解算理……”的作用。但是，回顾操作模型的过程，不难发现，操作模型探寻的是一种具体的“算法”，每种正确的操作方法对应一种具体的计算方法。例如，对于“24＋7”，有的学生使用小棒图圈画，先从 24 里分出一个 3，把 3 根单独的小棒和 7 根单独的小棒放在一起，凑成 1 个整十，再与前面的拆分剩下的 21 合在一起得到 31，对应的算法是：3＋7＝10，10＋21＝31。也有的学生从“7”里分出 6 根小棒，和 24 合在一起，凑成 3 个整十捆，再加上剩下的 1，得到 31，此时对应的算法是 24＋6＝30，30＋1＝

① 张利艳．小学生数学运算能力培养模式的探究[D]．呼和浩特：内蒙古师范大学出版社，2016.

② 张丹．例谈直观模型在计算教学中的作用[J]．小学教学，2010(7－8)：9－11.

③ 刘晓婷．把握教学重难点，恰当使用直观模型——“除数是两位数的除法调商”引起的思考[J]．小学教学(数学版)，2014(1)：47－50.

31。两个算法结果一致,但思维过程有差别。还有的学生先把24中的4根小棒和7根单独的小棒合在一起得到11,11再和20去加,得到31,对应的算法是:4+7=11,11+20=31。学生在解决这个问题时,通过对数字的重组,把"两位数加一位数的进位加法"转化为"两位数加整十数"。

操作直观模型很重要,但"操作模型"本身不等同于理解算理,理解算理也不是必须借助于直观模型。对"为什么这么操作,操作的每一步可以解释算式中的哪一步"的思考才是在理解"算理"。王策三教授指出:"(教学中的直观性原则)是根据具体的教学目的,选择、制作多种多样的典型化的直观教具,由语言加以指导、概括和说明,与启发学生的积极思考结合起来,注意发展学生的观察力和形象思维,并帮助学生实现从具体思维向抽象思维的过渡。"①

2. 在多重比较中,帮助学生深化对算理的理解

计算教学的首要目标就是会算、算正确。所谓会算,就是指能够理解计算背后的道理,在具体的情境中合理、熟练、灵活地计算解决问题。

本节课的练习形式灵活多样,充分利用对比练习,由浅入深的设计照顾到了不同层次的学生。通过对比巩固"满十进一""相同数位相加",帮助闪电送快递的练习,引导学生探究进位加法的含义。在对比中纠错辨析,让学生知道怎么错的,应该怎样做,在计算时需要注意什么,并且在排除错误答案的同时能体会到加法是越加越多,不可能越加越少。开放式的练习为学生创设了充足的思维空间,小组合作探讨何种情况下需要进位,渗透了极值的概念。学生计算能力的提高不是一朝一夕能实现的,要持之以恒地练习,采用合理、科学的训练方式来提高学生的计算能力。

3. 通过多重辨析,发展学生思维品质

《简明教育辞典》指出,运算能力是指根据一定的数学概念、法则和定理,以一些已知量顺利完成运算的心理特征。② 同时还提出,思维能力是运算能力的核心,因此学生运算能力的形成与发展,正是运算思维发展的过程。林崇德指出,思维品质决定人与人之间思维乃至于智力个体差异……思维品质主要包括思维的深刻性、灵活性、独创性、批判性、敏捷性五个方面③。计算不单单是求得算式的结果,

① 王策三. 教学论稿[M]. 北京:人民教育出版社,2005:157.

② 周德昌主编. 简明教育辞典[M]. 广州:广东高等教育出版社,1992.

③ 林崇德. 思维心理学研究的几点回顾[J]. 北京师范大学学报(社会科学版),2006(5):35-42.

最重要的是在计算中能够锻炼并发展学生的思维品质。在“谁是正确的”的辨析中，发展学生思维的批判性，同时帮助学生进一步理解要把相同数位上的数字相加。学生也可以通过对两个加数和结果的观察，推断结果不能超过50来排除错误答案，从而锻炼学生的推理能力。通过帮助闪电送快递的题目进一步让学生展开辨析、讨论，特别是最后“神秘校区的快递”——“4□＋3”可能是谁的快递，让学生根据计算法则做合理推断，得出结果的取值范围，发展了学生思维的灵活性和深刻性。这样的问题结果开放，能够激发学生的学习兴趣。

通过上述活动，我们反观教师设置的教学目标：

(1) 理解两位数加一位数进位加法的算理，正确计算。

(2) 在探究的过程中体会算法多样化。

(3) 逐层提高练习层次，训练学生思维的灵活性。

(4) 在不断对比中夯实算理与算法，在不断解决问题的过程中感受计算的价值。

可以看出，该教师还是非常准确地定位了本节课的目标，但是目标的叙述还可以进一步完善，把教学方式、借助的教学载体和要实现的目标更好地结合起来，同时个别问题在本节课体现不明显，可以删除。调整后的目标如下：

(1) 通过自主探究算法，互相交流算法，体会同一算式计算方法的多样化。

(2) 借助直观学具，正确算得结果，并理解“满十进一”的过程。

(3) 通过多重对比，夯实算理与算法，培养学生思维的深刻性和批判性；通过不同层次的练习题，培养学生思维的灵活性和敏捷性。

在本节课的教学活动设计中，教师借助直观学具，引导学生探索算法，借助多向交流，丰富计算方法，借助游戏活动，提升学生思维。教学活动有层次、有趣味，值得新任教师学习。

练一练

请结合您所使用的教材：

1. 对“两位数加两位数进位加法”这节课内容的教材进行分析。

2. 设计学前调研题目，并与同组教师分享您为什么要这样设计，背后的意图是什么？

3. 根据教材分析结果和学情调研结果设计本节课的核心活动。

拓展阅读资料

[1] 钟燕,王建良. 板块推进"理""法"相融——"两位数加一位数的进位加法"教学实践与评析[J]. 小学数学教师,2017(11):58-61.

[2] 熊丽. 小学第二学段学生数学核心素养评价指标体系构建研究[D]. 重庆:西南大学,2017.

[3] 张莹莹. 我国近三十年小学数学运算能力研究综述[J]. 江苏第二师范学院学报,2016,32(7):58-61.

[4] 王佳. 中国中小学数学课程标准"运算能力"历史演变及研究[D]. 北京:中央民族大学,2016.

[5] 许芳. 以人为本 关注生成——"两位数加一位数的进位加法"教学实录与反思[J]. 小学数学教育,2016(8):63-65.

[6] 薛愉灵. 小学低年级数学前置性作业的设计[J]. 基础教育研究,2014(18):44-45.

[7] 张卫. 追求简约充实的数学课堂——"两位数加两位数(进位)加法"教学设计与评析[J]. 教学月刊小学版(数学),2014(Z2):34-36.

[8] 朱黎生. 指向理解的小学"数与运算"内容的教材编写策略研究[D]. 重庆:西南大学,2013.

第二节 借助多种表征方式突破难点:除数是两位数的笔算除法

学习准备

1. 阅读"除数是两位数的笔算除法"的教材内容,教材中提供了哪些情境?有的教材提供了小棒,小棒的作用是什么?

2. 你认为计算教学中的算理和算法分别指什么?关于笔算除法,你有哪些问题和困惑?

3. 请阅读本节提供的材料。

在小学阶段，涉及计算的内容很多，几乎贯穿小学数学的始终。小学生从二年级开始认识除法，三年级接触除法竖式和有余数除法，四年级学习除数是两位数的除法，五年级学习小数除法，六年级学习分数除法，可以说，除法学习在小学阶段具有重要地位，同时相较于加、减、乘这三种运算，除法计算是学生出错最多的内容，究其原因，还是因为除法算理比较复杂，在计算过程中要涉及很多知识点以及需要较高的思维水平。《义务教育数学课程标准(2011 年版)》中指出“运算能力”是十大核心概念之一，那么计算教学需要关注哪些问题？学生的困难点在哪里？教师可以设计什么样的活动来帮助学生突破这些困难点？

学习任务 1：如何分析教材背后的意图？

下面是一位教师进行的教材分析：

“除数是两位数的笔算除法”这一内容是在学生学习了除数是一位数的笔算除法和除数是整十数的口算除法的基础上教学的。这节课教学的重点是“使学生在理解算理的基础上，初步学会除数是整十数、商是一位数、有余数的笔算方法，及商的书写位置”。人教版、北师大版和北京版教材相关内容分别如下。

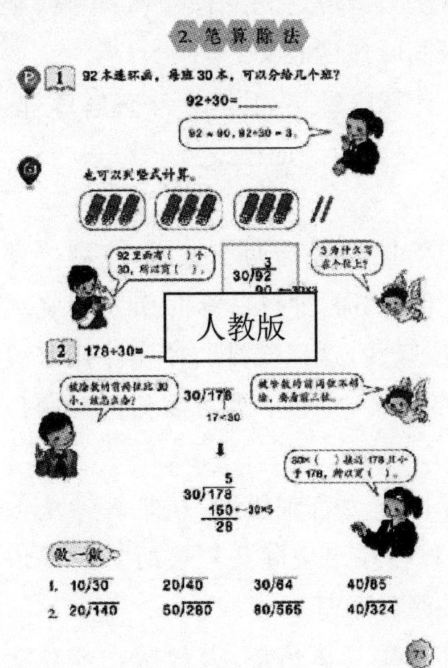

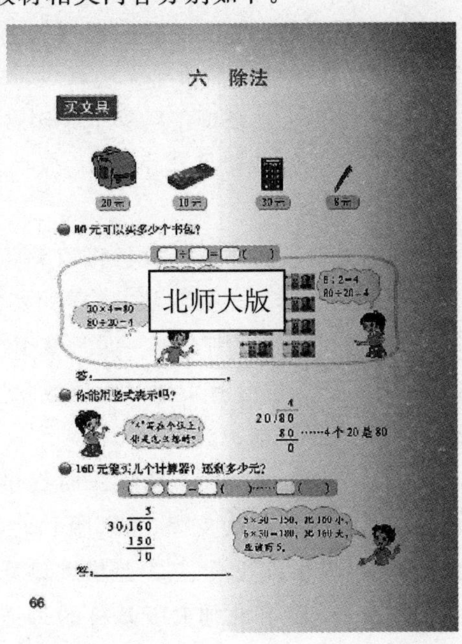

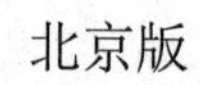
北京版

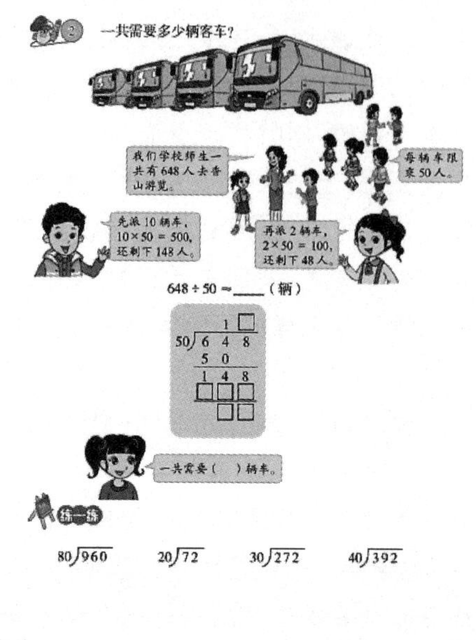

1. 相同点

(1) 都选取了学生熟悉或喜欢的生活素材作为情境，如分书、购物、植树、乘车等，让学生从情境中抽象出除法算式，进一步巩固除法的意义。

(2) 提供直观模型帮助学生采用多种方法计算出结果，并进一步理解算理，如人教版和北京版提供的是小棒，北师大版提供的是元角分的模型。

2. 不同点

(1) 人教版和北京版教材将口算除法和笔算除法分为两个课时，在第二课时才出现竖式计算的笔算除法，这样的安排让学生在不能进行口算时引发用竖式的需求；北师大版教材则在第一课时就引出了除法竖式，这样安排会使学生用竖式的需求不够强烈，但分解了学习两位数除法竖式的难点，在第一课时就接触到两位数除法竖式的格式与写法。

(2) 人教版教材在口算除法时提供了小棒图作为直观模型，在笔算除法部分也提供了小棒图作为支撑；北京版和北师大版教材在出现除法竖式时都只提供了情境，不再提供直观模型，而是借助口算除法来理解算理。

(3) 北京版和北师大版教材的每道例题都给了具体情境，人教版在笔算除法部分的第二道例题没有给情境，而是要求直接对算式进行计算。

尽管不同版本教材的具体编排有所不同，但我们可以看出，各个教材都关注运算的意义、算理与算法的关系，关注学生运算能力的培养，我们在教学中需要考虑如何恰当、适时地选用直观模型发展学生的运算能力。

自主思考：

1. 你如何评价上述教材分析？
2. 在“除数是两位数的笔算除法”这一内容中，算理是什么？
3. 直观模型在计算教学中起到的作用是什么？

在上述教材分析中，教师对比了三套版本的教材，罗列出了每套教材所呈现的活动并尝试分析了相同点和不同点，这种横向对比分析教材的方式对于教师理解教材非常有价值，但是不足的是没有进一步分析教材背后的编写意图，对于计算教学，我们要关注的重点主要是算理算法和直观模型的呈现，具体分析如下。

第一，除数是两位数笔算除法的算理是什么？教材中是如何呈现的？

《义务教育数学课程标准(2011 年版)》指出，“运算能力主要是指能够根据法则和运算律正确地进行运算的能力。培养运算能力有助于学生理解运算的算理，寻求合理简洁的运算途径解决问题。”但凡涉及计算教学的内容，都离不开对算理和算法的分析，上述教材分析中虽然也谈到了“算理”的问题，但并没有清楚回答什么是算理，除数是两位数笔算除法的算理到底是什么。

首先我们要弄清楚什么是算理，什么是算法，两者的关系是什么。张丹教授指出：算理是四则运算的理论依据，它是由数学概念、运算定律、运算性质等构成的；运算法则是四则运算的基本程序和方法。运算是基于法则进行的，而法则又要满足一定的道理。所以，算理为法则提供了理论依据，法则又使算理可操作化。教学中既要重视法则的教学，还要使学生理解法则背后的道理。不仅要让学生知道该怎么计算，而且还应该让学生明白为什么要这样计算，使学生不仅知其然，还知其所以然，在理解算理的基础上掌握运算法则。①

在“除数是两位数的笔算除法”中，算理主要是计数单位个数的平均分。除法的本质含义，就是把计数单位进行平均分，当较大的计数单位不够再分时，要化成比它更小的下一级的计数单位接着再分。例如当三位数除以两位数时，如果前两位

① 张丹．以数的运算为例谈整体把握小学数学课程[J]．小学教学(数学版)，2010(7-8)．

够除，前两位表示的是“几个十”，因此第一次商要商在十位上，余下的数与个位合起来变成“几个一”再继续除，因此第二次的商要商在个位上。如果前两位不够除，则要转化为更小的计数单位“一”，也就是平均分的是“几个一”，因此商要直接商在个位上。

教材中一般采用了“3 为什么要写在个位？”“被除数的前两位不够除，要看前三位”这样的方式来呈现，“3 为什么要写在个位”是算理(因为 90 中有 3 个 30，所以 3 要商在个位)，“被除数的前两位不够除，要看前三位”说的是算法，其背后的道理是“前两位不够除，要转化为较小的计数单位继续除”。

竖式中蕴含着两套“位值”系统，一套是被除数和商，另一套是除数，这也是商的位置与被除数中各个数字的位置密切相关的原因。“计数单位个数的平均分”这一抽象的道理再加上竖式结构的复杂性，使得学生在理解笔算除法的算理时会遇到很大的困难，为了能够把竖式中抽象的“道理”表示出来，就需要用到直观的学具，这也是计算教学中分析教材时要关注的第二个重要问题。

第二，教材提供了哪些直观学具作为支撑？其价值体现在哪儿？

前面那位教师在分析教材时也关注到直观学具的问题，指出“人教版教材在口算除法时提供了小棒图作为直观模型，在笔算除法部分也提供了小棒图作为支撑；北京版和北师大版教材在出现除法竖式时都只提供了情境，不再提供直观模型，而是借助口算除法来理解算理”。但是并没有进一步分析直观学具在计算教学中的价值是什么，直观学具有没有不同的类型和层次。

鲍建生等的研究认为，关于数与运算教学，应合理使用教学模型。数与运算阶段教学的一个特点是大量使用教学模型，这些模型有各自的价值和适用性①。张丹的研究也指出，在计算教学中，直观模型对于学生理解算理是非常重要的，直观模型指的是具有一定结构的操作材料和直观材料，如小棒、计数器、长方形或圆形图、数直线。在计算教学中，直观模型是帮助学生理解算理的一种重要方式。②直观模型在计算教学中的价值体现在以下两个方面。

第一，利用直观模型能够“直观”地看出结果。对于不会计算的题目，学生通过操作小棒、格子图、计数器等直观模型能够知道计算的结果，这时操作直观模型是一种“算法”。

---

① 鲍建生等．数学学习的心理基础与过程[M]．上海：上海教育出版社，2009：266－268.

② 张丹．例谈直观模型在计算教学中的作用[J]．小学教学(数学版)，2010(7－8).

第二，借助直观模型理解“算理”。竖式中抽象的道理不好理解，需要借助操作的方式让学生理解，如 92÷30，为什么 3 要商在个位？因为 90 中有 3 个 30，所以 3 要商在个位。

第三，直观模型有不同的层次。只要所使用的直观材料具有齐性、结构化即可，不管你用的是小珠子、小豆子、小木棒还是第纳斯小木块。所谓齐性，是指每个学具的物理属性相同；所谓结构化，是指学具不是一个一个独立物体，而是有“逻辑结构”的。孩子理解自然数的齐性、结构化学具主要有四个层次。

(1) 有结构的实物(十个是一捆，十个一捆是一大捆，如此等等)。

(2) 数位筒。

(3) 计数器(算盘)，在这一阶段，学生对于数位的理解已经有抽象的成分在里面，并含有一定的位值思想。

(4) 在数位表上摆珠子，学生理解数位表上的珠子的意义比上一个层次更加抽象。①

在计算教学中，教师可以根据具体需要选择不同层次的学具进行操作，但要注意的是，不要为了操作而操作，要在深刻理解学具价值的基础上适时、适当地选择操作学具的方式和时机。在除数是两位数的笔算除法中，有的版本教材提供了小棒，有的版本教材只提供了情境，教师需要根据自己对教学内容和对学生情况的理解进行选择。

学习任务 2：如何调研学生关于两位数除法的已有认识

如何才能调研学生关于两位数除法的已有认识，了解学生的认知起点？下面是北京市民族学校高志霞老师进行的学前调研。

1. 前测试题内容及设计意图

(1) 比一比，看谁算得又快又对。

80÷20＝	120÷60＝	180÷90＝
320÷40＝	200÷50＝	210÷70＝

【设计意图】 因为学生在前一课时学习了除数是整十数的口算，想了解一下学生对于这部分知识的掌握情况。如果学生口算不过关，就会影响到笔算除法的

① 刘加霞．数的多重含义、多模式表示的教育价值分析[J]．小学教学，2009(9)．

试商。如果学生对这一部分知识掌握得还不扎实,上课时就要先进行相应内容的复习。

(2) 用竖式计算,看谁书写工整,计算正确。

85÷4=　　　　　　　　235÷9=

【设计意图】 了解学生对笔算除法的掌握情况,看看学生对于除数是一位数的除法的计算方法和计算道理是否明白。学生对于这部分知识的掌握,将直接影响到这节课所学的除数是两位数的笔算除法。相关知识包括书写格式;计算方法:从哪一位开始除,商写在哪一位上;算理:为什么商写在这一位上等。

(3) 这道题有点儿难,你能想办法解决吗?展示出解决问题的过程。相信你是最棒的!

100÷40

【设计意图】 这道题是本节课要学习的内容,目的有三个:一是看看有多少学生已经能够正确地进行竖式计算。当然,在正确计算的背后,有的学生明白算理,知道算法;也有的学生知道算法,但是说不清算理。二是看看学生在遇到新的问题时,会采取什么办法来解决问题。三是发现学生学习中的难点,并且了解学生出现问题的原因。以便根据学生学习的难点采取相应的教学策略,帮助学生突破学习中的难点。

2. 前测情况及分析

(1) 被测学校:M学校四年级1班和S小学四年级3班共39人。

	调查人数	错题人数	错题率
第一题	39人	2人	5.1%
第二题	39人	3人	7.7%
第三题	39人	21人	53.8%

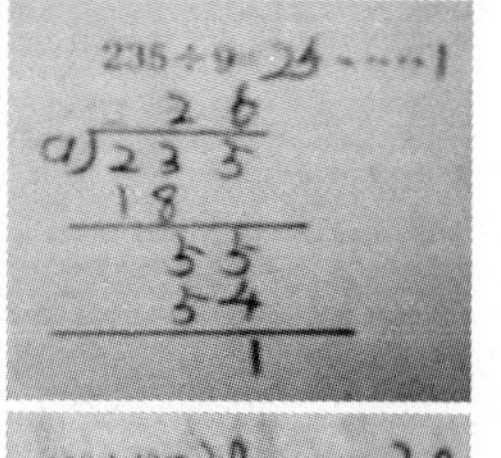

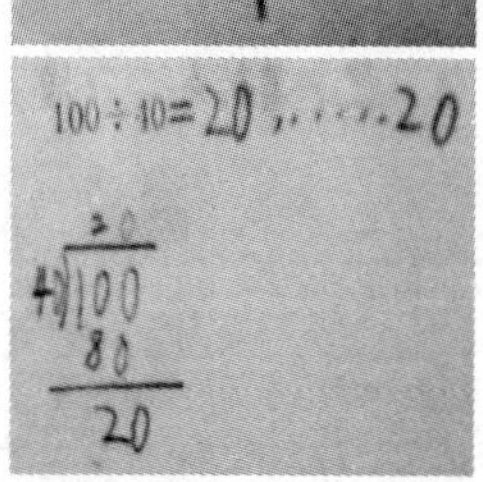

(2) 错题分析。

第一题:一人计算时商错误,即320÷40=7。另一人对口算这一课时没有掌握,对于题目中算理、算法都没有掌握。如:80÷20=40、210÷70=30等。

第二题:从学生的错误来看,学生原本商的个位上是5,自己发现问题之后进行了调商,所以,学生的计算没有问题,只是忘记了改横式的结果。其他两名学生忘记写横式的答案。

第三题:主要有以下五种错误情况。

错误情况一:这样列式的学生有6人,其中两人这样想的:100÷40,先把 100 看成 10,把 40 看成 4,10÷4 商 2,然后再把去掉的“0”补上,商就是 20 了。还有一个学生说,先看第一位,第一位不够就往后错一位,前两位不够就再错一位,三位全看,商 2,再补一个“0”。

错误情况二:7 名学生不自觉地运用了商不变的性质进行了计算,这种思路是正确的,但是,学生对于余数的理解是错误的,认为余下的 2 就是 2 个一。

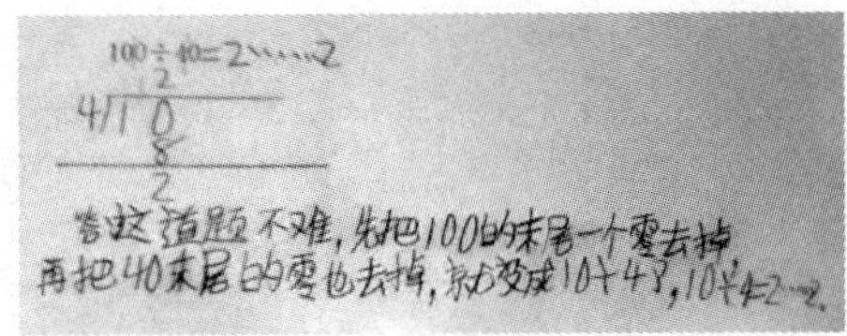

错误情况三:

3 名学生是像下面这样列竖式做的。1 名学生是用语言叙述的。

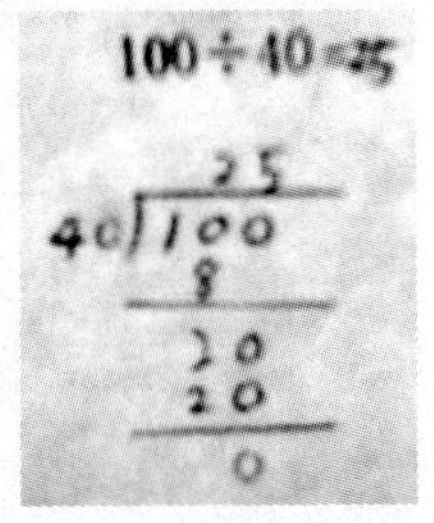

100÷40
答:先把100看成10,把40看成4,用10除以4等于2余2,
再把2个十看成20除以4等于5,20+5等于25,100÷40=25

一名学生说:这道题我不会做,就把除数 40 看成 4 做了。

另一名学生说:我也是这样想的。

教师问:你考虑过吗,除数变了,商会不会变呢?

学生说:我当时只考虑会不会做了,没想过这个问题。

教师问:现在让你猜一猜,你说除数变了,商会不会变呢?

学生(迟疑)说:应该会变。

第三名学生说:我先把 100 看成 10,把 40 看成 4,10÷4 商 2 余 2,再把 100 的 0 拉下来,40 的 0 不看,商 5。

3 名学生结论一样,但是想法不尽相同。他们在遇到不会解决的问题时,能够考虑到将不会的知识转化成学过的知识,有较好的转化意识。但是,学生在进行转化的过程中,数据发生了变化,而学生对于这种变化不能理解。特别是对余数“2”的理解。余数 2 依然表示 2 个十。

错误情况四:

2 名学生出现这样的错误。这两名学生都是因为不会算 100÷40,因此把

100÷40 看成 100÷4 来进行计算。学生想将除数是两位数的整十数除法转化成除数是一位数的除法。但是，学生不明白，被除数不变，除数变化了，商也会随之变化。

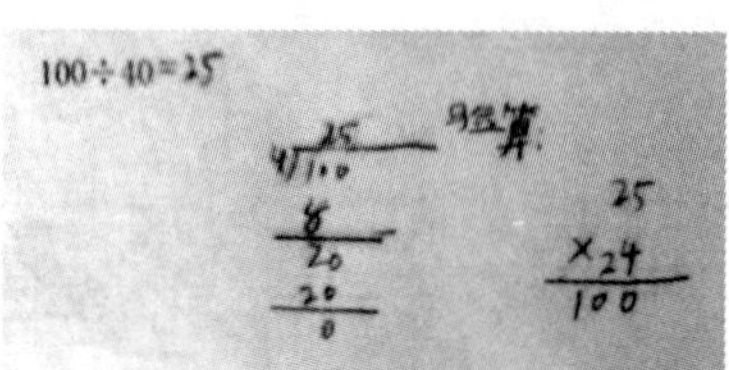

错误情况五：有 2 人利用乘除法的关系计算。

教师问：40×25＝？

学生（犹豫）说：100。

教师再问：4×25＝？

学生想一想说：100。

教师追问：40×25＝？

学生答：1000。

学生又说：下课问了同学，同学说结果应该是商 2 余 20。

教师问：同学说的结果对吗？

学生边算边说：2×40＝80，80＋20＝100，同学说的结果是对的。

这个学生对于乘除法之间的关系比较清楚。但是，在最初计算时出现了问题，所以就将错就错了。

总体来看，学生问题还是出在商的书写位置和余数上。

通过上面的调研，我们发现学生对于除数是整十数的口算及除数是一位数的除法计算掌握得比较扎实，但是对于除数是两位数的除法中余数的意义及算理的理解还有难度，尤其是不能够从“计数单位”的角度去理解算理，因此在竖式计算中就会出现种种“没有道理”的计算方法。

自主思考：

1. 针对上述调研结果，你认为学生学习的困难点是什么？

2. 上述调研对教学的启发有哪些？

3. 教学中可以采用什么样的方式帮助学生突破学习难点?

学习任务3:如何设计有价值的学生学习活动?

在计算教学中对算理的理解很重要,显然用“竖式”进行除法计算是“算法”,算的每一步都要“讲理”,这个道理就是“算理”,在除数是两位数的除法计算过程中,最核心的道理是“每一种运算的结果都是唯一的”以及位值制思想。由于这些“道理”比较抽象,所以需要借助于直观的学具(模型)在操作中“看见”并表达出这些道理。

美国教育心理学家布鲁纳提出三种学习的表征方式:动作的、形象的和符号的,并认为这三者之间存在一种严格的递进关系。基于他的观点,我们认为学生在理解掌握算法的过程中需要四种表征方式:动作表征、形象表征、语意表征及数学符号表征。笔算教学的关键是将四种表征方式进行有机结合,既能从直观操作中理解抽象数学符号的意义,也能对书写的数学符号做直观形象的解释。因此在本节课中,我们试图采用建立多种表征形式之间的联系这样的教学策略来帮助孩子加深对算理的理解:第一,要在教学中通过多种表征方式(如摆一摆、圈一圈、画一画等)帮助学生突破难点;第二,要帮助学生建立起多种表征方式之间的联系。依据学生调研,高志霞老师设计的核心教学活动如下。

课前谈话:为了鼓励人们多读书,联合国教科文组织自1995年起,把每年的4月23日定为“世界阅读日”。之所以选择4月23日作为“世界阅读日”,是因为在这天出生或逝世的名人很多。1200年4月23日南宋著名理学家朱熹逝世(《春日》);1997年4月23日,我国著名画家黄胄逝世(《百驴图》);1616年4月23日西班牙著名作家塞万提斯逝世(《唐·吉诃德》),在这一天逝世的还有英国著名剧作家莎士比亚(《哈姆雷特》)。

一、创设情境,复习除数是整十数的口算除法

“阅读日”这天,四年级一班的图书管理员来到阅览室帮助张老师整理图书,张老师说:阅览室有60本连环画,92本童话故事,140本科普读物。低年级的同学识字少,就把连环画借给他们吧。你帮我算一算,如果每个班分给30本,这些连环画可以分给几个班?(投影出示条件)

学生列式解答：60÷30=2(个)。

教师：说说你们是怎样知道分给2个班的？(讲清算理：60里面有2个30)

【设计意图】 既巩固了前面学习的除数是整十数的口算除法，又为下面学习笔算除法的算理、算法做好铺垫。

二、探究新知，学习除数是两位数的笔算除法

(1) 明确要求。

过渡：你是个称职的图书管理员。你能把这些童话故事书分给中年级吗？如果每班还是30本，这些童话故事书可以分给几个班？(92÷30)

(2) 知道解决问题的途径有很多，从而自己选择解决问题的方法。

你能用自己的方式帮忙解决这个问题吗？可以借助手中的小棒分一分，也可以用格子纸圈一圈，还可以自己画一画，当然也可以算一算，但是，不管你采用哪种方式，都要把你的想法展示出来。

【设计意图】 给学生提供独立探索的方法。

(3) 学生独立解决问题，教师巡视。(若学生独立解决困难，可以和小组同学共同探究)

【设计意图】 给学生独立探索的空间。教师要发现学生在解决问题时采用的不同方法以及学生在解决问题的过程中遇到的困难。充分利用学生的素材，为集体交流提供学习资源。

(4) 集体交流。

横式：92÷30=3(个)……2(本)

小棒：(略)

圈图：

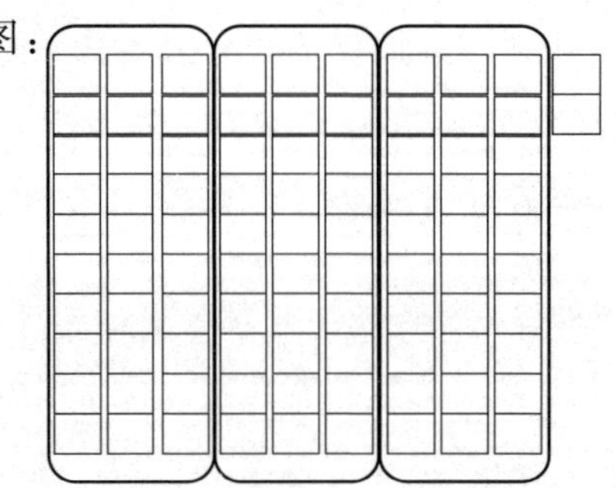

竖式：

$$\begin{array}{r} 3\\ 30\overline{)\,9\ 2}\\ 9\ 0\\ \hline 2 \end{array}$$

展示不同的方法，然后在它们中分别找到 92、30、3、90 和 2。使学生明确每一部分表示的意义。

为什么商 3 要写在个位上？（进一步明确算理。帮助学生突破难点）

【设计意图】 在交流的过程中，使学生明确算理，帮助学生解决遇到的困难。在多种方法中找到共性，建立联系。

三、反馈提高

(1) 过渡：你们是很棒的图书管理员。剩下的 140 本科普读物如果分给高年级，每个班依然是 30 本，可以分给几个班？请你们试一试，并写出自己的思维过程。(140÷30)

(2) 小组合作探究。要求：意见和方法相同，就在一张题纸上展示，如果方法和意见不同，就在各自的题纸上先写出思考过程，再进行小组交流。

(3) 集体交流。

监控：如果学生采用竖式计算，就集体来圈图进行理解，重点体会商和余数的意义。

圈图：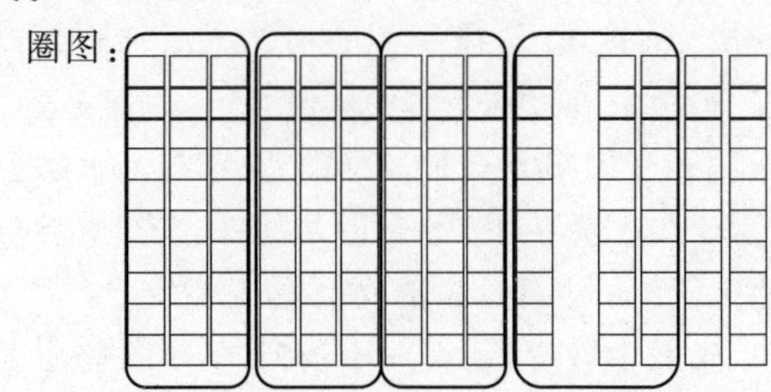

追问：为什么商 4，不商 5？（体会余下的 20 本不够再分给一个班的，因此余数比除数小）

竖式：$30\overline{)\,1\ 4\ 0}$

追问：商 4 写在哪位上？为什么？

(4) 对比三个算式，找到相同点和不同点。

【设计意图】 这是在学生充分理解 92÷30 的基础上的进一步学习。在学习过程中，被除数的前两位不够除，就要看前三位，同时，理解算理是教学的一个重点，也是学生学习的一个难点。这里更能突出圈图的重要性，明白商的书写位置。通过三个算式的比较，感悟计算方法。

分析与点评

本课"除数是两位数的笔算除法"是学生在学习了除法是一位数的笔算除法和除数是整十数口算除法的基础上学习的，在对学生进行调研的过程中，我们发现，在计算类似 100÷40 这样的题时，不少孩子的答案要么商是 20 余数也是 20，要么商是 2 余数也是 2，这说明学生对于商及余数的意义理解还不够，怎样才能够给孩子提供有效的支持和帮助，让孩子充分理解算理呢？"支架"理论（也译为支架教学）为我们提供了重要思路。支架教学源于维果斯基最近发展区理论，"支架"(scaffolding)原意指建筑行业中搭的"脚手架"，最先将"支架"观念用于教学并阐述该概念的是学者伍德，他借用这个术语来描述同行、成人或有成就的人在另外一个人的学习过程中所施予的有效支持。

"除数是两位数的笔算除法"一课让我们看到了如何一步步给孩子搭桥，引导孩子在深刻理解算理的基础上总结归纳出恰当算法的全过程。

一、适时追问，在新旧知识的转换中初步感知算理

在调研中，20 名学生中有 13 名不自觉地运用了商不变的性质（学生还没有学习的知识）进行了计算，先把 100 看成 10，把 40 看成 4，其中有 7 人直接得出商是 2，余数也是 2，还有 6 人认为要把去掉的"0"在商和余数中同时补上，答案是商 20，余数也是 20，其实得出这两种答案的孩子思维方式是一样的，只不过后一类型的孩子在答案中机械地进行补"0"。为什么在学习过有余数除法、除法竖式和除数是整十数的口算除法之后还会有如此多的孩子出现这样的问题呢？

郑毓信教授在《国际视角下的小学数学教育》这本书中谈到，学生头脑中关于乘除法的某些"基本原型"对新的认知活动产生了十分重要的影响，美国相关研究表明，学生关于除法的基本原型主要是"分配问题"。① "分配问题"也就是我们通常所说的"等分除"，而作为有余数除法，其算理则主要是通过"包含除"来诠释的，这一模型是学生在学校学习的过程中慢慢习得的，自然没有"基本原型"根深蒂固，因此在接触到有余数除法时，学生往往容易套用以前的模式，只关注商，而忽视了

① 郑毓信．国际视角下的小学数学教育[M]．北京：人民教育出版社，2004：337.

剩余的部分。在新教材中，淡化了“等分除”与“包含除”之间的界限，但这两种不同的模型对于孩子学习除法都是非常重要的，作为教师，应采取什么样的方式来处理这两类问题，处理到什么程度？怎样才能够让孩子在两种思维模式中进行灵活的转换？在课堂上教师可以引导如下。

师：你们怎么知道就是分给两个班的，你们怎么想的？

生：把 60 和 30 的“0”去掉，想 6 除以 3 等于多少，可以想到 2×3=6。

师：是借助我们前一节课学习的口算来算的，那么大家想一想，60 里面有几个 30 呢？

生：60 里面有 2 个 30，所以商是 2。

在上述环节中，我们看到，老师没有把目光仅仅局限于口算得到的答案，尽管全班孩子都得出了正确结果“2”，老师还是进行了追问：“大家想一想，60 里面有几个 30 呢？”把孩子们的思维从单纯的口算转向了对算理的思考。联想主义心理学提出，学习在基本方式上依赖于心理事件的联想，美国教育心理学家加涅由此指出，“当在教学中，通过有意识地将事件配对，例如我们在‘星期’和‘七天’之间获得了联系，那么学习就发生了。”[①]老师在复习口算这一环节正是为学生搭建了学习的第一步台阶——在新旧知识的转换中初步感知算理。

二、动手操作、直观模型与算式紧密结合理解算理

在本节课上，当学生遇到“92÷30”这样一个新知识点时，老师为学生提供了小棒、格子图等不同的直观模型来帮助学生理解算理，学生可以自由选择摆一摆、圈一圈、画一画、算一算的方式来解决问题。从课堂上看，孩子在摆小棒和圈图的过程中都没有出错的，但当孩子用竖式进行计算时，则有人把商写在了十位上。不管是摆、圈、画还是算，其思维方式都是一样的，为什么孩子在摆、在圈的过程中不会出错，在计算的过程中却会出错呢？

瑞士心理学家皮亚杰把儿童的发展分为四个阶段：感知运动阶段（0～2 岁）、前运算阶段（2～7 岁）、具体运算阶段（7～11 岁）、形式运算阶段（11～16 岁）。小学儿童主要处于第三个阶段即具体运算阶段，本阶段的儿童深深地根植于客观世界中，难以进行抽象思维。弗拉维尔这样描述处于具体运算阶段的儿童，“他们采用一种常规的、具体的以及使用的解决问题的方法，这种方法一致固化在他们眼前

① R. M. 加涅．学习的条件和教学论[M]．皮连生，等译．上海：华东师范大学出版社，2001：6.

的可觉察、可推理的现实世界中。小学儿童不是一个理论家”。“具体运算阶段”这个术语反映了这种典型的特征,处于这个阶段的儿童能够凭借具体事物或从具体事物中获得表象进行逻辑思维,他们可以形成概念、发现关系、解决问题,但是仍需要具体事物的支撑。孩子在学习除法的过程中,对于除法、商、余数含义及位值制思想等抽象概念的理解同样需要有具体模型的支撑,这也是小学数学教材中多次出现方格图的重要意图。

反观我们的日常教学,常常有教师把操作学具和竖式计算当作两个不相干的活动,在一次有余数除法的课堂教学中,教师要求学生小组合作摆小棒并填写表格,我就发现了这样两种现象。

现象一:孩子根本不摆小棒,直接列式填表。

现象二:一个男孩子负责写竖式,一个女孩子负责摆小棒,女孩子摆出两个五边形,还剩余 4 根小棒,男孩子写出“14÷5=”不知道怎么往下写,也完全不知道看女孩子所摆的小棒并将其与除法算式结合。

教师在教学中对二者联系的忽视,必然会导致这样的现象发生,那么操作学具也就成为可有可无的摆设,而完全丧失了为学生思维发展提供具体形象支撑的价值。

而在本课中,教学重点在于不断沟通直观模型与抽象算式之间的联系,根据上述教学活动设计,教师可以做如下的课堂实施。

师:谁能在小棒图中找找 92 在哪儿?

生:全部的小棒是 92。

师:你能在黑板上找到 92 吗?

生:指圈图中所有的小方格。

师:谁还能找到 92?

生:指黑板上竖式与横式中的 92。

师:这些 92 都表示什么意思?

生:都表示一共有 92 本图书。

师:谁能找到 30?

生:指圈图中的一份(30 个小格)。

师:谁还能找到?

生:指黑板上竖式与横式中的除数。

师:还有吗?

生:指展台上的一份小棒。

师:在不同的地方我们都找到了 30,那这 30 表示什么意思?

生：表示每班分到30本。

师：还有个3在哪儿？

生：指竖式与横式中的商。

生：指展台上小棒的份数。

生：指圈图中的3份。

师：我们在不同地方找到了3，3表示什么？

生：表示可以分给3个班。

……

三、利用错误资源，在认知冲突中巩固强化算理

郑毓信教授在《国际视角下的小学数学教育》一书中还指出，学习并非一种机械的、高度统一的过程，因此，从建构主义的立场出发，对于学生在学习过程中所发生的错误（特别是所谓的"规律性错误"）也就应当采取更为理解的态度，也即不应简单地予以否定，而应努力发现其中的合理成分和积极因素；另外，我们又不能期望单纯依靠正面的示范和反复练习就能纠正学生的错误，而是需要一个"自我否定"的过程，并以内在的"观念冲突"为必要前提。①

例如，本课中老师就重视发现学生的错误，引发学生认知冲突，在冲突中巩固强化算理，在课堂上，教师可以有效利用学生的错误资源，例如：

（学生练习计算140÷30）

师：（展示一个学生的错误作业）商是40，对不对呢？问题出在哪儿了？

生：不对！（但是说不明白为什么）

师：那结合我们的圈一圈来看一看。能分给几个班？

生：4个。

师：4商在十位上，说明有多少个班了？

生：40个班。

师：4为什么应该商在个位上？再结合小棒来看看，分得几份？

生：分4份。

学生在巩固练习时出现了问题，通过前一环节的学习，学生完全有能力结合直观模型通过反思来发现自己的错误，老师在课堂上充分利用了学生的错误资源，引

① 郑毓信．国际视角下的小学数学教育[M]．北京：人民教育出版社，2004：49．

导学生通过主体内在的“观念冲突”进行“自我否定”，最终达到进一步理解算理的目的。如弗赖登塔尔所言：“借助于直观结构化材料学习计算理解计算的算理，最终应导致算法的计算。”教学必须符合学生认知的发展规律才能够促进思维的发展，数学教师必须了解学生的学习方式与认知水平，由此才能实现有效的教学。

练一练

1. 根据本节中的教材分析、学生调研和核心教学活动设计，请写出本内容的教学目标。

2. 针对教学目标，请设计“除数是两位数的笔算除法”的教学效果评价工具，可以进行实际调研并分析调研结果。

拓展阅读资料

[1] 张丹．以数的运算为例谈整体把握小学数学课程[J]．小学教学(数学版)，2010(7-8).

[2] 张丹．例谈直观模型在计算教学中的作用[J]．小学教学(数学版)，2010(7-8).

[3] 刘加霞．数的多重含义、多模式表示的教育价值分析[J]．小学教学(数学版)，2009(9).

[4] 刘加霞．利用学习的多元表征方式，促进学生对算理的真理解[J]．小学教学(数学版)，2010(3).

第三节　异分母分数加减法：用好直观模型理解算理

学习准备

1. 阅读“异分母分数加减法”教材内容，“异分母分数相加、减，先通分，再按照同分母分数加、减法的方法计算”，你认为这句话说的是算理还是算法？

2. 教材中提供了哪些直观图？直观图怎样帮助学生理解“为什么要通分”？

3. 请阅读吴梅香老师“异分母分数加减法”教学设计，并谈谈自己的看法，教学设计可以在网上查阅。

五年级的学生已经能够正确熟练地计算整数、小数加减法和简单的同分母（分母小于10）分数的加减法。同分母分数加减法比较简单，学生不易出错，接下来的异分母分数加减法则难度增大了许多，学生的错误率也大大上升，不少学生也只是知道在计算异分母分数加减法之前要通分，却不明确这样做的目的是什么。该如何让学生明确通分的道理？分数加减法的算理与整数、小数之间是否有共通之处？其背后的主线是什么？这些又该如何让学生理解？

学习任务1：如何分析教材背后的意图？

下面是一位教师给出的“异分母分数加减法”教材分析。

1. 教材内容和算理算法的呈现

（1）北京版：教材中呈现的是画板报的情境，由学生提出用分数加减法计算的问题。教材给出提示：可以画图看看。1个$\frac{1}{4}$与2个$\frac{1}{5}$怎样相加呢？教材中提供了长方形的面积直观图，帮助学生理解算理，最后总结计算方法。

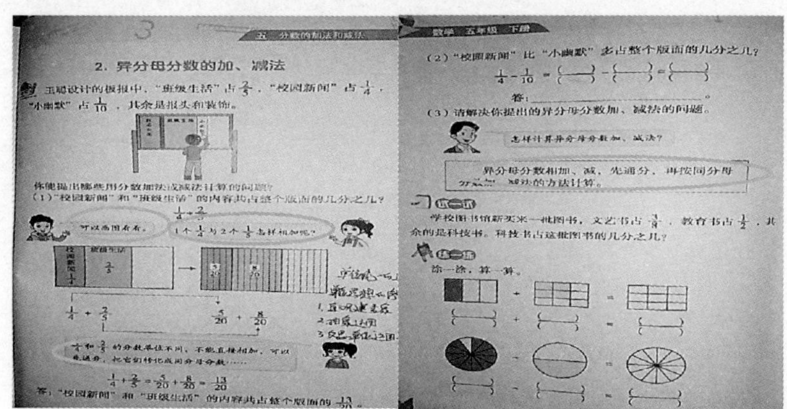
五 分数的加法和减法

2. 异分母分数的加、减法

设计的板报中，“班级生活”占$\frac{2}{5}$，“校园新闻”占$\frac{1}{4}$，“小幽默”占$\frac{1}{10}$，其余是报头和装饰。

你能提出哪些用分数加法或减法计算的问题？

（1）“校园新闻”和“班级生活”的内容共占整个版面的几分之几？

$\frac{1}{4}+\frac{2}{5}$

可以画图看看。

1个$\frac{1}{4}$与2个$\frac{1}{5}$怎样相加呢？

$\frac{1}{4}+\frac{2}{5}$　　$\frac{5}{20}+\frac{8}{20}$

$\frac{1}{4}$和$\frac{2}{5}$的分数单位不同，不能直接相加，可以先通分，把它们转化成同分母分数……

$\frac{1}{4}+\frac{2}{5}=\frac{5}{20}+\frac{8}{20}=\frac{13}{20}$

答：“校园新闻”和“班级生活”的内容共占整个版面的$\frac{13}{20}$。

数学 五年级 下册

（2）“校园新闻”比“小幽默”多占整个版面的几分之几？

$\frac{1}{4}-\frac{1}{10}=\frac{(\quad)}{(\quad)}-\frac{(\quad)}{(\quad)}=\frac{(\quad)}{(\quad)}$

答：________。

（3）请解决你提出的异分母分数加、减法的问题。

怎样计算异分母分数加、减法？

异分母分数相加、减，先通分，再按同分母分数加、减法的方法计算。

试一试

学校图书馆新买来一批图书，文艺书占$\frac{3}{8}$，教育书占$\frac{1}{2}$，其余的是科技书。科技书占这批图书的几分之几？

练一练

涂一涂，算一算。

$\frac{(\quad)}{(\quad)}+\frac{(\quad)}{(\quad)}=\frac{(\quad)}{(\quad)}$

$\frac{(\quad)}{(\quad)}-\frac{(\quad)}{(\quad)}=\frac{(\quad)}{(\quad)}$

（2）人教版：教材中呈现的是环保题材的情境，让学生提出问题。在解决问题过程中，紧紧抓住“分母不同，也就是分数单位不同，不能直接相加减，怎么办？”并把问题抛给学生。教材提供了圆形的直观图，以及通分之后的图形，帮助学生理解算理,最后总结计算方法。

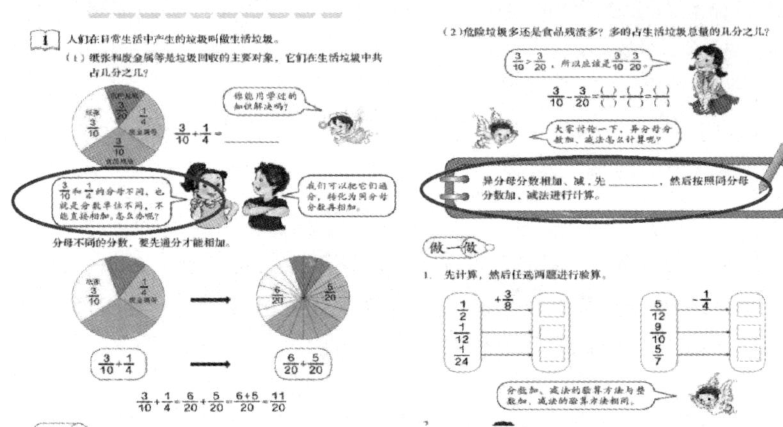

(3) 北师大版:教材中利用折纸的情境,提出问题"他俩一共用了这张纸的几分之几"引发学生的思考。提示"可以变成同分母的分数",总结算法"先通分,将分母不同的分数化成分母相同的分数,就可以相加减了"。教材中提供了正方形的面积直观图。

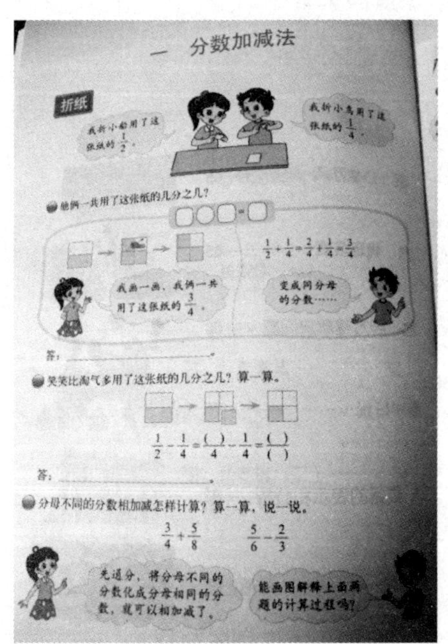

2. 对比分析

通过对教材进行横向比较,三版教材有如下区别。

第一，创设情境不同。

北京版教材创设的情境是设计板报，人教版教材创设的情境是垃圾分类，北师大教材创设的情境是折纸。三个版本教材都与现实生活紧密联系，体现数学价值。

第二，模型相同，呈现过程不同。

北京版教材提供了长方形直观图，人教版提供了圆形直观图，北师大版教材提供了正方形的直观图，尽管形状不同，但给出的都是面积直观图。北京版、人教版教材都先出示"未显示分数单位的面积图"，然后再统一分数单位，帮助学生理解算理。北师大版教材没有在直观图上明确呈现通分后，单位统一的两个分数。

第三，给出的分数难易程度不同。

北京版教材的例题是$\frac{1}{4}+\frac{2}{5}$，人教版教材的例题是$\frac{3}{10}+\frac{1}{4}$，北师大版教材的例题是$\frac{1}{2}+\frac{1}{4}$，就通分和计算的难度来说，北师大版呈现的例题最容易，人教版呈现的例题最难。

在对三个版本教材分析的基础上，我们认为各版本在情境、算理、算法的安排上都有各自的意图和考虑。教师在教学实践中要取其精华，遵循学生认知规律，创造性地使用教材，设计有价值的教学活动。

自主思考：

1. 你如何评价上述教材分析？对教材的设计意图还有什么疑问？
2. "通分"是异分母分数加减法进行计算的第一步，"通分"背后的依据是什么？

上述教材分析横向对比了三套版本教材的异同，能够帮助教师从多个角度思考和分析教材编写的意图并借鉴好的教学活动，对上述教材分析还可以有进一步的建议。

（1）三套版本的教材都呈现了面积图作为学习异分母分数加减法的直观模型，那么面积图在学习分数及其分数计算中的价值是什么？还值得进一步思考，进而帮助教师设计好的学习活动。

学生理解分数可以借助于多种模型，面积模型、集合模型、数线模型等。分数的面积模型：是用面积的"部分—整体"表示分数。儿童最早接触分数概念及其术语可能与空间有关，而且更多是三维的，而不是二维的，如半杯牛奶、半个苹果……儿童最早是通过"部分—整体"来认识分数的。因此在教材中分数概念的引入是通过均分某个正方形或者圆，取其中的一份或几份（涂上阴影）认识分数的，这些直观模型即为分数的面积模型。① 在集合模型中，“整体 1”不再真正是“一个整体”了，而是把几个物体看作“一个整体”，作为一个“单位”，数线模型则更为抽象，就是用数线上的点表示分数，把分数化归为抽象的数，而不是具体的事物，对这个模型的理解需要较高的抽象思维水平。小学阶段涉及的异分母分数加减法都是在真分数范围内的，也就是单位 1 都是“一个物体”，因此用面积模型能够帮助学生更清晰地看到“平均分”的过程以及新单位的产生，从这个角度来看，尽管不同版本教材选用的具体图形不同（长方形、圆、正方形），但其面积模型的本质是相同的。借助面积模型，一方面能够让学生直观地“看出”计算结果，另一方面可以借助分的过程帮助学生理解以谁为单位或如何找到一个新的分数单位。

(2) 除了横向对比不同版本教材，教师还可以对教材进行纵向的单元分析，帮助教师理解这一内容在单元中的地位和作用。

学生在学习“异分母分数加减法”之前学习了分数基本性质，也学习过了通分和约分，分数的基本性质是通分和约分的理论依据，根据分数的基本性质，我们能够解决分数单位的换算问题，统一分数单位，使得异分母分数能够进行加减运算。“分数基本性质”的应用是为了寻找“等值分数”，所谓等值分数是指两个分数分子和分母的数字虽不相同，但是大小相等。“等值”的特性就是分数的名称、分子和分母改变了，但其本质不会改变，即不会改变量的大小。Saenz-Ludlow 认为，单位形成能力会影响学生的等值分数概念，学生能否在图形中找到适当的单位，将原来的小单位重新化聚，再利用找到的这个单位组成全部的图形，是学生解等值分数问题的关键。例如，学生理解 $\frac{1}{4}=\frac{4}{16}$ 后，如果以新的单位 $\frac{1}{16}$ 来看，$\frac{1}{4}$ 部分就有四个 $\frac{1}{16}$，即 $\frac{4}{16}$，从而得出 $\frac{1}{4}$ 与 $\frac{4}{16}$ 一样大的结论。这就是单位形成能力。② 这种“单位形成能力”是以学生的“守恒”能力发展为前提的。之所以当分数单位（分母）发生变化，分数大小还能保持不变，就是因为尽管分的份数多了，分数单位变小了，但单位的个数（分子）却增多了，如果学生不能够认识到这一点，则无法真正理解“等值分数”。正如有研究者（Nik Pa）指出，五年级学生虽然能判定当一个分数的分子、

① 刘加霞．对分数的多维多元理解及教学建议[J]．小学教学（数学版），2007(10).

② 杨伊生，刘儒德．儿童分数概念发展研究综述[J]．内蒙古师范大学学报（教育科学版），2008(6).

分母是另一个分子、分母的倍数或是因数时两个分数是等值,但是却无法解释其意义。①

因此在教学活动中,一方面要让学生灵活运用通分将分数转化成同分母分数后计算,另一方面让学生借助直观模型能够看到"分数单位变小了,但个数增多了,分数大小保持不变"。尽管分数单位不像自然数和小数是十进的,但计数单位及其个数变化的"守恒性"是完全一致的,可在异分母分数加减法计算中进一步提升学生的"单位形成能力"。

学习任务 2:怎样找到学生学习异分母分数加减法的困难点?

做学生研究不是一件容易的事情。"许多教师认为,天天和学生在一起,毫无疑问对学生是了解的。然而,我们的研究表明,事实远非如此,由于认知活动的内隐特点,我们凭借自己的主观判断得出的一些结论经常距离事实的真相是很远的。"②如何设计调研题目调研学生的学习困难呢?下面是密云区南菜园小学的老师进行的学前调研。

1. 调查对象

参加调研的对象是南菜园小学五年级 143 名学生。

2. 调研题目

针对以上分析,我们设计了如下调研题目。

第 1 题:6.66+2,想一想:2 应该加在哪个 6 上?写一写你的想法。

第 2 题:小明有 2 块饼干,小红有 2 盒饼干,他们一共有几块饼干?

A. 4 块　　　B. 4 盒　　　C. 无法计算

说说自己的想法:(　　　　　　　　　　　)

第 3 题:尝试计算下面各题,用自己喜欢的方式表达自己计算时的想法。

$\frac{3}{8}+\frac{1}{2}=$　　$\frac{1}{2}-\frac{1}{4}=$

【设计意图】 第 1、2 题,是了解学生计算整数、小数相加减时,能否理解计数单位或者计量单位相同才能直接相加减。第 3 题,是了解学生计算异分母分数加

① 杨伊生,刘儒德. 儿童分数概念发展研究综述[J]. 内蒙古师范大学学报(教育科学版),2008(6).

② 顿继安. 学生研究的意义、状态与精神[J]. 北京教育学院学报(自然科学版),2009,4(2).

减法时，是否能够正确计算，能否自觉运用直观手段理解算理，都会运用哪些直观手段；同时了解学生在计算分数加减法时会遇到哪些困难。

3. 调研结果分析

测试后，我们对学生的测试结果进行了统计与分析。

(1) 对整数、小数加减法算理的理解。

第1题共有137人回答正确，其中114人明确说出加在个位上，其余同学的叙述都是加在整数上。第2题有132人正确，其中明确说出“单位不同不能直接相加”的共有103人。两道题理解正确的人数均占调查总人数的92%以上。

调查数据显示：学生能够比较熟练地计算整数、小数加减法，对计量单位和计数单位的理解比较透彻，对单位相同才能相加减的算理理解比较深刻。通过课后访谈可见，部分学生虽然没能准确地运用数学语言表述出自己对单位相同才能相加减的算理，但是对算理的理解是正确的。

(2) 对异分母分数加减法算法的掌握情况。

题目	完成情况		百分比	备注
$\frac{3}{8}+\frac{1}{2}=$	正确	69人	48.3%	正确画图：48人(其中通分加画图有35人)；分化小：5人；结果对解释不对：16人
	错误	74人	51.7%	其中典型的错误是：有11人用分子加分子，分母加分母
$\frac{1}{2}-\frac{1}{4}=$	正确	75人	52.4%	正确画图：52人(其中通分加画图有33人)；分化小：2人；结果对解释不对：21人
	错误	68人	47.6%	其中典型的错误是：有17人得$\frac{1}{2}$

根据以上调查结果显示，异分母分数加减法的计算正确率在50%左右，这也体现出了异分母分数加减法是没有学习过的新知识。其中能够自主通分计算并且用直观图形表示的学生在23%左右。说明这部分学生对异分母分数加减法的计算方法掌握了，对计算道理也是基本理解的。另外，只是计算出结果、没有画图表示的学生，是理解要先通分，再按照同分母分数加减法的方法计算的。通过访谈，我们进一步发现，这部分学生仅认识到“分母不同，不能直接相加减，要把分母变成相同的分母，才能把分子相加减”。但学生对于背后隐藏的算理并不理解。通过“用分子加分子，分母加分母”“分母相减，分子不变”等典型的错误案例，以及未作答的学生，我们可以看出这部分学生对异分母分数加减法根本不会做。

(3) 对分数加减法算理的理解。

调查数据显示:对同分母分数加减法计算道理的呈现中,大部分学生能够选取合适的直观图形表现算式和结果;访谈后,我们发现大部分学生能够从份数的角度解释计算道理,只有少部分学生能够从分数单位的角度解释计算道理。

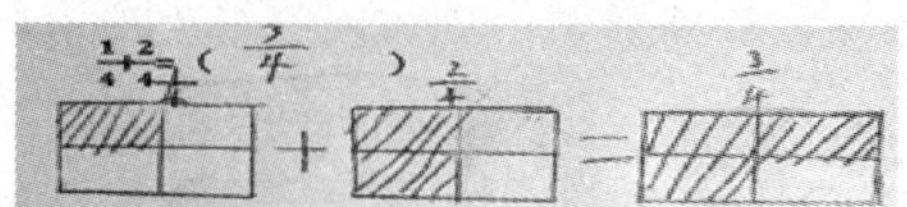

异分母分数加减法计算道理的呈现中,有35%左右的学生能够选取合适的直观图形(长方形、圆形等)正确地表现算式和结果。其余同学即使有一部分能够正确计算出结果,但是也不能够选取合适的直观图形来正确地表现算式和结果。经过访谈得出:15%左右的学生能够从份数的角度解释计算道理,并能够结合图形清晰表达转化后分数的份数。大部分学生不能够从计数单位的角度解释计算道理,只有极少部分学生能够从分数单位的角度解释计算道理。

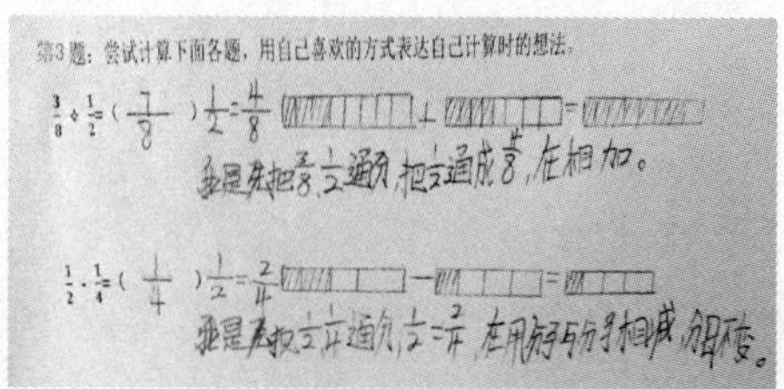

通过对以上数据的分析,我们发现,有一半左右的学生会计算异分母分数加减法,但只有四分之一的学生能够说清楚背后的道理,从分数单位解释算理的就更少了,因此,对于异分母分数加减法,既要让学生掌握算法,也要明白背后的道理。

自主思考:

1. 上述调研结果对设计教学活动有哪些启发?
2. 教学中可以采用什么样的方式帮助学生突破学习难点?
3. 基于以上的教材分析和学生调研,如何设计本课的教学目标?

从上述调研中,我们可以得到如下一些启发。

1. 以学生原有的经验为基础,找准知识的生长点

分数的意义、分数的大小、加减法的意义、分数单位、分数的基本性质、通分等

都是异分母分数加减法的知识基础，计算道理的支撑。"分数单位相同才能直接相加减"是分数加减法的核心算理，"分数单位""相同分数单位"在分数加减法中至关重要。《义务教育数学课程标准(2011年版)》指出：教师教学应该以学生的认知发展水平和已有的经验为基础。通过课前调查，发现有将近一半的学生已经知道先通分再计算的计算方法。教师教学中应该引领学生理解为什么要先通分、通分后为什么就能找到相同的计数单位以及找到相同的计数单位是为了什么，让学生在对知识本质的探索中充分理解算理。

2. 以分数墙为数学活动材料，充分利用直观手段

不同版本的教材都是通过直观图形来帮助学生理解分数加减法算理的。在直观图的运用上，有正方形，也有圆形和长方形，在教学中可以引入更多的直观图素材，来帮助学生深入理解"分数单位相同才能相加减"；分数墙能够清晰地显示出各分数的分数单位，以及分数单位的大小，同时也能够更加直观地观察到像$\frac{1}{4}$和$\frac{1}{2}$这样异分母分数的相同分数单位是什么，以及相同分数单位的个数。因此，我们建议可以把分数墙引入异分母分数加减法中，充分利用分数墙中的"分数单位"组织学习活动，帮助学生理解算理。

3. 本课的教学目标

(1) 理解并掌握异分母分数加减法的计算方法，能正确计算简单的异分母分数加减法。

(2) 借助分数墙，在寻找统一的分数单位的活动中，理解统一分数单位的必要性和相同计数单位才能相加减的道理，发展数学思考，积累数学活动经验。

(3) 体验数学问题充满着探索和挑战，感受"转化"思想在问题解决中的价值。

学习任务3：设计有价值的学生学习活动

基于前述的教材分析和学生调研，下面是南菜园小学李雪梅老师设计的学习活动。

一、沟通联系，统一单位

(1) 课件出示：5厘米+3毫米

教师：能直接相加吗？怎样就能直接相加了？

(2) 课件出示:6.66+2

问:2 应该加在哪个 6 上?为什么?

(3) 课件出示$\frac{2}{7}+\frac{3}{7}=$,学生口算结果。

提问:为什么能直接相加减?(分数单位相同)

是用谁作为单位度量的?(课件演示)

明确:$\frac{1}{7}$就是一把分数尺,用来度量$\frac{2}{7}$和$\frac{3}{7}$中各有几个$\frac{1}{7}$。2 个$\frac{1}{7}$加 3 个$\frac{1}{7}$是 5 个$\frac{1}{7}$是$\frac{5}{7}$。

(4) 小结:无论是计量单位,还是计数单位,都是在什么情况下才能直接相加减?

师生共同总结:只有单位相同才能直接相加减。(板书:单位相同直接加减)

【设计意图】 通过三个小问题,让学生感悟到无论是生活中用到的计量单位,还是在计算整数、小数、分数加减法时的计数单位,都是在单位相同的情况下,才能直接相加减。

二、自主探究,合作交流

1. 探究:$\frac{1}{2}+\frac{1}{4}$

(1) 揭示课题:研究了同分母分数加减法,我们可以继续研究什么?

(板书课题:异分母分数加减法)

(2) 出示分数墙:在研究计算之前,我们在分数墙中找一找这些分数的分数单位分别是多少?(课件演示:$\frac{1}{2}$至$\frac{1}{10}$)

明确:分数单位也是计数单位,这些分数单位在分数加减法中都可以作为分数尺来度量分数。(课件演示:用分数单位度量$\frac{5}{8}$)

【设计意图】 利用课件逐一演示$\frac{1}{2}$至$\frac{1}{10}$这些分数单位,目的是帮助学生沟通联系,让学生感悟到分数单位和原来学习过的个、十、百、千等计数单位一样使用,打破学生原来的认知思维。

(3) 教师板书:$\frac{1}{2}+\frac{1}{4}$,根据你的经验,你认为等于多少?(学生猜猜)

(4) 自主探究，提出操作要求。

学生利用手中的操作报告单1和信封里面的“分数尺”完成探究。

要求：找一个合适的分数单位度量这两个分数，验证你的猜想是否正确。

(5) 汇报交流。

预案一：直接用$\frac{1}{4}$做单位度量，$\frac{1}{2}$里面有2个$\frac{1}{4}$，就把(　)写成$\frac{2}{(\quad)}$；$\frac{1}{4}$里面有1个$\frac{1}{4}$，2个$\frac{1}{(\quad)}$与1个$\frac{1}{(\quad)}$合起来是3个$\frac{1}{4}$，是$\frac{3}{4}$。(学生板书，课件演示)

追问1：通过用$\frac{1}{4}$度量$\frac{1}{2}$，发现$\frac{1}{2}$里面有2个$\frac{1}{(\quad)}$，所以把$\frac{1}{2}$转化为$\frac{2}{4}$，大小变了吗？什么变了？(大小不变，分数单位变了)

追问2：为什么用$\frac{1}{4}$做单位？($\frac{1}{2}$里有2个$\frac{1}{4}$，统一单位就可以直接相加)

预案二：用$\frac{1}{8}$作为单位度量，$\frac{1}{2}$里面有4个$\frac{1}{8}$，$\frac{1}{4}$里面有2个$\frac{1}{8}$，合起来是6个$\frac{1}{8}$，是$\frac{6}{8}$。

追问：两次度量的分数尺不一样，结果也就不一样，是不是计算错了？

学生：没错，约分后结果就相同了。

【设计意图】 利用分数尺这个学习工具，让学生亲自动手去度量，不仅是为了探究计算的结果，更重要的是让学生在活动过程中，通过观察，选择合适的分数尺来度量这两个分数，从而找到分数单位与计数单位的共同点。

(6) 深入思考。

还可以用哪些分数单位去度量？($\frac{1}{12}$，$\frac{1}{16}$，$\frac{1}{20}$，…)

这些分数单位的分母和原来两个分数的分母比较你有什么发现？

学生：2和4的公倍数。

如果学生没有更多思考，教师追问如下问题：

① 找到2和4的公倍数作为公分母是为了什么？(统一单位)

② 这个过程是我们学过的什么知识？(通分)

③ 通分之后，什么变了？什么没变？

④ 这些公分母中，哪个更简洁？(2和4的最小公倍数)

【设计意图】 通过提问、观察、分析、比较，让学生理解统一分数单位的过程就是通分的过程，这些公分母就是两个分数的公倍数，在这些公分母中最小公倍数最简洁。

(7) 提出问题。

问题 1：为什么不用$\frac{1}{2}$去度量？（因为$\frac{1}{2}$比$\frac{1}{4}$大，不能正好量完）

问题 2：刚才大家猜测的结果哪些是对的？等于$\frac{2}{6}$错在哪了？

学生：分数单位不同，不能直接相加减。

小结：通过验证，我们找到了合适的分数单位，验证了结果。其中 $\frac{1}{4}$ 正好就是合适的单位。

【设计意图】 分数墙中能够清晰地显示出分数单位及其大小，设计利用分数墙中的“分数单位”度量分数，在选择 “分数尺”中“哪个分数尺更合适?”在利用“分数尺”度量分数中，感受这个分数有几个这样的分数单位，理解利用相同的分数尺正好量完两个分数，就可以直接相加了，从而初步理解算理。

2. 探究：$\frac{1}{2}+\frac{1}{3}$

(1) 提出要求。

用 $\frac{1}{2}$ 度量合适还是用 $\frac{1}{3}$ 度量呢？如果都不合适，想想是为什么？

寻找分数尺，把不合适的记录下来，想想为什么不合适？找到合适的分数尺度量，想想为什么合适？度量后写出计算过程。

(2) 学生动手操作。教师巡视收集信息。

(3) 汇报交流。

预设：

① $\frac{1}{6}$能正好量完，$\frac{1}{2}$里面有 3 个 $\frac{1}{6}$ ，$\frac{1}{3}$ 里面有 2 个$\frac{1}{6}$，3 个$\frac{1}{6}$加上 2 个 $\frac{1}{6}$ 一共是 5 个$\frac{1}{6}$，是 $\frac{5}{6}$ 。（学生板书算式）

追问：6 是什么？(2 和 3 的最小公倍数)通过度量，我们把$\frac{1}{2}$和$\frac{1}{3}$转化成了什么？（ $\frac{3}{6}$ 和 $\frac{2}{6}$ ）

明确：分数单位相同，就可以直接相加减了。

② 用$\frac{1}{2}$和$\frac{1}{3}$做单位去度量都不合适，都不能正好量完。因为 2 不是 2 和 3 的公倍数，3 也不是。

③ $\frac{1}{5}$ 也不行，2+3 等于 5，用 $\frac{1}{5}$ 度量后发现不能正好量完。因为 5 不是 2 和 3 的公倍数。

④ $\frac{1}{9}$ 能正好量完$\frac{1}{3}$，不能正好量完$\frac{1}{2}$，9 不是 2 和 3 的公倍数。

(4) 教师小结：通过这些不合适的单位，大家有什么发现？

学生：我们找到的合适分数单位，分母都是 2 和 3 的公倍数，这个过程就是通分。

【设计意图】 在选择“分数尺”时，题目中$\frac{1}{2}$和$\frac{1}{3}$都不合适，因此需要另外寻找。在选择、否定、再次选择的不断调整中，师生共同寻找合适的“分数尺”，进一步深入理解算理。

3. 探究：减法

(1) 提问：刚才我们用度量分数的方法，学会了异分母分数加法的计算，异分母分数减法你能尝试计算吗？

板书：$\frac{3}{4}-\frac{1}{8}$　　　$\frac{1}{3}-\frac{1}{4}$

提出要求：任选一道题完成。

① 思考，用什么分数单位度量这两个分数合适，想象度量的过程。

② 写出计算过程。

(2) 学生独立计算。(两名学生到黑板上完成)

(3) 汇报交流。

由板演的两名学生逐一介绍想法，其他同学补充。

$\frac{3}{4}-\frac{1}{8}=\frac{6}{8}-\frac{1}{8}=\frac{5}{8}$

集体交流中明确：找到 4 和 8 的最小公倍数是 8，用$\frac{1}{8}$作为分数尺去度量，也就是转化为同分母分数，再相减。

$\frac{1}{3}-\frac{1}{4}=\frac{4}{12}-\frac{3}{12}=\frac{1}{12}$

集体交流中明确：找到3和4的最小公倍数是12，用$\frac{1}{12}$作为分数尺去度量，也就是转化为同分母分数，再相减。

【设计意图】 因为有了计算异分母加法的基础，学生对计算道理理解得比较深入，因此在学习异分母减法的环节，设计让学生先想象度量的过程，再让学生独立计算，目的是让学生运用前面的理解，离开直观图独立计算，并通过计算过程的书写表达思考的过程，把思维过程内化。

4. 总结方法

(1) 用自己的话说说怎么计算异分母分数加减法？

(2) 深入思考。

问题1：寻找合适的“分数尺”是在干什么？ ——通分

问题2：通分的目的是什么？——异分母分数转化为同分母分数，也就是把分数单位不同的分数转化为分数单位相同的分数。

方法指导：转化能够帮助我们解决新的问题。

【设计意图】 在总结概括中，明确计算方法，积累数学活动经验和数学思想方法。

三、层层递进，巩固练习

1. 实际问题

李军三天看完一本书。第一天看了全书的$\frac{1}{4}$，第二天看了全书的$\frac{2}{5}$。

(1) 根据以上信息提出问题并列出算式。

(2) 出示问题：

问题1：两天一共看了这本书的几分之几？

问题2：第二天比第一天多看了全书的几分之几？

(3) 学生列出算式并解答，请两位同学黑板上计算。

集体交流：$\frac{1}{4}+\frac{2}{5}=\frac{5}{20}+\frac{8}{20}=\frac{13}{20}$，$\frac{2}{5}-\frac{1}{4}=\frac{8}{20}-\frac{5}{20}=\frac{3}{20}$，20是4和5的最小公倍数。

(4) 问题3:第三天看了全书的几分之几?

学生列式解答:$1-\frac{2}{5}-\frac{1}{4}=\frac{20}{20}-\frac{8}{20}-\frac{5}{20}=\frac{7}{20}$

追问:1是什么?计算时1怎么办?

2. 计算

(1) 出示:$\frac{1}{2}+\frac{1}{5}$　　$\frac{1}{2}-\frac{1}{5}$

提问:有什么发现吗?

$\frac{1}{2}+\frac{1}{5}=\frac{5}{2\times5}+\frac{2}{2\times5}=\frac{5+2}{2\times5}=\frac{7}{10}$

$\frac{1}{2}-\frac{1}{5}=\frac{5}{2\times5}-\frac{2}{2\times5}=\frac{5-2}{2\times5}=\frac{3}{10}$

明确:分子都是1,分母是互质关系的两个分数相加,和的分母是原来两个分母的乘积,分子是原来两个分母的和。它们的差的分母是原来两个分母的乘积,分子是原来两个分母的差。

小结:能够找到计算中的规律很了不起,并且应用规律,使计算更加准确,真会学习!

(2) 口算:$\frac{1}{3}+\frac{1}{5}$　　$\frac{1}{3}-\frac{1}{5}$　　(学生口算,教师课件出示答案)

3. 课件出示"知识窗"

据史书记载,古埃及人只用单位分数($\frac{1}{2}$,$\frac{1}{3}$,$\frac{1}{4}$,…),其他分数都是用单位分数的和表示。如表示"$\frac{3}{4}$",是用"$\frac{1}{2}+\frac{1}{4}$"来表示。

提出问题:你能用分数单位的和表示$\frac{3}{10}$吗?

【设计意图】 通过一题多用,巩固计算方法的同时,理解单位"1"与"部分"的关系。在计算的同时,寻找规律,运用规律,从而积累一定的灵活计算的技巧。沟通数学与数学历史的关系,感受数学的博大精深,激发学生学习数学的兴趣。

四、归纳总结,提高认识

(1) 学会了哪些知识?

(2) 掌握了什么数学学习方法?

(3) 哪儿给自己的启发最大?

自主思考:

分析上述教学活动的特色。

分析与点评

异分母分数加减法是数学运算的基础之一,是培养学生运算能力、发展数感的重要内容。《义务教育数学课程标准(2011 年版)》有对运算能力的明确阐述:运算能力是指能够根据法则和运算定律正确地进行运算的能力。培养运算能力有助于学生理解运算的算理,寻求合理简洁的运算途径解决问题。异分母分数加减法的学习中,学生掌握算法并不难,困难的是理解为什么要先通分,为什么通分后就能找到相同的计数单位了。

1. 找准学生思维生长点,借助"分数墙"进行直观探究

《义务教育数学课程标准(2011 年版)》中指出:教师教学应该以学生的认知发展水平和已有的经验为基础。异分母分数加减法是学生在掌握了整数、小数加减法的意义及其计算法则,分数的意义和性质,约分、通分以及同分母分数加减法的基础上进行教学的。在学习同分母分数加减法的时候,已经对"分数单位相同才能直接相加减"的道理有了十分清晰的理解。那么,知识的生长点在哪儿?学生的困难点在哪儿呢?

通过对学生的前测进行分析,我们发现:有近 50%的学生已经知道异分母分数加减法要先通分再计算的计算方法,但是访谈中发现大部分学生没有意识去思考"为什么要先通分"这个问题。教学中抓住"怎样理解为什么要先通分?为什么通分后就能找到相同的计数单位?找到相同的计数单位是为了什么?"这些问题,引领学生对知识本质的探索才是我们应该做的。

在学习分数的初步认识、分数的意义、分数的基本性质等知识时,对运用面积模型这一直观手段来表示分数,学生已经很熟悉。但是运用这些面积模型感受分数单位的大小以及相同的分数单位并不是很理想。而学习分数加减法,理解"分数单位"和"分数单位相同"却又是至关重要的。借助分数墙,学生不仅能从中感受到分数单位的大小,而且能更加直观地看到每一个分数中含有几个分数单位,同时还能帮助学生理解"一个分数能用分数单位不同的其他分数来表示"。这些从分数墙中直观感受到的知识有利于学生对异分母分数加减法的探究。因此，教师选用"分数墙"作为操作活动的材料，充分利用分数墙中的"分数单位"组织学习活动，进行直观探究。

2. 以分数单位"度量"分数，让理解算理的活动更丰富

前面的分析中已明确指出，分数的意义、分数的大小、加减法的意义、分数单位、分数的基本性质、通分等都是异分母分数加减法的知识基础，计算道理的支撑。"分数单位相同才能直接相加减"是分数加减法的核心算理。学生已经学习过通分的方法，要想理解分数加减法的算理，对于"分数单位"的理解要特别透彻，为此，教师创造性地拆解了"分数墙"，老师动手剪下这些分数单位，制作成了活动材料，为学生课上的操作，深入理解算理准备好材料。

课上逐层递进地设计分数加减法题目，充分运用剪下来的独立的"分数单位"，在寻找合适的分数单位的活动中，真正理解统一分数单位的必要性，并获得初步的数学思想、方法和活动经验。为此，探究算理的数学活动共设计了三个层次。

层次 1：探究$\frac{1}{2}+\frac{1}{4}$，初步理解算理。

层次 2：探究$\frac{1}{2}+\frac{1}{3}$，深入理解算理。

层次 3：探究减法，任选一道题目完成$\frac{3}{4}-\frac{1}{8}$，$\frac{1}{3}-\frac{1}{4}$。

教学中，教师较好地落实了"在整个数学教学中都应该重视几何直观，培养几何直观能力应该贯穿义务教育数学课程的始终"这一课程目标，充分运用分数墙这一直观手段帮助学生理解异分母加法的算理，在此基础上，留下空白，迁移类推。异分母减法的学习不再借助直观图，而是引导学生自主把握计算的关键——通分，理解算理，掌握算法，最后交流概括计算方法。这样从直观建立表象，到抽象运用，最后反思单位运用的价值，学生在自主探究中加深对算理的理解，达到培养运算能力的目的。

可见，学生在学习异分母分数加减法中，经历寻找统一的分数单位的活动，能真正理解统一分数单位的必要性，从而理解算理、掌握方法，并积累初步的数学思想方法和活动经验。在探究的活动中，学生感悟到简单的知识背后有严谨的数学道理，体验到数学学习充满着探索和挑战，激发了他们学习的欲望，增强了学好数学的信心。

学习任务 4:设计学习效果评价

一、课堂评价

在课堂上,教师关注学生的参与度、活跃程度,是否积极参与到动手及讨论中来,对其他同学的发言是否认真倾听,是否将自己的想法与别人进行交流。

二、课后评价

(1) 借助课后小结及时了解学生的学习情况、情感投入情况等,教师给予客观、公正的点评。

(2) 课后通过作业、测试卷考查学生知识掌握情况。例如,可以出示如下题目分别测评学生学习情况。

基础知识评价:请计算 $\frac{3}{4}+\frac{2}{5}$ $\frac{5}{8}-\frac{3}{5}$

能力评价:请编写一道用异分母分数加法或解法解决的问题,并计算出结果。

练一练

1. 通过查阅文献,分析"分数墙"在分数学习中的价值。
2. 请给吴梅香老师"异分母分数加减法"教学设计写一份点评。

阅读拓展资料

[1] 刘加霞. 对分数的多维多元理解及教学建议[J]. 小学教学(数学版),2007(10).

[2] 刘琳娜. 在把握基本思想中设计学习活动——对分数基本性质一课的思考. 江西教育,2013(6).

[3] 王永. 分数墙[J]. 小学教学(数学版),2007(11).

[4] 王永. 创造均衡的数学化——谈简单分数加减法的教学[J]. 小学教学(数学版),2007(2).

[5] 储冬生. 好课,可以好得不一样——"异分母分数加减法"教学评析[J].

小学数学教育,2015(4).

[6] 吴梅香. 异分母分数加减法教学设计与说明[J]. 教育研究与评论(小学教育教学),2010(4).

第四节　乘法,作为一种模型

学习准备

1. 关于"乘法的初步认识"的教学,你有哪些问题或困惑?
2. 乘法只是"求几个相同加数和"的简便运算吗?
3. "乘法的初步认识"的教学,可以设计哪些学习活动?
4. 请阅读本节注释中所提到的相关文章。

下面是关于"乘法的初步认识"的两则教学片段。①

"乘法的初步认识"教学片段 1

师:晚上,小明一家在吃苹果,他们家有爸爸、妈妈、奶奶和小明,每人吃两个苹果,他们一家共吃了多少个苹果?

(师板书:爸爸、妈妈、奶奶、小明,并在每人名字下面贴两个苹果的贴画)

生:用乘法。

生:二四得八。

师:怎么列式?

生:因为有 4 个 2,所以写成 4×2=8。

生:写乘法时,小(的)数写在前面。

师:这就是今天要学习的"乘法的初步认识"。观察一下,每个加数有什么特点?

生:(齐)都是 2。

---

① 刘加霞,高丽杰. 让学生获得什么样的基础知识——以"乘法初步认识"为例[J]. 小学教学(数学版),2007(2):42-44.

师：每个加数都相同的加法可以用乘法来计算，写成 2×4=8，“×”叫乘号，乘号前后的数叫因数，记住了吗？再来读一读算式。

（生读算式，但不断有人读作“2 乘以 4”，师就不断地纠正）

“乘法的初步认识”教学片段 2

（师先展示几组用小棒摆的图形：小鱼、小草、三角形等）

师：听清要求，先在头脑中想好一个图形，再用小棒在桌子上摆同样的图形，给你们 5 分钟时间，看谁摆的个数最多。

（不同学生摆出不同的图形，但仍有个别学生没有按照老师的要求摆同样的图形）

师：摆的是什么图形？用了多少根小棒？列式算一算。

师：哪位说我来写。

生：我摆的是正方形，用了 4+4+4+…。

（师边写边说“你说慢点，我跟不上了，胳膊都写酸了”，并做出动作。这名学生自己不好意思地笑着说：“太多了，太多了。”其他学生不耐烦了：“别说了，太啰唆了，你就告诉老师有几个 4 吧”）

生：16 个 4。

（但师还是坚持把 16 个 4 全加在一起，并一起数是不是 16 个）

师：这么多的 4 加在一起，太麻烦了，刚才有些同学也不耐烦了。在数学学习上，我们能怕问题和麻烦吗？有了问题想办法解决不就行了！刚才那个同学说 4 加 4 再加 4……把我说糊涂了，但她说了一句话我就明白了，她说什么了？

生：16 个 4。

师：在数学上，用乘法就能解决“几个几是多少的问题”。

（师引出“乘法”，并板书：16×4。师读算式，结合具体问题强调每个因数的意义）

自主思考：

1. 你喜欢哪一种导入展开？为什么？教学中你是怎样导入展开的？

2. 在学生已有的认知结构中，“乘法”与已有经验有什么关系？

3.“乘法”概念如何产生？即为什么学习“乘法”？

通过前述两个教学片段可以看出，学生的经验中有“连加求和”的概念，也有

“乘法”概念。但是学生对“乘法”的意义是否真的了解呢？“乘法”概念是学生自主建构的还是被动接受的？学生是在什么样的问题情境中认识“乘法”的？学生理解“乘法”概念的难点到底是什么？

再者，“乘法”概念与“加法”“连加”等概念具有密切联系。教师如何理解“乘法”的数学内涵，如何整体把握与“乘法”有联系的相关数学概念呢？一线教师必须正确把握“乘法”的数学内涵与学习价值，在此基础上进一步分析学生理解“乘法”概念的困难以及困难产生的原因。

学习任务1：如何调研理解学生关于“乘法”的已有认识？

有一位教师设计了以下几个问题，调研了解学生关于“乘法”的已有知识基础。

1. 看图列式

2. 看算式画图

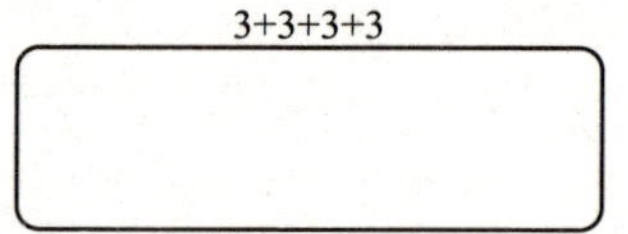

自主思考：

1. 写下你的答案。
2. 这2道调研题目的设计意图分别是什么？
3. 学前调研题目、结果是否可用于教学中？可以如何用？

下面是人大附中经济技术开发区实验学校赵连磊老师设计的调研题目、调研结果以及所做的分析。

赵老师在“乘法的初步认识”教学之前，为了了解学生对乘法算式所表示的数量关系、乘法的意义以及“乘数”“积”等数学名词是否已经有所了解，了解到什么程度，特意设计了如下问卷。

<table>
<tr><td>调研目的</td><td>了解学生对“乘法”的认知情况</td></tr>
<tr><td>调研对象</td><td>二年级 11 班学生，共 38 人</td></tr>
<tr><td>调研形式</td><td>问卷</td></tr>
<tr><td>调研题目</td><td>第一题：看图填空。
（ ）个（ ） （ ）个（ ）
加法算式：________ 加法算式：________
乘法算式：____或____ 乘法算式：____或____
【设计意图】 根据题意，找出数量关系：几个几，并将加法算式改写成乘法算式，主要调查学生是否理解加法算式与乘法算式之间的联系。
第二题：填空。
一个乘数是 3，另一个乘数是 4，积是（ ）。
【设计意图】 根据题意，出现“乘数”“积”两个数学新名词，主要调查学生对乘法算式各部分名称以及乘法口诀的了解情况。
第三题：画图表示下面算式的含义。
3×2 5×4
【设计意图】 根据题意，用图表示乘法算式，主要调查学生对乘法概念是否理解。</td></tr>
</table>

调研之后，赵连磊老师做了以下分析。

	答对情况		答错情况	
	人数/人	百分比/%	人数/人	百分比/%
第一题	2	5.3	36	94.7
第二题	24	63.2	14	36.8
第三题	5	13.2	33	86.8

从上面的数据可以看出，学生对“乘法”并不是完全不知道，而是有一定的认识，其中，占 63.2%的学生知道乘法算式各部分的名称、乘法口诀（见第二题）；但从第一题、第三题的正确率（分别是 5.3%，13.2%）可以看出，学生不清楚加法算式与乘法算式之间的联系、乘法的概念。根据学生答题情况，从易到难进一步具体分析如下。

第二题：一个乘数是 3，另一个乘数是 4，积是（ ）。

如题，给出两个乘数，求积是多少。如果学生不能理解题意中的“乘数”“积”以及 3 或 4 的乘法口诀就无法答题，因此，本题不仅可以考查学生是否掌握乘法口诀，还可以考查学生是否知道乘法算式各部分名称。本题全班有 24 名学生答对，可见占 63.2%的学生知道乘法口诀、乘法算式各部分名称，但从第一题、第三题的调查数据可以看出，学生对乘法口诀的意义并不是很清楚。同时，第二题全班有 14 名（占 36.8%）学生答题错误，因此，在“乘法算式各部分名称”教学环节中，应该关注这些不会的学生。因为乘法概念的理解、列乘法算式对后面学习乘法口诀具有重要意义。

第一题：

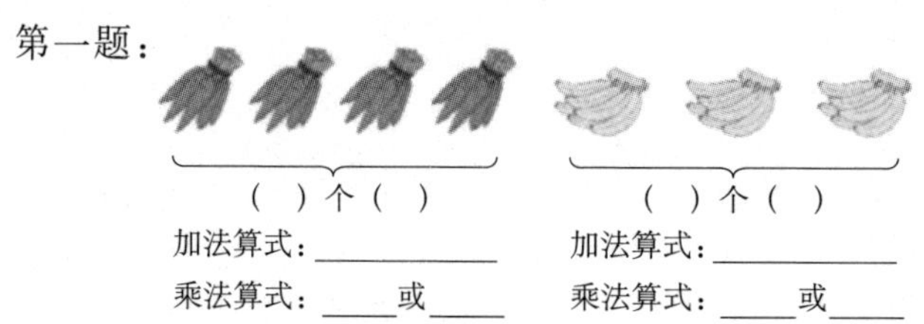

如题，看图找“几个几”数量关系，并写加法算式，再改写乘法算式。如果学生不理解图中的“几个几”数量关系、“乘法算式”及其与“加法算式”之间的关系，则无法答题。因此，本题不仅可以考查学生是否理解乘法的数量关系，还可以考查学生是否知道加法算式与乘法算式之间的联系。本题全班只有 2 名学生（占 5.3%）答对，访谈答对学生，了解到他们都已经在校外提前学过乘法。

进一步具体分析答错学生的数据发现，找对“几个几”数量关系的学生只有 3 人，正确列出加法算式的学生只有 2 人。剩下的 31 名学生在“几个几”数量关系、列加法算式、改写成乘法算式方面都出现了不同程度的错误。因此，“乘法的初步认识”教学中，可以将找出“几个几”数量关系确定为教学起点、重点；将加法算式改写成乘法算式作为教学重点；将乘法概念的理解作为教学难点。

第三题：画图表示下面算式的含义。

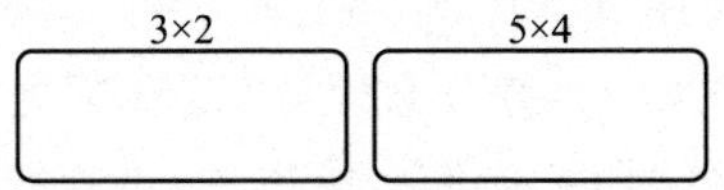

如题，画图表示乘法算式的含义。如果学生不知道乘法算式的意义，就无法回答此题。因此，本题可以考查学生对乘法概念的理解。经调查，全班只有 5 名学生(占 13.2％)能够正确画图表示相应乘法算式的含义。表明他们理解了乘法算式表示的“几个几”数量关系。

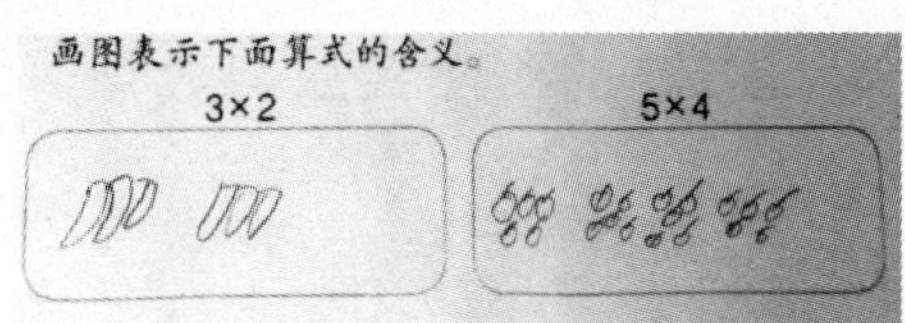

还有 2 名学生将“几个几”用“＋”号连接起来，可以看出，他们对乘法算式所表达的“几个相同加数之和”有一定的理解。表明学生理解加法算式和乘法算式之间的联系。

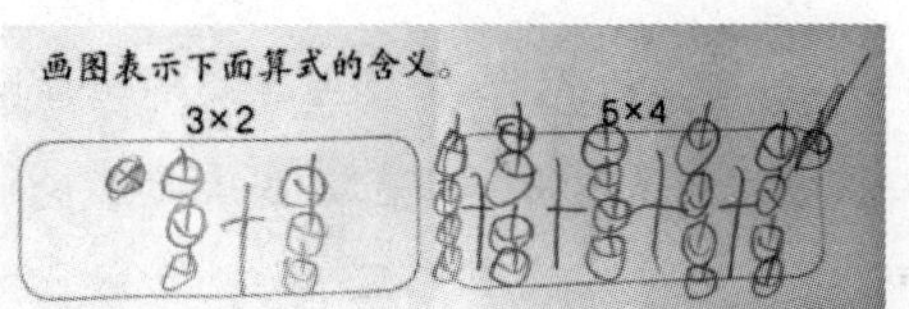

全班有 9 名学生没有做这道题，有 3 名学生直接列式计算，19 名学生没有做对这道题。其中，下面两种做法占大多数。可以看出，学生将画图表示加法算式的经验迁移到画图表示乘法算式的含义上。从学生的画图表示中可见，这种迁移是一种负迁移，也是不理解乘法概念内涵的一种表现，而这将是“乘法的初步认识”教学中需要突破的另一个难点。

对前测的思考：

学生在学习“乘法的初步认识”之前，通过各种途径已经接触了乘法，并且对乘法有一定的认识，但不全面，也不完整，即主要集中在乘法算式各部分名称以及乘法口诀的记忆，而缺乏对乘法算式的数量关系以及乘法的意义方面的认识。加法作为乘法学习的先学内容，其知识与经验对乘法学习既有正迁移，也有负迁移。因此，在教学设计上要重点关注以下几点。

(1) 借助生活情境，帮助学生建立并理解“几个几”数量关系。

(2) 根据“几个几”数量关系，列出加法算式，再改写成乘法算式，帮助学生理解加法算式与乘法算式之间的联系。

(3) 通过列式、画图等多种方式，帮助学生主动建构乘法概念。

(4) 关注学生之间的个体差异，需有所侧重、有所提升。

学习任务2：分析“乘法”的概念实质与教育价值[①]

自主思考：

1. 有3棵树，每棵树上有4只猴子，一共有多少只猴子？

2. 3的4倍是多少？

3. 有3件上衣和4件下衣，每次只穿1件上衣和1件下衣，一共有多少种穿法？

4. 已知长方形的长为4cm，宽为3cm，问这一长方形的面积是多少？

上面的4个问题，都可以列式3×4=12，请思考下面的问题。

1. 乘法是什么？你还认为乘法只是求几个相同加数和的简便运算吗？

2. 小学阶段的乘法可以分为哪些现实情境模型？

3. 小学数学教材中呈现了哪些现实情境模型？有何教学价值？

一、乘法的不同现实情境模型

格里尔(Greer，1992)指出，正整数乘除法最为重要的现实模型有以下四种。

(1) 等量组的聚集，即大致相当于通常所说的“连加”。在这一情境下，两个乘数的地位并不完全对称。除去连加以外，也常常采用“每……共……”这样的表达方式。

(2) 倍数问题。如“某种饮料中水的含量是果汁含量的3倍，现有果汁20公

---

① 闫云梅，刘琳娜，刘加霞. 小学阶段乘法的不同现实模型分析与教学建议[J]. 课程·教材·教法，2014(3)：80-83.（篇幅所限，编者进行了适当删减）

斤,问需加配多少公斤的水?”

(3) 配对问题。如“4 个男孩与 3 个女孩一起出去游玩,现要选取一个男孩和一个女孩外出购物,问一共有多少种可能的选取方法?”这也就是笛卡儿积。

(4) 长方形的面积。如“已知长方形的长为 5cm,宽为 4cm,问这一长方形的面积是多少?”①

按照格里尔的观点,在后两种情况下,两个乘数的地位是完全对称的。尽管以上分析是就正整数的乘除法而言的,但又显然可以推广到正有理数(正分数和正小数)的情况。

也有研究者(巩子坤,2005)将格里尔的模型归纳为比率模式、倍数模式、笛卡儿模式和度量转化模式,其中比率模式和度量转化模式是同构的。在小数乘法中,笛卡儿模式事实上就是面积模式。

还有研究者(刘加霞,2008)将乘法的现实模型概括为:等量组的聚集模型、矩形模型、配对模型、映射模型和倍数模型,并认为最基本的是第一种模型,其他几种都可以转化为第一种。还有速度—时间模型、单价—数量模型、工时—工效模型、密度—体积(面积)模型等。②

关于乘法有哪些现实模型,研究者没有太大分歧,仅在分类的细致程度上有些差异。概括来说,我们通常把上述四种现实模型称为等量组的聚集模型、倍数模型、配对模型和矩形模型。其中最基本的是第一种模型,其他几种都可以转化为第一种,只不过是人们对于问题用不同的方式来建构而已。

二、乘法的不同现实模型在人教版教材中的分布

人教版教材中乘法不同现实模型在各册教材中的分布情况,具体内容见下表。

人教版教材中不同年级乘法不同现实模型的分布

模型类型	等量组的聚集模型	倍数模型	配对模型	矩形模型	单价—数量模型	速度—时间模型	工时—工效模型
二上	57	18	2	0	0	0	0
二下	4	0	0	0	0	0	0

① 郑毓信. 国际视角下的小学数学教育[M]. 北京:人民教育出版社,2004:332.

② 刘加霞. 作为“模型”的乘法——对数学概念多元表征的思考[J]. 小学教学(数学版),2008(10):46-48.

续表

模型类型	等量组的聚集模型	倍数模型	配对模型	矩形模型	单价—数量模型	速度—时间模型	工时—工效模型
三上	34	5	10	0	0	0	0
三下	16	0	0	17	0	0	0
四上	11	2	0	0	2	5	0
四下	3	0	0	0	2	1	0
五上	14	6	0	15	6	4	2
五下	1	0	0	1	0	0	0
六上	8	52	0	1	0	2	1
六下	0	2	0	3	0	0	0
合计	148	85	12	37	10	12	3

注:表格中的"数据"表示教材中出现的"具体问题"的个数。

不难发现,乘法的不同现实模型在教材中的呈现具有以下特点。

(一)乘法的不同现实模型在全册教材中的呈现数量具有不均衡性

从上表可以看出,一步乘法的现实情境问题共计307个,其中等量组的聚集模型问题有148个,占总数的48.2%,印证了等量组的聚集模型是最基础的乘法模型,是学生学习乘法的第一个模型,也是学生接触最多的模型。

在格里尔提出的四种主要现实模型中,配对模型只有12个,而这12个模型在教材中出现的目的,并不是体现用乘法能解决此种模型的现实情境问题,而是作为渗透数学思想方法的载体而编排的。可以说,配对模型的乘法现实问题在小学数学教材中没有编排,说明在小学阶段,学生对四种主要现实模型的认识还是不全面的,需要在今后的学习中不断完善。

在三种常用的数量关系模型中,单价—数量模型与速度—时间模型在教材中出现的次数大致相同,分别为10个和12个,工时—工效模型的问题数量只有3个,说明在小学阶段,前两个数量关系模型是主要的关系模型。

(二)各种乘法现实模型的学习集中在二年级到四年级

从二年级到三年级上学期的教材中,乘法的现实模型问题主要是等量组的聚集模型和倍数模型。在三年级下学期的教材中,编排了16个等量组的聚集模型问题和17个矩形模型问题。在四年级教材中,编排了4个单价—数量模型问题和6个速度—时间模型问题,至此,四种主要乘法现实模型和两个重要的数量关系模型都在教材中体现出来。在四年级完成整数认识的同时,也完成了对整数乘法主要现实模型的认识。

(三)五年级小数乘法的学习是依托于丰富的乘法现实模型完成的

在四年级学习了各种乘法模型的基础上,五年级小数乘法学习中教材编排了多种乘法现实模型,见下表,让学生在多种乘法模型的应用中体会小数乘法的概念与整数乘法概念的一致性。

人教版教材中五年级小数乘法不同现实模型的分布

模型类型	等量组的聚集模型	倍数模型	配对模型	矩形模型	单价—数量模型	速度—时间模型	工时—工效模型
五上	14	6	0	15	6	4	2

从上表可以看出,乘法现实模型问题的数量编排呈分散趋势,并不是集中于某一两个模型的问题上。由于课改后的教材中,不再将小数乘法的意义区分为小数乘整数的意义和小数乘小数的意义,突出乘法意义只有一个,所以教材中力求通过各种现实模型问题的呈现,让学生体会整数乘法的各种现实模型对小数乘法同样适用(配对模型除外),从而建构小数乘法的概念。

(四)六年级分数乘法的学习主要是通过倍数模型完成的

在五年级学生认识到整数乘法的各种现实模型对小数乘法同样适用的基础上,考虑到分数与小数的关联性,六年级分数乘法的编排,不再呈现丰富的现实模型,而是更集中于乘法的倍数模型,具体结果见下表。

人教版教材中六年级分数乘法

模型类型	等量组的聚集模型	倍数模型	配对模型	矩形模型	单价—数量模型	速度—时间模型	工时—工效模型
六上	8	52	0	1	0	2	1

从上表可以看出,尽管六年级所涉及的乘法模型也比较丰富,但是倍数模型问题的数量远远多于其他模型问题的数量,达到 52 个,占全册倍数模型总数的 61.2%,反映出学生对分数乘法概念的学习主要是通过倍数模型完成的。

三、对乘法现实模型价值的思考及教学建议

教材中之所以呈现如此多样化的情境模型,其价值有二。

第一,作为一种模型,“乘法”可以解决诸多现实问题。课程标准中经常提到“模型思想”,到底什么是“模型”?什么是“模型思想”?“小学阶段所教学的每一种

运算都可以看作一个'模型'。"[①]乘法也不例外。乘法运算不仅仅是一种技能，更重要的是"数学的力量源于它的普遍性"(弗赖登塔尔)[②]，即如何通过数学模型的建构及相应的数学运算解决所面临的现实问题。

第二，借助多种直观模型，有助于学生深刻理解乘法的意义。乘法概念和意义绝不仅仅是一句形式化的定义即"乘法就是求几个相同加数和的简便运算"，它有着丰富的内涵和外延，学生在二年级初步认识乘法并概括乘法定义之后，并没有真正完成乘法概念的建构过程，还需要在以后的学习中，通过对丰富的乘法现实模型的认识，通过体会数域的扩展与乘法现实模型的关系，逐步实现对乘法概念的建构。

基于以上思考，对乘法概念教学提出以下建议。

（一）突出等量组的聚集模型在乘法概念建构中的基础作用

等量组的聚集模型是一切乘法模型的基础。学生对乘法概念的认识是以"同数连加"为前提的，无论是整数乘法、小数乘法还是分数乘法的学习，人教版教材中呈现的第一个例题都是等量组的聚集模型：将几个相同加数的和改写成乘法形式，实现对整数、小数、分数乘法概念的建立。每一个新的乘法模型（如倍数模型、面积模型等）的出现，都是先将其转化成等量组的聚集模型，然后才将其作为一种新的模型加以应用。这就要求教师在最初建立乘法概念的时候，切实为学生打好基础，可以通过多种表征方式的相互转换（如动作表征、语言表征、图形表征、符号表征等），实现对等量组的聚集模型的一般化认知，达到对乘法概念的初步理解。

（二）乘法倍数模型的学习需要纵向的分析和研究

倍数模型是继等量组的聚集模型之后，学生接触的第二个乘法现实模型。学生在二年级"乘法的初步认识"课程中，是从特殊的加法的角度进行学习的，还是保持"合并"与累加的概念，本质上仍是"加法结构"[③]，倍数模型的出现，是学生由加法结构到乘法结构的一个转折点，需要教师对此高度重视。另外，当倍数模型从整数乘法拓展到小数、分数乘法时，虽然其本质一样，但由于受我国语言习惯的影响，学生从求一个数的几倍用乘法到求一个数的几分之几用乘法，理解和接受起来还有一定的困难，不能实现自然过渡。所以，教师要对倍数的现实模型进行纵向分析

---

① 刘加霞．作为"模型"的乘法——对数学概念多元表征的思考[J]．小学教学(数学版)，2008(10)：46－48.

② 郑毓信．国际视角下的小学数学教育[M]．北京：人民教育出版社，2004：334.

③ 刘加霞．从加法结构到乘法结构："倍"是转折点[J]．小学教学：数学版，2010(7－8)：17－19.

和研究，在小数乘小数和分数乘分数倍数的模型学习中，要类比整数乘法中的倍数模型，帮助学生顺利完成数据变化的过渡。

（三）充分发挥矩形模型的优势

矩形模型具有形象、直观的特点，不但为学生理解等量组的聚集模型提供了直观表象，而且还可以进一步推广用来理解分数乘法的算理。[①] 在学生初步认识乘法时，教师就可以通过图形排列方式的变化，为正式建立矩形模型奠定基础，如图 1 到图 2 的变化。

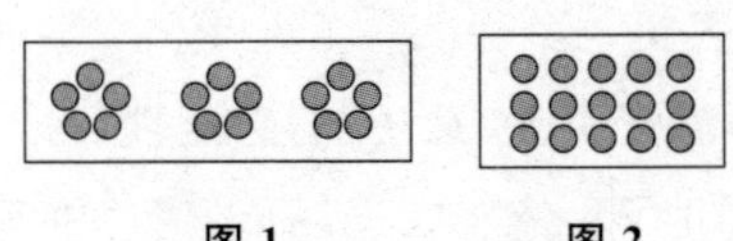

图 1　　　　图 2

另据调研表明，学生对矩形模型的认识，不会因数据的变化而产生认知上的困难，因此，教师在组织学生学习小数乘法和分数乘法时，可以此作为重要的现实模型。人教版教材的编排也体现了这一特点。

（四）同样的关系模型，不同的处理方式

综观教材中出现的三个数量关系模型，工时—工效模型仅在高年级的练习题中出现了 3 个，原因可能是学生年级的升高和对乘法概念理解的不断深入，他们会将这样的现实问题转化为自己熟悉的现实模型，并不需要专门学习。对于单价—数量模型，教材也没有安排专门的例题，而是在四年级的练习中直接给出，要求学生运用此模型完成相应的练习。这样的安排是基于学生对此模型有着丰富的生活经验，只要稍加提炼即可。速度—时间模型的建立，在教材中安排了 3 个例题。因为速度、路程这些概念对于学生来说比较生疏，数量关系更是抽象难懂，需要教师采取直观的方式，帮助学生在丰富直观感受的同时，抽象出数量关系模型。

（五）在梳理中实现对乘法概念的建构

学生在四年级基本完成了各种主要乘法模型的学习，需要进行一次系统的梳理，使学生在了解乘法定义的同时，对于用乘法能解决哪些现实情境问题有一个全面的认识，从散点式到结构化，实现对整数乘法概念的第一次系统建构，同时也为五年级利用多种模型学习小数乘法奠定基础。在六年级完成分数乘法学习之后，还需要对乘法现实模型进行二次梳理，认识到由于数据的不同，乘法现实模型的数

① 刘加霞．作为“模型”的乘法——对数学概念多元表征的思考[J]．小学教学(数学版)，2008(10)：46－48.

量是不同的，配对模型只适用于整数乘法，在分数、小数乘法中，不存在配对模型，又由于分数和小数的本质是相同的，分数乘法、小数乘法的现实模型是相同的，实现对乘法概念的第二次系统建构。

学习任务3：核心教与学活动及其设计意图

下面是人大附中经济技术开发区实验学校赵连磊老师执教“乘法的初步认识”所设计的学习活动以及意图。

（一）问题解决过程中感悟引入“乘法”的必要性

(1) 出示情境图：大头儿子一家正在逛超市，请仔细观察，他们都买了什么？

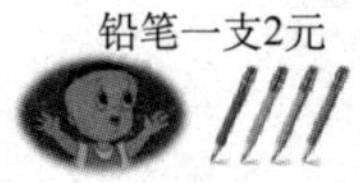

(2) 小组交流：小组内互相说一说，你都发现了哪些数学信息？用你们发现的数学信息，提出一些数学问题，并列出算式。

(3) 小组汇报。（教师板书算式）

预设1：可乐一听5元，小头爸爸买了6听，一共花了多少钱？

5＋5＋5＋5＋5＋5＝30(元)

预设2：一支铅笔2元，大头儿子买了4支，一共花了多少钱？

2＋2＋2＋2＝8(元)

预设3：一盒牛奶3元，围裙妈妈买了16盒，一共花了多少钱？

3＋3＋3＋3＋3＋3＋3＋3＋3＋3＋3＋3＋3＋3＋3＋3＝48(元)

师：写这么多算式，老师好累啊。而且，这么多3都加在一起，太麻烦了。能不能用一句话概括。

预设：16个3

师：16个3，除了可以列连加算式，还可以列乘法算式，这节课我们学习“乘法的初步认识”。

【设计意图】 在学生熟悉的购物情境中，列算式表示每人花了多少钱，感悟求几个相同加数的和，列连加算式过于麻烦，由此体会引入“乘法”的必要性。

（二）结合算式，理解乘法算式中数量关系

1. 理解乘法算式中的数量关系

师：刚刚我们说到，16 个 3 可以列乘法算式（板书：3×16），那 3×16 中的“3”什么意思？“16”又是什么意思？

预设：3 表示相同加数，16 表示相同加数的个数。

小结：乘法是求几个相同加数和的简便计算，可以用来解决“求几个几是多少”的问题。用“×”表示乘号，“3”和“16”叫作“乘数”，这个乘法算式读作：3 乘 16。（指导“×”的写法）

师：我们在学习加法算式时，两个加数可以互换位置，那乘法算式的两个乘数是不是也能互换位置呢？（板书：16×3?）说明理由。

预设：16×3 中，16 表示相同加数的个数，3 表示相同加数，位置换了，但数的意思没变，所以可以互换位置。（擦掉“?”，板书：或）也就是一个加法算式可以改写成两个乘法算式，但意思不变。

2. 加法算式改写成乘法算式

师：请将上面的两道加法算式改写成乘法算式。

预设：5×6 或 6×5；2×4 或 4×2

3. 理解一个乘法算式可以表示两个数量关系

师：大头儿子又买了 2 袋饼干，一袋饼干 4 元，一共要付多少钱？能列算式吗？

预设：4＋4

预设：2×4 或 4×2

师：这个 2×4 或 4×2 都表示什么？

预设：表示 2 个 4 相加。

小结：同样是 2×4 或 4×2，可以表示 2 个 4 相加，也可以表示 4 个 2 相加。也就是一个乘法算式，可以改写成两个加法算式，但意思会变。

练习：把乘法算式 3×5 改写成加法算式。

预设：3＋3＋3＋3＋3；5＋5＋5

师：那乘法算式 3×5 等于多少呢？你是怎么知道的？

预设:因为 5+5+5=15,3+3+3+3+3=15,所以 3×5=15。

小结:求几个相同加数和就是求几个几是多少。3×5=15 中,3 和 5 叫作“乘数”,15 叫作“积”(板书:乘数、积),读作:3 乘 5 等于 15。

【设计意图】 结合前一个环节列出的算式,帮助学生理解“几个几”数量关系,以及“乘法是求几个相同加数和的简便计算”的数学模型,知道乘号、乘数、积等数学名称。通过加法算式与乘法算式的互相改写,让学生感悟这两种算式之间的联系与区别,即意义是否变化,由此,加深对乘法的认识。

(三) 借助画图,表示乘法的意义

师:刚刚我们将 3×5 改写成加法算式,那你能用画图的方式,再表示一下 3×5 吗?

预设1:○○○　○○○　○○○　○○○　○○○

预设2:○○○○○ ○○○○○ ○○○○○

预设3:

○○○○○　　　○○○
○○○○○　　　○○○
○○○○○　　　○○○
　　　　　　　○○○
　　　　　　　○○○

【设计意图】 用图表示乘法的意义,对学生来讲是一个难点。但因为前面环节中设计了将 3×5 改写成加法算式的经验,所以可以帮助学生突破难点,并进一步深度理解乘法的意义。

(四)练习中巩固乘法的数量关系与乘法意义的理解

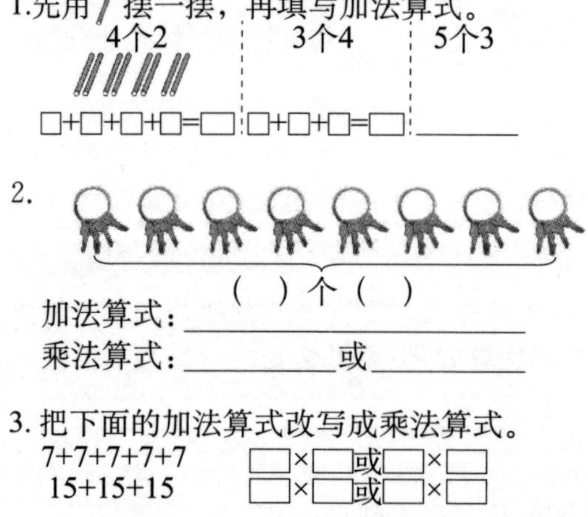

4. 画图表示乘法算式的含义。

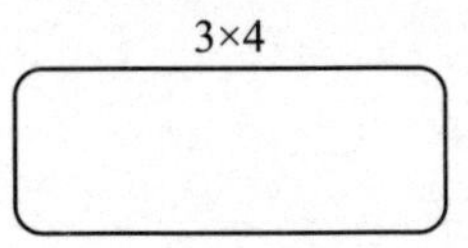

5. 6+6+7+6+5,能改写成乘法算式吗?

【设计意图】 因为本课是学生第一次学习乘法,所以练习环节以巩固为主,安排教材中的"做一做"内容,以及"练习九"中的画图表示内容。将 6+6+7+6+5 改写成乘法算式是理解乘法意义的变式练习。

(五)收获总结并渗透数学史内容

师:这节课我们学习了新的运算方式:乘法。那么关于乘法你都有哪些收获呢?

预设 1:乘法是求几个几是多少。

预设 2:乘法是求几个相同加数和的简便计算。

预设 3:会将乘法算式改写成加法算式。

预设 4:会将加法算式改写成乘法算式。

预设 5:会用图表示乘法算式。

师:大家的收获真多。我们这节课学习的"×"是将"+"斜过来写的,它是英国数学家威廉·奥特雷德发明的。

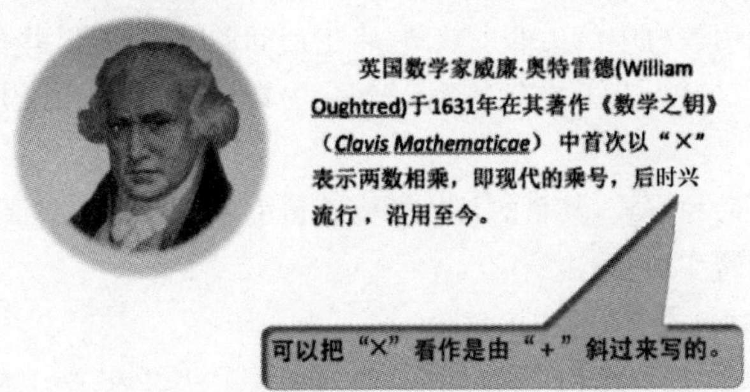

师:而我国早在两千多年前的春秋战国时期,已经出现了乘法口诀。同学们,我们的祖先厉害吧!这也是我们后面继续学习的内容。

【设计意图】 引导学生梳理学习收获，并介绍“×”符号，乘法口诀的数学史，将数学史内容渗透到课堂教学中。

分析与点评

“乘法的初步认识”教学中，如何帮助学生自主构建“乘法”模型呢？

1. 乘法模型引入的必要性

教学伊始，教师要为后面“乘法”概念的引入做充分的铺垫。那么都可以做哪些铺垫呢？

赵老师设计了一个购物情境，并通过“列算式表示需要花多少钱”活动，让学生感悟列出相同加数连加算式是一件比较“麻烦的事儿”。由此，让学生体会需要引入新的数学表达式，用来表示“求几个相同加数的和”的简便计算。

也有老师利用教材中给出的主题图，将生活问题“小飞机里共有多少人”“小火车里共有多少人”“过山车里共有多少人”转化为数学问题（几个几是多少）。由此，引入乘法。

无论教师用何种方式，其目的是让学生感悟引入“乘法”的必要性，体会数量关系从“加法结构”转变到“乘法结构”。

2. 改造原有“几个几”的知识结构

学生原来是在“加法结构”理解“几个几”，引入乘法以后，学生需要改造原有的“加法结构”，转变到在“乘法结构”中重构“几个几”的意义。

赵老师在与学生对话过程中，通过“理解几个几—算式改写—画图”等过程帮助学生重构“求几个几是多少就是求几个相同加数的和”，给出乘法的描述性定义，并请学生将加法算式改写成乘法算式，又将乘法算式改写成加法算式，并再用画图表示乘法算式。学生在经历这样一个过程后，不仅加深了加法与乘法之间的联系，也自主构建了“乘法”模型。即这个内化过程就是改造自己现有的知识结构（几个几的加法），重建新的知识结构（相同加数连加，还可以用乘法表示），形成新的认知结构（乘法），依次不断循环的过程。

3. 习题要有利于巩固乘法模型

练习是数学课必不可少的一个环节，有利于巩固知识、发展能力。本节课，是学生第一次学习乘法，因此，用于巩固的基础练习必不可少。

赵老师在练习环节主要设计了基础题和变式题。基础题可帮助学生巩固对乘法意义的理解，变式题，即将 6＋6＋7＋6＋5 改写成乘法算式，学生先要通过“移多补少”，将 7 中的 1“移至”5，使 7 和 5 都变成算式中最多相同加数 6，再改写成乘法算式。在实际教学过程中，或许有的学生会列出 3×6＋7＋5 算式。这些练习为学生资源生成铺垫，使学生更深度理解乘法的意义以及乘法模型。

练一练

1. 在“乘法的初步认识”教学中，如何设计理解“几个几”数量关系的活动？

2. 小学阶段的“乘法”都有哪些模型？教学过程中如何构建这些模型，举一例说明。

第三章 图形及其度量的学与教

学习目标

1. 理解平面图形的周长、面积的内涵与实质，掌握学生在学习这两个概念时的易混淆点。

2. 掌握平面图形“圆”的实质以及设计有效的学习活动让学生理解圆的实质与特点。

3. 初步掌握做学生调研的基本方法，并将调研结果运用于课堂教学中。

4. 初步以“大单元(长度、周长、面积)”的方式理解教学内容，感悟单元把握数学学习内容的意义。

5. 了解空间观念的内涵，如何在教学中培养学生的空间观念。

第一节　学习周长，让学生头脑中建立清晰的表象

学习准备

1. 图形的周长与线段的长度一样，都是“线”的长短。那么，“周长”与“长度”

有什么不同?

2. 学习图形的周长这一内容承载哪些教育价值?

3. 收集学生在学习"周长"这一单元内容时经常出现的错误。

4."封闭图形一周的长度,是它的周长",在该表述中,用"一周"还是"边线"能更好地刻画"周长"的实质? 为什么?

5. 学生容易混淆图形的"周长"和"面积"这两个量,随着年级升高所学内容越多,就更容易混淆。可以采用哪些教学策略和方法能降低学生的混淆度? 查阅相关材料归纳总结出有效的教学策略和方法。

教学中常见这种现象:图形的"周长""面积"都学完之后,尤其到高年级,在做题或解决实际问题时,经常有学生混淆图形的"周长与面积",如求"周长"时学生套用"面积"公式,周长与面积的"单位"也混淆,如"面积单位"不写"平方"等。是学生"马虎"吗? 学生"马虎"的深层次原因是什么?

这些现象在只学习"周长"这一个概念时不容易暴露,但在"周长"教学时我们就应该想到学生的这些问题,在学生对"周长"概念的建立中强化"周长"的本质,纠正学生认识上的误区和问题。

那么,图形的周长的本质是什么? 周长教学应该怎么做? 为回答这些问题,我们从教学中的几个现象入手来反观"周长"的本质以及学生在建立周长概念时的难点。

学习任务1:教学图形的周长与面积时有哪些易错现象?

在教学图形的周长与面积时,教师常发现如下现象。

现象1:"描一描下面图形的周长"还是"给图形勾边"?

在没有揭示什么是"周长"时,有的老师就设计如下活动:给出几个平面图形(规则的和不规则的),请学生描一描所给图形(边线已经画出,否则没有"图形")的周长。

笔者很不明白,周长是一个"数值"怎么描"周长"啊? 更何况还没有讲什么是"周长"呢? 于是我问旁边的小女孩:"孩子,老师让你们做什么呢?"女孩:"给图形勾边。"多么质朴而又不失本质的一句话啊!

现象2:在方格纸上求图形周长为什么会出错?

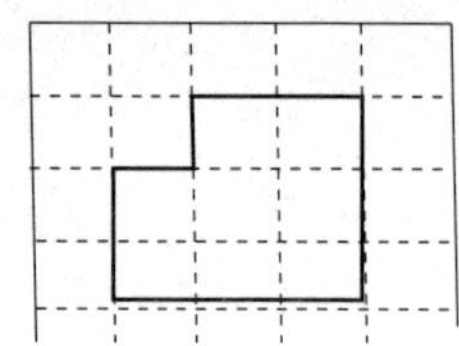

认识"周长"后,教师又设计如下在方格纸上求图形周长的活动。

其中有一学生说是"11",是该学生没有认真"数"吗？当我们观察学生"数单位线段"时发现,他总体上是在数"小线段"的个数,但在数图形左上角的"线段"时,竖着的"线段"不数,他说"已经数过"了。明明没有"数"怎么却说"数过"了？当再让学生指一指"数什么"呢？他自己笑着说:"我忘了,我数'小格'了,不是数'小格'应该是数'线段'。"

另外,还有一个值得思考的问题:求这个图形的周长用"移补法"将该图形转化为正方形进而用正方形周长公式计算,还是用"笨方法"一条边一条边地数出"长度"再相加从而求出该图形的周长？

现象 3:求图形周长的三种方法("顺边加"、公式计算、"移与补")各自的价值是什么？

周长的复习课上,教师强调求周长的方法有:公式计算、移与补。有学生说求周长就是"顺边加",教师却认为"不常用"而将其板书在黑板的边角上,这样做合适吗？这三种方法之间的关系是什么？应该怎么板书呢？

现象 4:您让涂"面积",她把"周长"也涂上了。

在"面积"的教学中,老师要求学生给画出的图形"涂色",然后让学生评价"涂得好不好",其中有一位学生涂色涂得"非常好",既没留空隙也没有"出格",但做评价的学生却说:"她涂得不好,您让我们涂'面积',她把'周长'也涂了。"原来涂色的学生把图形的"边线"也涂上颜色了。

学生为什么会说"把周长也涂了"？在她头脑中什么是"周长"？周长是"图形边线的长度",线是没有"粗细"的,但我们总得把"线"画出来,一旦画出来,"线"就有"粗细"了,在小学阶段如何处理这个"深刻而又抽象"的问题？

由上述现象可以看出,学生对一个概念的真正理解往往不是一次到位的,尤其像"周长"这样比较抽象的概念。对学生而言,"面积"容易感知,"周长"比"面积"更抽象。

自主思考:

1. 图形周长的第一课时应该以建立周长的概念为重点而不是计算出图形周长,设计哪些活动能够有效地帮助学生建立周长的概念？

2. 学生在认识图形"周长"时,图形"面积"在起干扰作用,周长教学中是否要暴露这些"干扰"? 即是否让学生对比理解"周长""面积"刻画的是图形的不同特征?

3."顺边加"是求图形周长的通理通法,即最根本的方法,教学中是否允许学生一直用"顺边加"方法求图形周长? 为什么?

学习任务2:在图形与几何领域中,度量的本质结构是什么?

认识一个图形,主要从两个维度:一个是图形的整体特征(类似于图形的几何直观)。例如,是不是对称图形? 如果是,有几条对称轴? 是不是稳定? 边与边之间的位置关系,如边与边之间是否平行? 等等。"对称性"与"平行性"是几何图形的两个本质特征。另一个是图形的度量特征。所谓"度量",就是关于"大小"的问题。

长度、面积、体积这三个概念都是对图形的度量:长度是对一维空间图形的度量,面积是对二维空间图形的度量,体积是对三维空间图形的度量。这三种度量的基础都是直线段的长度,直线段长度的基础是两点间的直线距离,即度量的基础是两点间的直线距离。要度量就必须确定度量单位,而所谓度量,就是计算所要度量的图形包含多少个度量单位。

研究"度量"主要涉及两个方面:第一,要明确度量对象和度量属性,这是研究度量问题首先要明确的,没有度量对象就谈不上度量。最常见的"长度"就是度量一维空间(沿一个方向的延展),即"线"的长短,其基本度量对象是"线段",当是"曲线"时要化"曲"为"直"。例如,在研究图形的边的长度时,可以研究"周长"(所有边线的长度和),也可以研究构成图形的各边长度之间的关系以及边与边所形成角的大小(例如,认识三角形三边的关系既有"两边之和大于第三边",也有在直角三角形中的"勾股定理"以及任意三角形的"正弦定理"以及"余弦定理")。"面积"是度量二维区域(沿着两个方向的延展),即"面"的大小,度量对象是"面"(同样也存在"曲化直"问题);"体积"是度量三维空间即"体"的大小,道理与前面相同,只是在"转化"时可以借助"易变形"的液体。第二,明确度量的过程。在小学阶段,获得度量值大小的途径主要有三种:一是度量法,即先确定度量单位,然后看度量对象中包含多少个度量单位,度量单位的个数就是度量值的大小,所以表述度量结果时一定要带着"单位"。二是将不规则物体转化为规则物体来度量,如测量不规则物体的体积，可以将不规则物体放进水中，用水的体积（放在规则的容器中）替代不规则物体的体积。其实度量法也是在“替代”，这两种方法中一定要保证替代前后两个量的“守恒”，即一定保证是“等量替换”。三是用公式计算，在解决实际问题时用公式计算往往是最快捷的。

由此可以看出，度量的核心要素是：度量的对象、度量单位、度量值（用度量单位的个数表示，即用有理数或者说分数表示其大小）。度量的本质是“比”，其度量值的大小都可以用“比”来刻画。度量的本质属性有：①运动不变性，如 3 厘米长的线段无论怎么放置，其长短都是 3 厘米；②叠合性，即要测量的量与工具上的标准量重叠，读出工具上的数值就是待测量的大小；③有限可加性，即要测量的量可以进行有限次的分割，然后再累加，结果不变；④无限不可公度性，即有的两个量找不到公共的度量单位，这两个量就是不可公度的。例如，正方形的边长与其对角线就是不可公度的两个量，由此导致了无理数的产生，引发了数学史上第一次数学危机。

学习任务 3：如何确定“周长”教学第一课时教学目标与重点？

自主思考：

有老师对“周长”一课给出如下内容分析，你是否认同这样的分析？你是否还有其他看法？

> 一般而言，其内容呈现有以下特点：在理解周长一般含义的过程中让学生实际动手探索周长的测量，在开放性操作活动中让学生感悟周长的实际含义。学生只有真正理解周长的概念，才能对周长的测量、计算及应用有更好的理解，同时也为将要学习的面积及面积的计算等内容做好铺垫。教材的纵向编排旨在说明理解、掌握周长的含义是后续学习的基础，对今后的学习将有重要的作用。在知识的编排上，教材一开始就呈现了些规则和不规则的实物与图形，目的是让学生在已有生活经验的基础上，由具体的实物得到抽象的图形，通过看一看、描一描、想一想、说一说等方法帮助学生直观理解周长的一般含义。再以量一量、算一算、围一围的小组合作学习方式，让学生自主探究一般图形周长的计算方法：由一条条线段围成的图形可以用尺子测量；圆的或不规则的图形可以用线围一圈，再用尺子测量绳子的长度；圆还可以采用滚动一圈

的方法来测量。上述活动能让学生感悟周长的实际含义，也可以调动他们的学习积极性。[①]

由前述对周长作为一维度量概念的本质分析可知，建立“周长”的概念，首先要明确度量的对象，即图形的“边线”，然后再度量“边线”的长度。在比较长短或度量时有可以用直尺直接测量的，还有一些不能直接用直尺测量的，这就需要学生想办法将不能直接测量的转化为能测量的，其思想就是“曲化直”和“以直代曲”。认识图形的周长不是一节课就能全部完成的，原因有三点：一是因为图形的内容丰富多彩，既有规则、常见的图形，又有不规则的图形；二是在建立周长概念的过程中蕴含丰富的数学思想；三是同样的周长可以围成不同形状的图形，那么周长相同条件下围成什么样的图形其面积最大？为什么？等等。

“周长的认识”一课，各版本教材几乎都安排在三年级第一个学期。一般都是在学生认识了三角形、平行四边形、长方形、正方形等基本平面图形的基础上展开的，通过对这些图形的周长的测量，又进一步认识这些图形的特征。以下是三个版本教材在“周长的认识”一课中引入周长概念的内容处理方式。

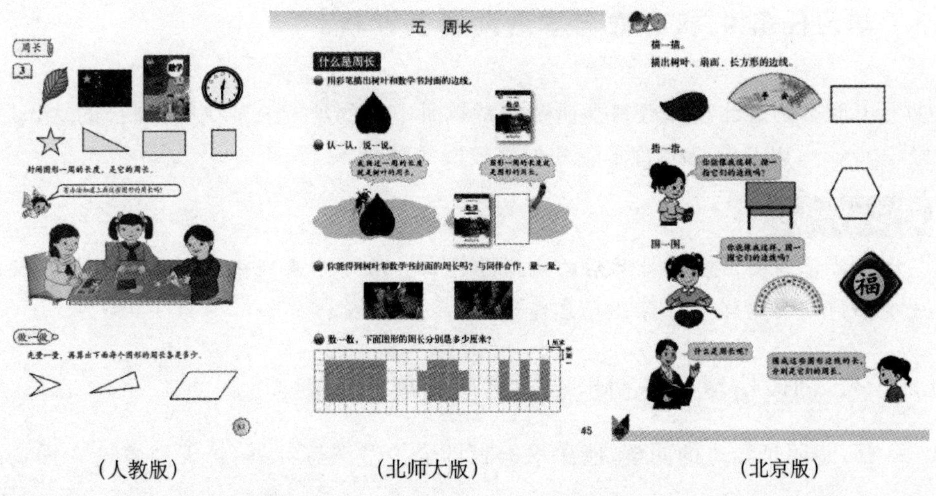

（人教版）　　（北师大版）　　（北京版）

对比三个不同版本的教材，不难发现有几个共同特点：①关注学生的生活经验，提供多样的感性材料，包括直边图形与曲边图形；②从实物抽象得到平面图形，并标示出周长来，配以文字说明；③都强调动手操作，通过围一围、量一量来得到周

① 张春莉，吴正宪主编．读懂中小学生数学学习学情分析[M]. 北京：北京师范大学出版社，2015.

长的数值;④对于曲边图形都提示可以通过借助绳子围一围来转化。

本节课作为认识图形周长的起始课,应该给学生留下什么?设计哪些活动才能达成这些目标?首先,在前期的学习与日常的生活中学生已经积累了有关长度与测量的经验,也包括使用“一圈”“一周”“外围”等词语来描述图形周长所刻画的边界。学生对物体的“周长”有一定程度的认知,但还不能完全建立“周长是围成平面图形一周长度”这样的确切认识,尤其是对“周长是图形所有边线长度总和”的抽象概括。其次,日常生活中充满了结构多样的图形,简单直边图形是有限的,如何能够把测量复杂图形的周长变得易于操作,“化曲为直”“顺次累加”等思维方法、做法,使得学习不止于知识的积累,而且是方法与能力的促进。因此,第一课时的教学目标是借助于学生的生活经验和各种有效活动,引导学生经历、体验、感悟图形的“周长”是这个图形一周边线的长度;在建立“周长”概念的过程中初步体验“曲化直”“守恒”(等量替换)等数学思想;在充分操作、感知的基础上会用比较规范的数学语言概括归纳出周长的“定义”,感受数学的严谨性与概括性。[①] 教学重点是让学生结合具体实例感知周长的概念,并在测量活动中把握周长的实质。

学习任务4:核心教与学活动及其评析

下面案例是北京教育科学研究院基教研中心刘延革老师执教“周长的认识”的教学实录[②],以及北京教育学院刘加霞教授的评析[③]。

阅读与思考:

本节课例的活动设计背后的主线是什么?从学生表现来看对前述教学目标达成度如何?哪些环节让你最受启发?

一、创设情境——初步感知图形的周长

师:小明是我班的同学,他和爸爸制订了一个锻炼计划,每天围着这个操场跑

---

① 刘加霞. 基于图形“度量特征”的本质与结构落实有效教学——兼评刘延革老师“周长的认识”一课[J]. 小学教学(数学版),2012(4):23-24.

② 刘延革. 在多种操作活动中体验、感悟几何概念的本质——“认识周长”教学实录[J]. 小学教学(数学版),2012(4):19-22.

③ 刘加霞. 基于图形“度量特征”的本质与结构落实有效教学——兼评刘延革老师“周长的认识”一课[J]. 小学教学(数学版),2012(4):23-24.

一圈。我们来看看小明是怎么跑的。

课件演示：

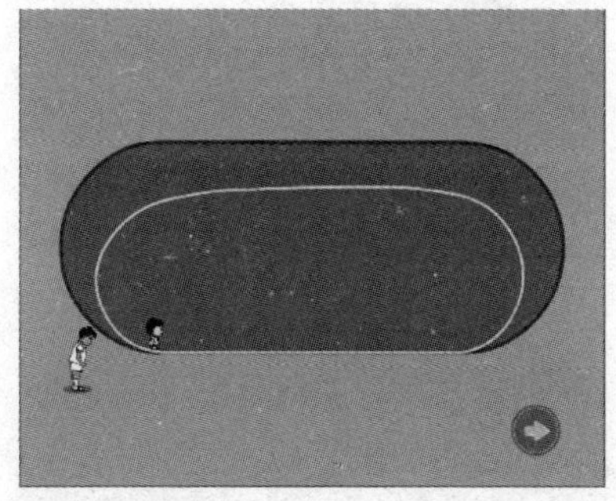

师：小明跑的方式跟你想的一样吗？

生：不一样。

师：谁说说，怎么不一样了？

生：他应该围着操场的那个圈跑，不应该跑到操场里面去。

师：好，请你到屏幕上给大家指一指，他应该沿着操场的哪儿跑。（学生指操场的边线）你的意思是沿着操场边上的线跑，对吗？

生：对！

师：这圈线叫作操场的什么线？

生：边线。

师：谁再说说小明跑得怎么不对了？

生：他跑到操场里面去了，他没有沿着操场的边线跑。

师：看来他没有理解爸爸的意思。看看他第二天跑得对不对（有没有跑“完整的一圈”）。

（课件演示略）

师：小明第三天跑对了吗？如果跑对了，大家就鼓掌，鼓励他一下。

（课件演示略，生鼓掌）

师：通过你们的掌声，我知道了他这次跑对了。谁来说说第三天小明是怎样跑的？

生：他是沿着那个边线跑的。

生：他还跑完整了。

师：也就是说这次小明从一点出发沿着边线跑，最后又回到了这一点上，对吗？

这样跑才是围着操场跑了一圈。这一圈在数学中我们称为“一周”，谁到前面指一指操场的一周是哪儿呀？

（生指：从一点开始，沿着边线回到起点）

师：这个操场的一周到底有多长呢？

课件出示：

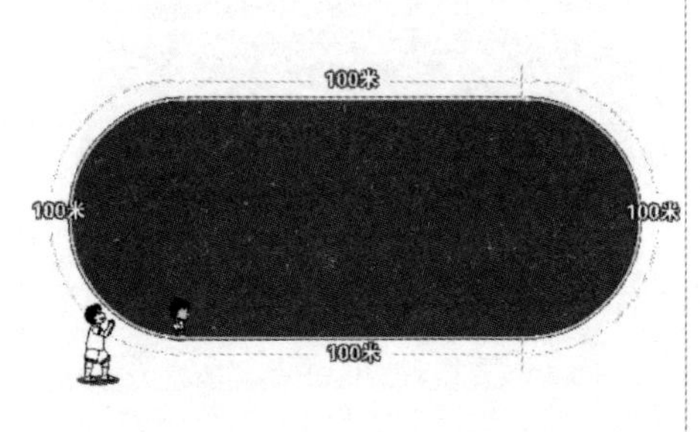

师：直道 100 米，弯道也是 100 米，你们说操场的一周有多长？

生：400 米。

师：你是怎么算的？

生：100 米＋100 米＋100 米＋100 米。

师：也就是说每一个 100 米都要算上。说明每天小明要跑多远？

生：400 米。

师：这 400 米就是操场一周的长度，也叫作操场的周长。今天我们这节课就来认识一下图形的周长。

【设计意图】 基于学生在操场跑步的生活经验，使学生初步感知操场的边线、一周以及一周的长度等概念。在实际教学中，先呈现小明的做法，再让学生对其对比分析，强化学生对“边线”与“一周”的理解，如“他跑的和你想的一 样吗？”

二、动手操作——体会周长本质

（一）比较三角形与圆的周长（师出示图形：三角形）

师：谁来指一指三角形的一周是从哪儿到哪儿？（生到黑板前指一周）

师：注意看他从这一点开始，一直沿着边线在指，然后又回到了这一点，他指得对吗？（生：对）谁再来指一指这个三角形的一周在哪儿？

（师出示图形：圆形）

师：这是什么图形？你能找到它的一周是从哪儿到哪儿吗？（生到黑板前指一周）

师：你是从哪儿开始指的？（将起点做一个记号）她从这一点开始，一直在沿着边线指，最后回到哪儿啦？

生：起点。

师：同学们，圆形的一周只能从这一点开始吗？还可以从哪儿开始？你打算从哪儿开始？谁再给同学们指一指？

生：我打算从这一点开始，沿着边线回到这一点，就是这个图形的一周。

师：同学们，你们说这个三角形的一周和这个圆形的一周谁的更长一些？

生：三角形。

生：圆形。

师：同学们的意见各占一半，咱们比一比行吗？同学们看，我将这个三角形的边线从这一点上断开，把它取下来拉直，你们发现它是一条什么？

生：线段。

师：这条线段的长度是不是这个三角形一周的长度？

生：是。

师：我也把圆形的边线从一点断开，把它取下来拉直，它也应该是一条——

生：线段。

师：这条线段的长度是圆形一周的长度吗？

生：是。

师：快看看。答案要揭晓了，到底哪个更长一些呢？

生：三角形。

师：三角形一周的长度和圆形一周的长度分别有多长呢？我们来量一量。

（师测量，生读数据）

师：三角形一周的长度是多长？

生：46 厘米。

师：这 46 厘米就是三角形的周长。

师：圆形一周的长度是多长？

生：43 厘米。

师：这 43 厘米就是圆形的周长。

师：三角形的周长比圆的周长长多少？

生：3 厘米。

（二）其他各种图形的周长

师：接下来，请同学指一指自己作业纸上的图形，它的一周是从哪儿到哪儿，并估一估这个图形一周的长度有多长。

（生独立操作，然后汇报）

生：我这个图形是叶子。

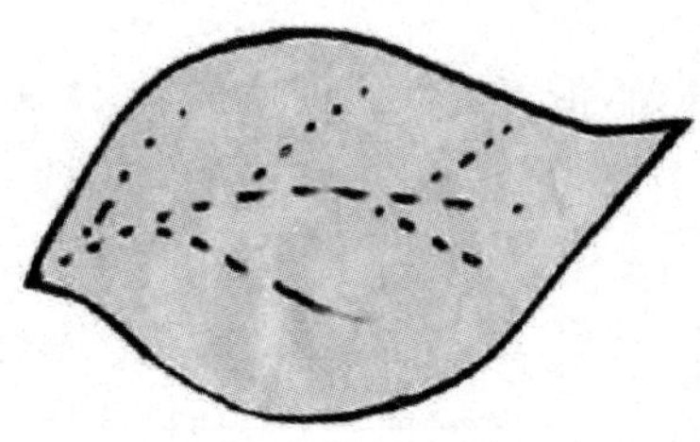

师：你能给大家指指你这个叶子的一周是从哪儿到哪儿吗？

生：从这一点开始，一直沿着边线回到起点。

师：如果把这个图形，从她刚才指的起点处断开拉直，你觉得这个图形一周的长度大约有多长？用手比画一下大约有多长。

（生用手比画，自言自语：20 厘米）

师：同学们也认为大约有 20 厘米。请你把这个图形贴在黑板上。谁还愿意来给大家指一指你的图形的一周在哪儿？

学生展示：

……

师：谁还愿意让大家欣赏欣赏你的图形？

学生展示：

生：我的图形是月亮。

师：谁能直接用手比画出他这个图形的周长大约是多长？

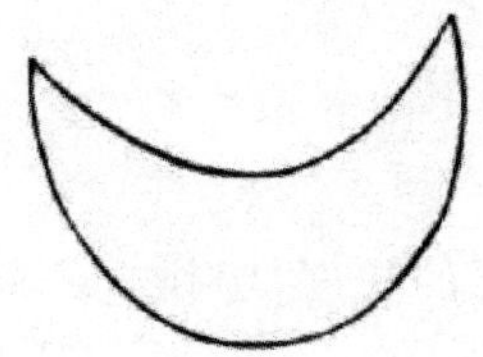

(生比画)

师:(用学生两手卡住图形两端,然后从两手中间拿开图形)我认为这个图形的周长就是这么长。

生:不同意,这里有两条弧呢,老师才比画了一条弧的长度。

生:再说,还没拉直呢。

师:哦!也就是说这不是图形——

生:一周的长度。

师:真好,谁能帮我调整成你认为的长度?

生:大约有两个这么长。

师:好,把你这个图形也贴到黑板上。谁愿意让大家欣赏欣赏你的图形?

(生展示五角星形,并比画出它的周长)

【设计意图】 在比较多个图形的"周长"中深化对周长的认识。先比较两个常见图形(三角形和圆),然后是不规则的树叶图,最后是更为丰富的图形:既有凸多边形,也有凹多边形;既有直边图形,也有曲边图形。让学生认识到求这些图形的周长就是把组成图形的各边之长(曲化直,直代曲)相加,并且让估计这些图形的周长伴随学生操作过程的始终。

三、进一步概括什么是周长

师:好,请同学们思考:什么是图形的周长?

生:就是图形的一周。

师:我听出来了,周长和这个图形的一周有关系,还有补充吗?只是"一周"吗?

生:它是一周的长度。

师:对,周长不仅指的是图形的一周,还要知道这一周有多长,那个长度才是这个图形的"周长"。"一周"是指周长中的哪个字?

生:周。

师:"长"代表了什么意思?

生：有多长。

师：谁再来说一说什么是图形的周长？

生：一周的长度。

师：真好！（板书：图形一周的长度，叫作它的周长）你们看看，这个图形有周长吗？

师出示：

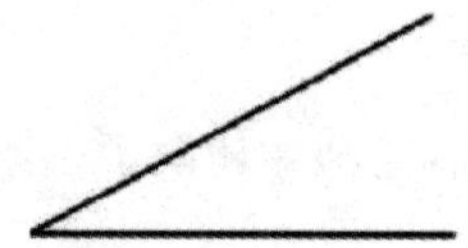

生：没有。

生：有。

师：同意有的同学来指一指它的一周在哪儿，它有多长。

（生到黑板上指）

师：从这开始一直沿着边线往前走，你们发现什么了？

生：它断开了。

师：也就是说从一点开始一直沿着边线往前走，你们发现它断开了，不能回到刚才的那个起点上了对吗？

生：对。

师：它有一周吗？

生：没有。

师：也就是说它有周长吗？

生：没有。

师：看来你改变了刚才的结论，是吗？

生：是。

师：我们把这种有缺口的图形称为“不封闭图形”。刚才我们指的那些图形应该说是什么图形？

生：封闭图形。

师：真好！也就是什么样的图形才有周长？

生：封闭的图形。

师：我们是不是把这个词加上？

小结：封闭图形一周的长度叫作它的周长。

【设计意图】 在对周长充分感知的基础上概括什么是周长。在操作、感知以及想象的基础上，用语言概括一个概念的内涵是非常重要的活动。

四、测量、计算图形的周长

出示练习：测量数据并计算周长(测量时取整厘米数)。学生动手操作。

师：有的同学在测量时发现问题了，谁代表大家说说你们遇到的问题？

生：第三个图形有弧线，直尺是直的，没法量它的周长。

师：直尺测量不了的原因是什么？

生：图形的边是弯的。

师：谁有办法解决这个问题？

生：用手指，手指的宽度大约是 1 厘米，1 厘米 1 厘米地量。

师：这位同学是用身边最直接的工具测量的。还有其他方法吗？

生：可以用绳子量。

师：老师这儿有线，你来给大家演示一下，你怎么就能用线来测量它的周长呢？(生操作)

师：用线沿着图形的边线围了一圈，接下来怎么办？

生：测量这条线段。

师：你的意思就是测量围图形一圈的线段，它的长度就是什么？

生：就是这个图形的周长。

……

师：第二个图形的周长是多少？

生：8 厘米。

师：你们测量的时候，测了几条边的长度？

生：两条边。

师：为什么只测两条边的长度？

生：因为这是一个长方形，它的对边相等。

师：但是计算周长时计算了几条边的长度？

生：4 条。

师：同学们会利用图形的特点帮助自己快捷地完成任务，真好！第三个图形的周长大约是多少？

生：10 厘米，9 厘米。

师：有同学得 9，有同学得 10，有一定的误差，这是正常的。

师：回顾刚才测量的过程，测量这几个图形周长的时候，我们用的方法一样吗？

生：不一样。

生：因为最后一个图的边是弯的，要用手指或线段来量。前面两个图形的边都是直的，可以用直尺来量。

……

师小结：（指黑板上的图形）像三角形、长方形、五角星这样边是直直的图形，称为直边图形，可以用直尺测量它们的周长；像月亮、叶子、桃心这样边是弯弯的图形，称为曲边图形，在测量它们周长的时候，我们可以借助线既可以弯也可以直的特点，把这些曲边转化为直边去测量。有的同学借助手指的宽度大约是 1 厘米，然后用直直的 1 厘米一段一段来测量，也就是把弯的转化成直的去测量。

【设计意图】 通过测量图形的周长深化对周长的理解。

五、增加"面积"的干扰——深入理解周长

课件出示：

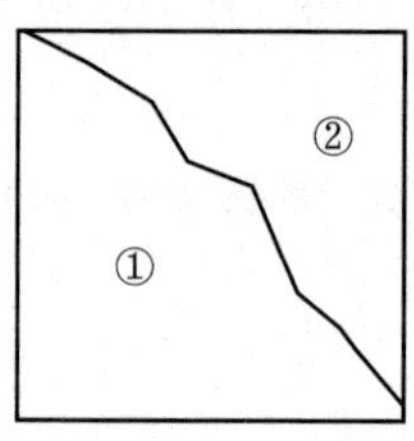

师：这是一个正方形。如果沿着图形中间的曲线剪开，分成①号图形和②号图形，这两个图形的周长相比，你觉得是①号图形的长，还是②号图形的长，又或者是一样长？

生：①号长。

师：为什么说①号图形的周长长？

生：因为①号图形大，②号图形小。

师:有不同意见吗?

生:一样长。

师:为什么一样长?谁来指着图形说一说?

生:(指两个图形的直边)这里和这里一样长,(指图形中间公共的曲线部分)这条边也是一样长的。

师:同意吗?

生:同意。

师:正方形 4 条边的长度是相等的,也就是两个图形直边的部分相等,中间曲边的部分是两个图形的公共边,也是一样长的!所以,两个图形的周长一样长,对吗?

生:对。

师:刚才认为①号图形长的问题出在哪儿?

生:他看的是图形的大小。

师:应该看什么?

生:图形一周的长度。

课件出示:

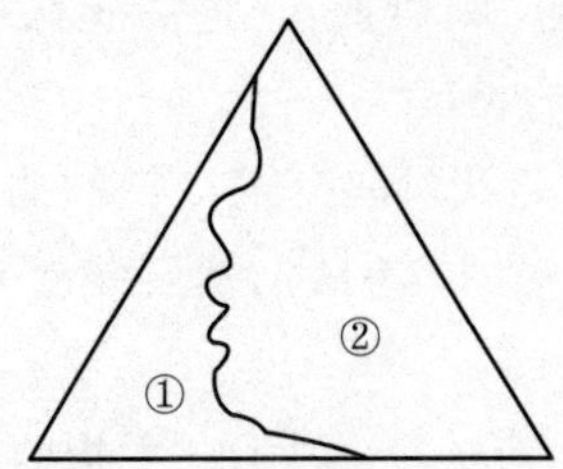

师:这是一个等边三角形,沿着中间的曲线把它分为两部分,周长相比,①号图形的长,还是②号图形的长,又或者是一样长?

生:一样。

生:①号图形的长。

师:为什么说①号图形的长?能指着图形说吗?

生:这条边(指三角形水平边的左侧)比这条边(指三角形水平边的右侧)长。

师:这位同学简简单单的一个动作,简简单单的一句话,是不是就把这个问题说明白了?刚才认为一样长的同学又是哪儿出错了?

生:我们没有注意到下面的线段。

生:想的跟第一题一样!

师:判断的时候应该用概念、用知识,而不能受上一题思维方式的影响,对不对?从今天开始你们带着这个知识,留意观察生活中哪儿有周长,哪儿用到了周长,回去在生活中找一找,好吗?这节课就上到这里,下课。

【设计意图】 增加"面积"的干扰,在对比中强化对周长的认识。

上述五个层次的数学活动,紧扣周长概念的本质,学生体验感知充分。例如,有观察活动,有头脑中想象并建立表象的过程,每一个学生都有机会进行操作活动,有多次对比辨析等。经过多个测量周长的活动后,教师的适时总结让学生初步地感知和体验到认识周长的过程中所渗透的数学思想与方法。例如,"回顾刚才测量的过程,测量这几个图形周长的时候,我们用的方法一样吗?"在此基础上,最后又一次总结道:"(指黑板上的图形)像三角形、长方形、五角星这样边是直直的图形,称为直边图形,可以用直尺测量它们的周长;像月亮、叶子、桃心这样边是弯弯的图形,称为曲边图形,在测量它们周长的时候,我们可以借助线既可以弯也可以直的特点,把这些曲边转化为直边去测量。有的同学借助于手指的宽度大约是1厘米,然后用直直的1厘米一段一段来测量,也是把弯的转化成直的去测量。"通过教师的停顿、回顾与总结,学生能整体感悟和理解测量周长的多种方法。

(1) 直接用直尺测量,然后"顺边加"。进一步认识"周长"就是"线段长度"的累加,求周长也就是测量线段的长度。

(2) 以曲化直。用"毛线"替代"曲边线",实现"曲化直"。在教学中,第一次是教师事先在曲边图形的边缘上粘上"毛线",然后课堂上取下"毛线";第二次是学生自己用"毛线"沿图形边缘围。

(3) 以直代曲。在教学中,有一个学生用"手指的宽度"(1厘米的线段)作为单位,一个手指、一个手指地拼接下去,其实质就是将"曲边线"用"小线段的和"来替代。当"小线段"越来越"短"时,"小线段和"的替代效果越好,即误差越小。

实际上,比较周长或求周长的过程中,"顺边加"是最根本的策略,当"边"不是"直的"不能直接测量时,要想办法化"曲"为"直"。前面的方法(2)和方法(3)本质相同,但也稍有不同。在教学中使用方法(2)的比较多,但从数学的角度来看,方法(3)更有价值,让学生经历多次"替代并累加"的过程,感受到当"小线段"越来越短时,度量的结果就越来越精确,当"小线段"的长度趋于0时,"小线段之和"就趋于某个确定的数值,这个数值就是这个曲边图形周长的精确值,在此过程中才真正有极限思想的渗透。

在教学中是否能够在方法(3)上“多做文章”？考虑到三年级学生的认知特点，在教学中落实有一定难度，即在小学阶段让学生初步感知极限思想是非常难的，因此本课也没有过多讨论“用手指量”这一方法。运用方法(3)解决曲边图形的周长可以作为课外研究的内容，留作课外作业让学生进一步探究。

经历这些感知、理性提升的过程，学生认识和理解周长时才能把握周长的本质，才能建立清晰而稳定的概念影像，不至于与后来学习的面积相互干扰和混淆。

练一练

1. 分析所使用教材，请回答：“周长”概念建立与长方形、正方形的周长这两个内容是否可以用1课时完成？如果可以，请设计1课时的学习活动。如果不可以，请分析理由。

2. 可否将“周长”第一课时的教学与“长度”建立联系？在“长度”这一大概念下，设计相关活动让学生认识周长，进一步理解图形周长与线段长度的关系。

3. 下面是北京市海淀区七一小学常秀杰老师执教的“图形的周长”一课，对这节课进行评论分析。

一、课堂引入

师(板书“长度”)：陌生吗？

生：不陌生。

师：我们在二年级就已经认识了长度单位，还会测量直线段的长度，今天我们走进生活看一看，看看这些长度在哪儿？

教师为学生提供阅读资料：

1. 莲花桥限高2.5米。

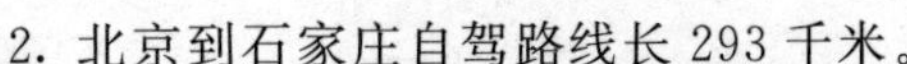

2. 北京到石家庄自驾路线长293千米。

3. 七一小学200米塑胶跑道。

4. 码数为“40”的男士衬衫(左图)。

注：人的颈围与身高、体重有很大的相关性，为选择衬衫方便起见，衬衫尺码标准以颈围为参数，即衬衫的“码数”(单位：厘米)。

5. 购买18米长的乳白色“踢脚线”用于小明卧室的装修。

注：踢脚线是地面和墙面交界处的重要结构。一是为了美观，二是为了避免脚踢脏了墙不容易擦拭。

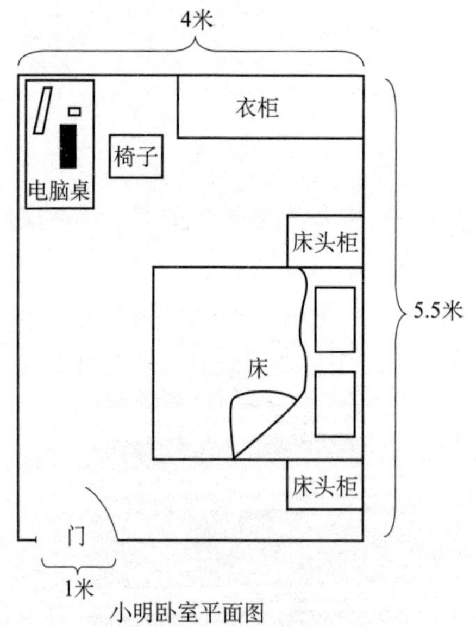

小明卧室平面图

乳白色踢脚线示意图

二、走进"长度"世界,初步感知周长

课堂上以 5 幅图的阅读材料为研究素材——"走进长度世界",给学生独立思考时间为 5 分钟,小组交流时间为 5 分钟。

下面是一个小组学生在全班的分享。

生 1:第一幅图,莲花桥限高 2.5 米,2.5 米是指这一段(生 1 手指着屏幕进行说明,说完看着老师等着老师的评判)。

师:说完话不用看老师,面对全班,征求他们的意见。

生 1(面向全班):我的讲话完毕,谁对我的发言有质疑或补充?

师:没什么争议就接着分享。

生 2:第五幅图,踢脚线是指这里,墙的最下面。首先肯定得排除 1 米宽的门,这里是 5.5+5.5 等于 11 米,然后再加上这条边是 4 米,这条边去掉 1 米宽的门,是 3 米。所以最后这几个加起来就等于 18 米。我的讲话完毕,有没有对我的讲话质疑或补充的?

生 A 补充:我有一个算式能解答这个问题,(4+5.5)×2-1。

师:生 A 说的这个算式,和生 2 说的这个过程一致不一致?

生齐:一致。

师:对,两种方法只是形式上的不同,对 18 米刻画的想法是一致的。

生 3:第二幅图,北京到石家庄自驾线长 293 千米,这是北京,这是石家庄,从北京到石家庄之间的路径是 293 千米。大家同意我的解释吗?

生齐:同意。

生 4:第三幅图,我们觉得橡胶跑道最内环拉长了是 200 米,然后外环拉长了不

知道几米，但比 200 米长。

生 1 帮助生 4 解释：如果把这 200 米跑道，从外圈到里圈先把它拿下去，然后把它从中间剪开，变成一条直的线，那这条线的长度就应该是 200 米。

生 B 质疑：你怎么确定哪是 200 米，越外圈的长度越长，你怎么确定它就是 200 米？

师：我想发表一下意见，跑道无论是 200 米还是 400 米，这个米数指的都是最内圈的长度。所以最内圈从中间剪开拉直是 200 米。

生 C 质疑：起跑的地方有时不一致。

师：起跑的地方是不是可以不一致？

生齐：是。

师(指着最内圈的点)：如果从这里起跑，200 米是指哪段？如果从这儿起跑呢？

生 C：从这里开始，绕一圈，回来。从这起跑也绕一圈回到这。

师：他说从哪起跑就绕回到哪，同意吗？对 200 米塑胶跑道的理解还有什么问题，没问题了就继续汇报吧。

生 3 再次发言：第四幅图，说人的颈围与身高体重有很大的相关，衬衫尺码标准以颈围为参数。这是颈围，颈围就是红圈绕的这一圈，这一圈的长度就叫领围。他说码数为 40，而且单位是厘米，那我们就能知道这一圈是 40 厘米，我的讲话完毕，有谁对我的讲话质疑或补充？

师：有要回应的吗？刚才这个小组介绍了这 5 幅图，通过走进这些生活中的长度，你们想对这些长度说些什么？

……

师：就像你们所说的，长度在生活中无处不在，广泛存在，非常有用。这些长度中有一种特殊的长度叫周长。5 幅图中的哪个长度是周长？

……

三、走进“周长”世界，进一步学习周长

课堂上初步感知“周长”后，引导学生“走进周长世界”，给学生独立思考时间为3分钟，小组交流时间为3分钟。

下面是全班分享环节的片段。

生5：这是一把尺子，它的长是15厘米，宽度2厘米，长的边有两条，宽的边也有两条，加在一起15＋15＋2＋2就等于周长。我的讲话完毕，有没有对我的讲话质疑或补充？

生D：我有一个补充，求周长还有一个公式，可以用(15＋2)×2(边说边比画)。

师：咱们在这里不探讨周长公式，只要表达对周长的理解就可以了，他俩表达的对周长的理解一致吗？

生：一致。

生E：我还有一个补充，这个计算只用于封闭图形的周长。

师：封闭？什么意思？

……

生6：我这个是一个门，如果要量门的周长，这个窗户和这个门把手，这一圈叫门的周长。如果要量窗户的周长，这个窗户的边，如果是量门把手的周长，这一圈。我的讲话完毕，有谁对我的讲话有质疑或补充？

生 F：我想问一下，如果我们想量这个门把手的周长，也就是说要量一个圆圈，怎么办？我们现在只会量直线的周长，我们还不会量圆的周长。

生 G：用一根绳子一围再量就行了！

师：非常好，刚才常老师在巡视过程中发现一个作品（生 H），很特殊，我们看看。

生 H：蓝色的这一圈长代表三角形的周长，红色部分是它的面积。

……

四、课堂延伸

师：通过这节课的学习，我相信你们对周长有了自己的认识和思考。还有没有什么困惑？或者觉得没太搞明白的地方？

生 J：如果这个物体不是正方或者是圆，它就是一个不规则的图形，周长怎么量？

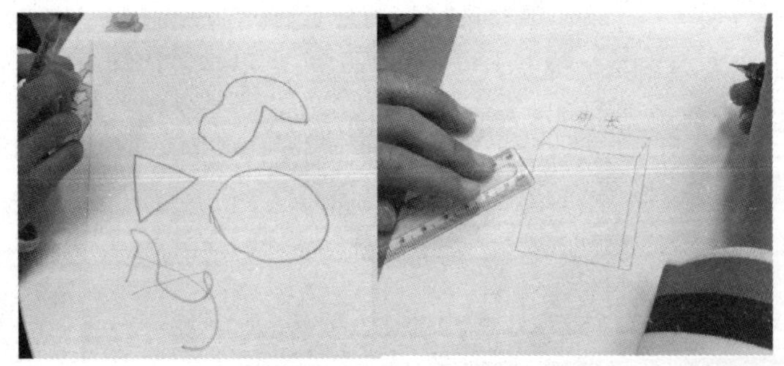

生 K：我觉得周长不只是平面的，还有立体的，不知道立体的周长怎么量。

师：立体的图形有没有周长？周长在哪？这些问题我们下节课继续交流！

第二节　图形的面积，就是面积单位的个数

学习准备

1. 图形的面积与长度的共性以及区别是什么？平面图形面积的本质是什么？

2. 教材如何编排有关面积内容的教学活动？教材(可以不同版本)关于“面积”的学习都设计了哪些情境？哪些学习活动？

3. 学生对面积与面积单位有怎样的认识基础？

4. 如何设计理解面积的有效学习活动？

5. 请阅读本节提供的关于“面积”的文章。

对面积的初步认识一般安排在三年级，上“面积”第一课时，常常出现这种现象：老师布置任务“请大家把数学课本拿起来，摸摸数学书封面的面积”。于是，学生们纷纷用自己的手在书的封面上摸来摸去，显得毫无目的。在摸的过程中，教师也没有明确地进行指导。学生们这样漫无目的地摸来摸去，摸到的是书面的质感，是纸的感觉，能摸出关于面积的感觉吗？学生摸的是面积吗？面与面积的区别是什么？

自主思考：

1. 在教学中你是否布置过类似的任务？

2. 学生在触摸的过程中真正需要感受的是什么？面积的实质是什么？

3. 学生感受“面积”有哪些经验、知识基础？

4. 小学阶段涉及“面积”的内容有哪些？测量面积的方法有哪些？

请写下你对上述问题的思考，通过阅读以下内容，进一步完善你对面积与面积单位相关教学内容的认识。

学习任务1:分析“面积与面积单位”的概念实质

思考:

有的教科书把面积描述为“物体表面或封闭图形的大小就是它们的面积”,因此,有些教师从这里挖掘出面积概念的一些要素:表面(作为立体图形的边界)、封闭图形(本身有边界),设计教学活动围绕这些要素展开,反复地讨论什么是表面、什么是封闭,这是面积的本质吗?这样做的意义有多大?

面积和长度一样,也是人与生俱来的直觉。早在婴儿阶段,人们就已经能辨别两块饼的大小。把“大小”作为面积就如把“长短”作为长度一样,并没有实质性地解惑,都是同一个意思的简单重复。因此这种所谓的定义只是常识性的叙述而已,并不能帮助学生真正理解面积概念。

一方面,我们能够感受到各类物体的表面是一个二维图形,如球的表面、正方体的表面。一般来说,几何图形的边界都要比其本身降一维度。球的表面可以看作三维球体的边界,而球面本身是无边界的(找不到一维曲线作为其边界)。正方体的表面可以看作正方体的边界,而其本身却无边界(注意顶点和棱都视为表面内部的点集)。但是,如果把一个正方体的表面展开来可以看成是由6个大小一样的正方形拼成的,正方体表面展开图就成为一个有边界的封闭平面图形,这一点对于球面来说是做不到的。因此很多教材中都安排了从立体图形中获得平面图形的活动,从而建立起对平面图形的抽象。

另一方面,我们通过进一步观察和比较,就可以感受到这样的二维图形所占有空间区域存在大小范围之分。对一个二维图形的表面进行度量之后,就可以用一个“数”来表示它的大小,这个数就被视为它的面积。

由此可知,“面”和“面积”是两个不同的概念。“面”是指“有长和宽而没有厚度”的一种“形迹”,而这样的“形迹”不一定就必须是“平面”的。例如,球体的表面就不是平坦的,许多不规则的实物表面也不是平坦的,但它们有面积。在小学阶段,我们主要处理平面图形的面积问题,但不应过多强调只有平面图形才有面积。

《辞海》里关于面积的解释是:“几何学的基本度量之一。是用以度量平面或曲面上一块区域大小的正数。通常以边长为单位长的正方形的面积为度量单位。”

谷超豪主编的《数学词典》给出的面积解释是:“用以度量平面或曲面上一块区

域大小的正数。”

上面两条解释中认为面积为“正数”，其实更确切地说应该为“非负数”，因为面积也可以为0。小学阶段对“面积”用这样的描述性解释就足够了。

当然，我们还可以引用现代数学中的测度理论，用更高的观点来看待面积，追问面积的本质理解。通过下面的公理化办法可以严格地定义平面几何中的面积。

（度量公理）设 S 为一个集合，$X=\{G \mid G$ 为 S 的某些子集$\}$，V 为 X 上的非负实函数，若满足条件：

(1)（有限可加性）对于任意两个 $G_1,G_2\in X$，且$G_1\cup G_2\in X$，G_1 与G_2 无公共点，则有 $V(G_1\cup G_2)=V(G_1)+V(G_2)$。

(2)（运动不变性）对于任意两个 $G_1,G_2\in X$，若G_1,G_2 全等，则 $V(G_1)=V(G_2)$。

(3)（正则性）存在度量单位 G_0，使得 $V(G_0)=1$。

则称 V 为 X 上的一个度量函数。

只需把 上述 X 取为平面上封闭图形组成的集合，满足上面度量公理中的有限可加性、运动不变性、正则性三个条件的映射 V，即我们现在所称的“图形的面积”。

这三个条件其实不难理解。

(1) 有限可加性，就是说“对于有限多个可求面积的图形，把它们不相交地拼接在一起得到的新图形的面积，就是这些作为部分的图形面积之和”，这个跟我们的现实经验常识相一致。这就意味着，可以把复杂图形分解成几个简单图形来求解，它们在拆分与组合的过程中是满足“面积守恒”的。根据这样的原则，在实际求解面积的过程中就可以把不好直接求面积的图形转化为几个容易求面积的图形的和或者差。

(2) 运动不变性，就是说这个图形经过平移、旋转、反射运动之后，面积不变。这也很符合我们的现实经验，因为这样做运动前后，图形结构没变化，这样经过变换后正方形还是那个正方形，面积自然也就没有变化。

(3) 正则性，是指度量面积至少有一个面积单位，这个实实在在的面积单位的面积值就指定为1，用这个面积单位去度量有面积的对象，一定是一个大于0的数，结合有限可加性就可以得到：这个数其实就是它和面积单位的比值。所以前面《辞海》《数学词典》中的解释面积为“正数”就是这个原因。现在我们允许说一个图形不存在面积，我们也可以说它的面积为0，如一条线段的面积不存在，面积记为0。

这样看来，上述三个限制条件不过是我们认同的常识，面积是对一些平面图形分别指定一个数(0或正数),而且指定的方法必须满足“有限可加性”“运动不变性”和“正则性”三个条件。这三条也可以看作是“面积公理”,面积的本质特征。其实,这些基本条件也适用于“长度公理”“体积公理”,只要把其中的平面图形换作线段或立体图形就行了,关键是要满足那三条性质,它们之间的差别只在于几何维数不同,集合的类别也就不同,处理的具体对象也就不同罢了。

一般来说,对于同一类型的相似图形,周长越长,面积也越大。但是对于不相似的图形,面积和周长没有必然的关系,毕竟这是两个完全不同的量,如拿细长的矩形同正方形比较,其周长可能会非常大,而面积可以非常小。对于给定周长的图形,其形状越接近圆,其面积就越大;反之对于给定面积的图形,其形状越接近圆,其周长就越小。

自主思考:

如何得到一个图形的面积数?

要测量出面积,得到面积数,其实质是要找到一种对要测的图形的“覆盖方式”——用便于求得面积的图形去不重叠地覆盖原图形(有限可加的性质)。用瓷砖密铺一定的区域就是这个过程:给定区域的面积大小就等同于能够密铺它的瓷砖的全部大小之和。进一步来讲,如果只用一种简单图形就能够恰好覆盖要测量的图形面积,那么原图形的面积就可以用它的覆盖数量来表示了,这样我们就可以把这个简单图形作为标准,把它的面积数就记为“1”,这就是面积单位。例如,用来密铺区域的单位全是大小相等的瓷砖,用了多少块这样的瓷砖,就可以用这个块数来表示被密铺的区域面积。

于是,有一个问题需要考虑:可以用什么面积单位来“覆盖”要测量面积的图形,使得这个单位刚好填满原来的图形,不多也不少,本身也不能太复杂。现在我们一般都取正方形作为面积单位。这也不难理解,正方形可以平铺填满平面,它很规则。也许有人说,三角形是边数最少的平面图形,用等腰直角三角形可能更合适,因此正方形也可以看成是由两个等腰三角形构成。这样的解释也不是没有道理,选正方形做面积单位的标准模型可能还有历史、文化等其他的原因。以正方形做面积单位的标准模型,也就自然引出了求等面积图形所对应的正方形问题,也就是“化形为方”的问题。通过尺规作图不难得到三角形、长方形、平行四边形、梯形等基本平面图形的等面积正方形,而“化圆为方”的问题则困扰了世人数千年,这个问题跟圆周率的性质有关系。直到1882年,德国数学家林德曼证明了圆周率是一个超越数,这才从数学意义上完全否定回答了“化圆为方”作图的可能性。

为了更加明确认识到面积可以看作是用一定尺度的正方形做“面积单位”度量的数值。张奠宙先生建议,小学阶段对面积可以给出如下定义:数 m 是一个图形 A 的面积,就是指能用 m 个单位正方形不重叠地填满 A[①]。这样的定义就变得更直观和更具可操作性了。当然,随着学生对数概念的认识发展,这里的 m 在实际计算中可以不只是正整数了。

自主思考:

有些学生提出疑问:“在学习长方形的面积公式时,是看长方形里面包含了几个面积单位;也就是长方形里面能不重叠地放几个单位正方形;长表示一排能放几个,宽表示能放几排,这样长方形中能放单位正方形的个数就是长乘宽的数值,从而得到‘长方形的面积=长×宽’。可是每一排能放单位正方形的个数和能放几排的排数不会是整数,甚至不是有限小数和分数,为什么长方形的面积还是‘长×宽’呢?”

人们约定,将边长为 1 米的正方形的面积规定为 1 平方米。于是,对于边长为整数 n 米、m 米的长方形,总可以将其剖分为若干个边长为 1 米的正方形,进而,这个矩形就由 $n\times m$ 个单位正方形组成,从而,这个矩形的面为 $n\times m$ 平方米 (整数)。

如果利用米作为单位,长方形的边长是有限小数,那么,还可以用更小的单位作为面积单位,即用 $\frac{1}{10}$ 米(即 1 分米)、$\frac{1}{100}$ 米(即 1 厘米)等来替代米作为单位,继续度量长方形的边,进而,用平方分米、平方厘米作为面积单位,将长方形分割成若干个面积单位。于是,这个长方形的面积仍是 $n\times m$,它是一个有限小数。

如果长方形的边长是分数(可能是无限循环小数,不能表示为有限小数),那么,长方形的面积仍然是 $n\times m$,这是两个分数相乘的结果。这就需要应用极限过程,但是在小学教学里不必提及。

如果长方形的边长 n、m 是无理数,而且仍用边长为 1 的正方形去度量,那么,还是要使用极限过程,用两列有理数逼近无理数分别逼近 n 和 m。依据极限收敛性质以及有理数边长的长方形面积公式,最后仍然可以得到长方形的面积也是 $n\times m$。

---

① 张奠宙. 深入浅出,平易近人——怎样测量长度、面积和体积[J]. 小学教学(数学版),2014(9):4-6.

由此可以得出:边长为实数 n、m 的矩形的面积为 $n\times m$。

从长方形的面积公式出发,可以知道,直角三角形的面积是相应的长方形面积的一半。而任意三角形面积,可以通过作高来计算,知道它是"1/2×底边长×高"。任意多边形可以划分为若干个三角形,其面积是这些三角形面积的和。

对于长为 a、高为 h 的平行四边形,利用高线进行割补的方法可以将其化成边长依次为 a、h 的一个矩形,进而,平行四边形的面积为 $a\times h$。

同样地,利用两个全等的三角形可以拼接成一个平行四边形,两个梯形可以拼接成一个平行四边形,我们同样可以推导出三角形的面积公式以及梯形的面积公式。

自主思考:

在利用方格纸探究平行四边形面积公式时,有学生选用恰当的小平行四边形作面积单位,刚好铺满出所求的平行四边形面积数,继而得到平行四边形的面积也满足两条相邻底边长的乘积,和长方形面积公式一致,你认为这样做合理吗?有教学价值吗?你会如何处理?

依照我们前面引入公理化的办法定义平面图形的面积来看,学生的这种做法体现了对面积本质的把握,感悟到了单位思想。许多师生认为这种做法不对,实际上是忽视了这里所指的平行四边形"面积公式"不是用单位正方形作面积单位标准的公式。现实中我们用常用米、厘米等长度单位来度量图形的边长,用边长做乘积以后,得到的数值对应的面积度量单位就应该是1平方米、1平方厘米等单位正方形。因此,前面得到的平行四边形"面积公式"虽然有一定道理,但是在实际运用中代入数值计算,结果如果还用1平方米、1平方厘米作单位那就不对了。

学习任务2:对小学阶段面积学习的教材分析

对"面积"相关内容的学习,属于小学数学"图形与几何"内容领域中测量模块的学习内容。在《义务教育数学课程标准(2011年版)》中,第一学段对于面积测量的要求是:结合实例认识面积,体会并认识面积单位平方厘米、平方分米、平方米,能进行简单的单位换算;探索并掌握长方形、正方形的面积公式,会估计给定简单图形的面积。在第二学段中则要求:探索并掌握三角形、平行四边形和梯形以及圆的面积公式,并能解决简单的实际问题;知道面积单位平方千米、公顷;会用方格纸估计不规则图形的面积;能够结合具体情境探索并掌握长方体、正方体和圆柱的表面积。

自主思考:

教材中是如何编写“面积”这一教学内容的?在处理“面积和面积单位”时,不同版本教材编写上有哪些不同?

通过对以下内容的阅读,可以进一步梳理和了解小学阶段面积内容学习的教材编排特点和教学要求。

下表是对人教版、北师大版与北京版三个版本教材的纵向编排结构比较。

内　　容	人教版册次	北师大版册次	北京版册次
面积、面积单位	三年级下	三年级下	三年级下
长、正方形的面积	三年级下	三年级下	三年级下
面积单位之间的进率	三年级下	三年级下	三年级下
平行四边形的面积	五年级上	五年级上	五年级上
三角形的面积	五年级上	五年级上	五年级上
梯形的面积	五年级上	五年级上	五年级上
简单组合图形与不规则图形的面积	五年级上	五年级上	五年级上
长、正方体的表面积	五年级下	五年级下	五年级下
圆的面积	六年级上	六年级上	六年级上
圆柱的表面积	六年级下	六年级下	六年级下

通过对比,不难发现:①三个版本的教材关于面积部分的编写顺序基本相同,而且安排的学习时间也基本相同,整个四年级都没有安排面积学习的内容。更进一步地查阅教材,可以发现四年级关于对图形的运动、小数的学习中加入了大量方格纸等面积模型的情境,体会面积单位的作用。②在五年级上册的面积学习中略有不同。北京版处理三角形的面积与梯形的面积学习顺序同其他两个版本有所不同。人教版与北京版都在学习多边形面积之后安排了简单组合图形面积的探究学习活动,人教版还安排了不规则图形(树叶)的面积估测活动。北师大版也安排了简单组合图形与不规则图形的面积的学习活动,但是这部分内容安排在学习完分数的意义之后。体现了螺旋上升的过程。③三个版本的教材都比较注重度量过程的自主探究和方法的多样性,但对面积概念内涵的感知和方法之间的联系还可以

处理得再充分一些。

下表对三个版本教材在三年级下认识“面积和面积单位”的单元内容做横向比较。

教材	人 教 版	北 师 大 版	京 教 版
课题	面积和面积单位； 长方形、正方形面积的计算； 面积单位间的进率	什么是面积； 面积单位； 长方形的面积； 面积单位的换算	面积和面积单位； 长方形和正方形的面积； 面积单位间的进率； 探索规律（周长相等的长方形，长、宽变化与面积最大值的关系）

通过比较与分析，我们认为有以下三点共识：

（1）三个版本的教材基本都遵循了首先认识面积和面积单位，再学习长方形、正方形面积的计算公式，最后是面积单位之间进率的学习路径。在处理面积单位的引入时，各版本的教材有着较显著的差异。人教版在处理不能直接用重叠的办法解决两个长方形面积大小比较之后，鼓励学生尝试用圆形、正三角形、正方形三种不同的“单位”来密铺长方形，通过发现圆形和正三角形都不能完全密铺给定的长方形，继而感悟到正方形作为面积单位的必要性。圆形自然无法密铺长方形，但是正三角形在此情境中其实是可以做到密铺的。有学生可能就会认为把两个未填满的小直角三角形区域合起来就是一个正三角形，从而数出长方形的面积数。通过我们前面对面积单位本质的阐释可知，这样的解释当然是可以的。只是相比较正方形做面积单位来测量略显麻烦。因此可以让学生在对比、争论、解释中感悟到面积单位的必要性和简便性。北师大版则为学生直接提供了小正方形和方格纸等学具来解决面积大小的比较问题，并进一步通过使用不同大小方格纸测量教科书的面积，来感悟统一度量单位的必要性。北京版也在重叠法比较之后，设置了用练习本和铅笔盒对桌面量一量、比一比的操作活动，从而感受到对于同一面积用不同测量单位会得到不同结果。在本单元末，北京版还特别安排了规律探索活动，观察周长一定的矩形面积变化特点，即而发现周长一定的矩形中正方形面积最大。这样的探究活动有助于学生比较周长和面积的不同与联系。

（2）三个版本的教材都设有比较两个图形面的大小的实践操作活动，让学生在体验面的大小的过程中认识面积。课程标准中要求“结合实例认识面积”，就是要求学生在体悟面积的含义时，不是单纯地背诵、记忆教材中对面积界定的那句话,如“物体表面或封闭图形的大小就是它们的面积”。这只是对面积的描述,这句话无须刻意背诵,而是需要学生通过举例子、作比较、进行测量等活动来理解文字描述背后的含义,如两个大小不同的笔记本,桌面比数学书的封面大,等等。北京版教材在探究学习完长方形的面积公式后,还设置了扩建面积的问题情境,在比较扩建面积大小变化的过程中,从长、宽的变化对面积变化的作用特点,感悟到其乘积关系,这样可以从长方形本身的图形结构来感悟其面积的影响因素及其关系。此外,人教版和北师大版在探究得到长方形的面积公式后,还设置了估一估现实中几何对象面积大小的活动。这些丰富的探究活动有利于学生发展空间观念和数感。

(3) 三个版本的教材在处理“比较两个图形面积大小”时,都注重学生动手操作,掌握比较面积的多种方法,积累活动经验。在具体比较两个图形面积大小的过程中,人教版教材展示了直接观察比较、重叠操作比较、引入多种度量单位比较3种比较方法。北师大版教材展示了观察法、剪拼重叠比较法、单位正方形度量法3种比较方法,比较注重方格纸的使用。特别还区分了周长与面积的不同。北京版教材则展示了摸一摸、涂一涂、重叠法、量一量4种比较方法。各版本都鼓励学生使用多种操作活动,最后都落脚在使用标准度量单位来度量,从而感受到度量单位的必要性和确定性。北京版更注重多借助学生感官活动来感受面积大小。

自主思考:

对于教材中呈现的多种比较方法,学生有经验基础吗?学生自己能够自主提出并解决面积大小的比较问题吗?

通过阅读以下内容,进一步了解调研学生认识“面积与面积单位”的方法与分析学生认知特点。

学习任务3:“面积与面积单位”教学的学情调研与分析

下面是北京小学万年花城分校的张琪老师在学生学习“面积”单元之前做的学情分析。她采用问卷调研的方式调研了所教班级的38名学生,调研的问题以及结果如下。

第1题:你听说过“面积”这个词吗?请你结合生活用画图或语言描述说说什么是面积。

调研目的:了解学生学习面积的生活经验。

通过对调研结果的分析,我把他们与面积内涵比较接近的认识大致分成四类:第一类学生把面积理解为“物体的大小”,即描述型,第二类学生把面积理解为“物体所占的范围”,即占地型,第三类学生用画图来表示面积的含义,即画图型,第四类学生能够把面积的含义用自己的方式表达出来,即本质型。其中本质型的人数占总人数的34.2%,画图型的人数占总人数的15.8%。也就是说,将近一半的学生对面积的含义有基本的感受,能够用画图或者自己的话来描述面积的含义。但在其中也发现了学生的一些问题:

例如,有一部分学生认为“面积就是这个物体的平面”“面积就是一个图形的平面”“面积的意思就是这个东西的平方面”。这部分学生占总人数的13.5%。从而反映出学生将面与面积混淆的问题。

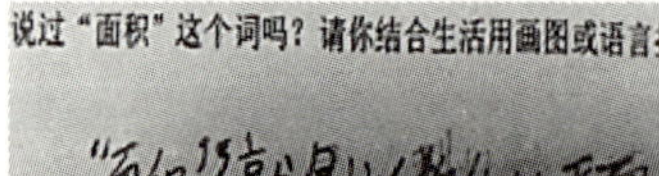

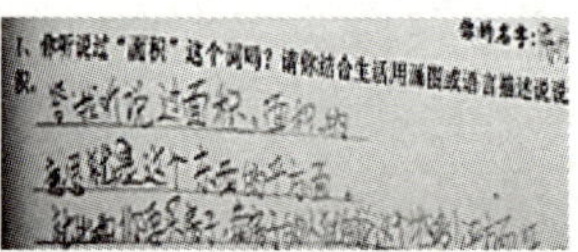

另一部分学生认为“面积就是求一个物体的大小”“面积是这个东西多大”“面积就是一个图形所占用的空间”。这部分学生占总人数的10.5%,从而反映出学生将体积与面积混淆的问题。

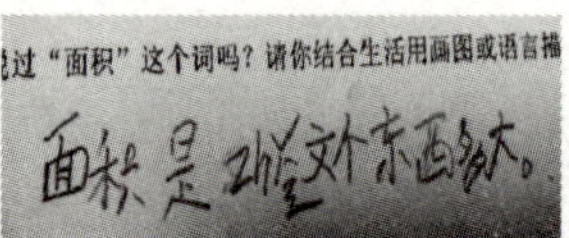

学生在用画图来表示面积的含义时,我发现画长方形或者正方形的占总人数的65.8%,占画图人数的100%,我的疑惑:学生只认为规则的图形才有面积吗?

第2题:观察下面两片树叶,说一说哪片树叶大?你能再举一组这样的例子吗?

调研目的:了解学生有没有关于面积的生活经验。

其中35人判断正确,占总人数的92.1%,1人没有判断,占总人数的2.6%,2

人判断错误，占总人数的5.2%。在举例子中30人举例并判断正确，占总人数的78.9%，3人没有举例，占总人数的7.8%，4人举例但没有判断大小，占总人数的10.5%，1人举例但判断错误，占总人数的2.6%。通过调研我发现大多数同学对面积的大小是有生活经验的，也可以举出具体的例子来说明面积的大小。

第3题：想办法比较下面两个图形，哪个面积大？并写出你是怎样比较的？

调研目的：了解学生对于图形面积大小的直观认识和比较面积大小的基本方法。

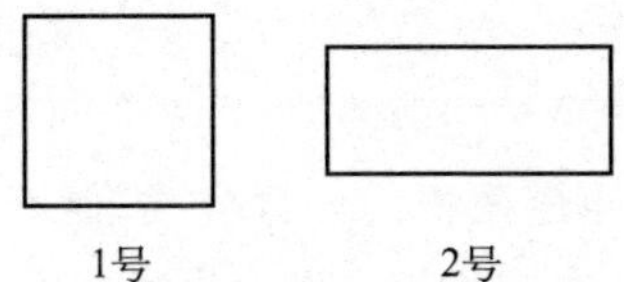

其中有12人认为2号大，占总人数的31.6%，23人认为一样大，占总人数的60.5%，3人没想法。在12人中7人比的是周长，3人没有写原因，2人比较的是图形长和宽的大小(如图所示)。在23人中21人用的是长方形的计算公式计算的面积，1人用的是分割法。把2号图形一分为二，然后把两个分得的长方形拼起来，发现和1号一样，所以它们的面积一样大。还有1人用的是画格子的方法，发现两个图形都能画成12个一样的小正方形，所以它们的面积一样大。

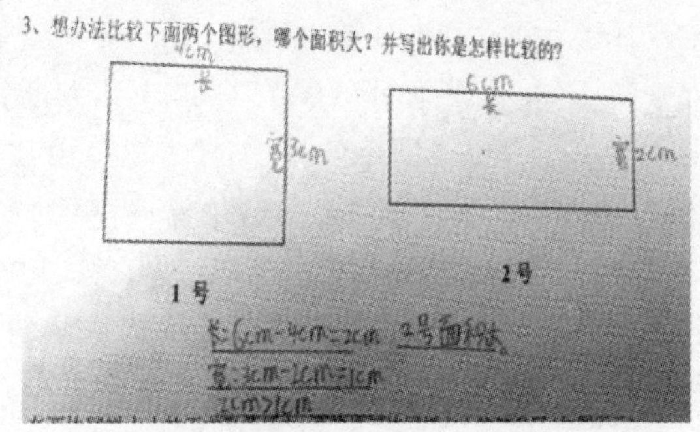

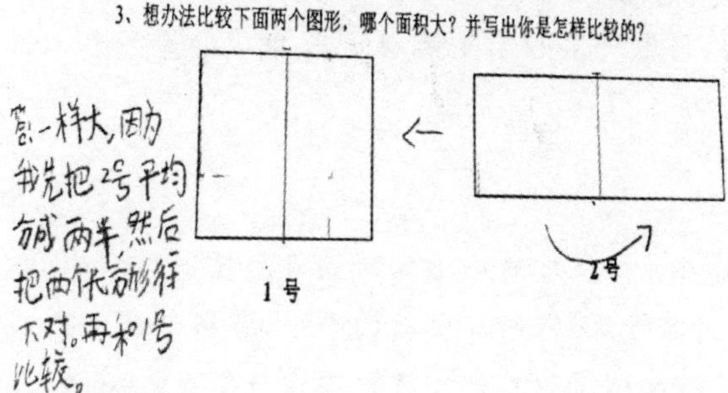

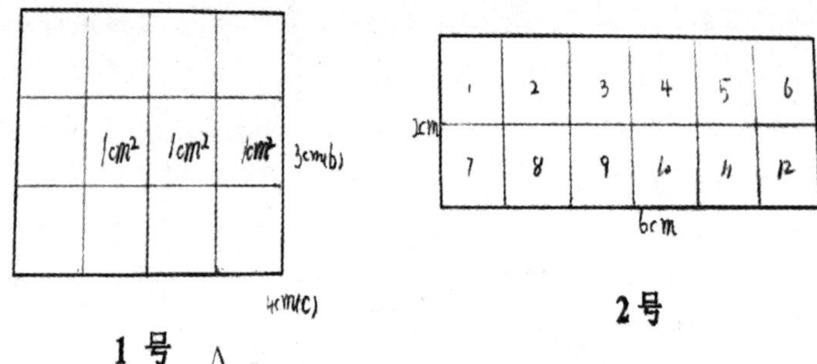

2号

1号

对调研结果进行分析,发现学生存在以下两个问题:①周长与面积混淆,认为周长大面积就大。②学生虽知道面积的计算公式,但不理解面积计算公式的意义。

第 4 题:在两块同样大小的正方形草坪中,要建造三块同样大小的健身区(如图所示),剩余草坪面积哪个大?为什么?

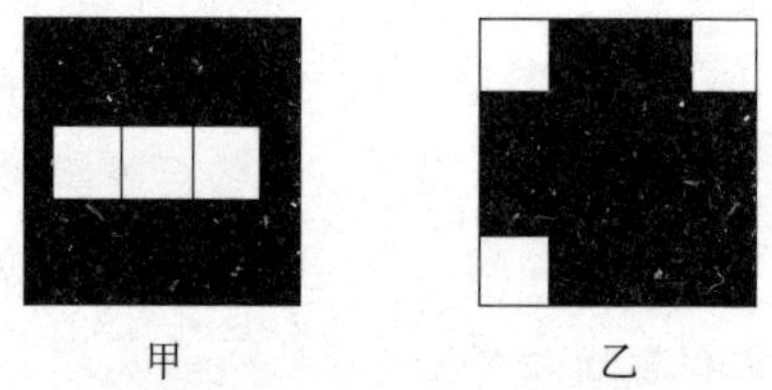
甲　　乙

调研目的:了解学生对于度量基本性质的理解。

调研发现,17 人判断正确,占总人数的 44.7%。21 人判断错误,占总人数的 55.3%。他们的思路分三种。第一,结论正确:一样大。其中,2 人没有读懂题意比的是健身区的面积,3 人没有写原因。第二,结论错误:甲图大。其中,3 人比的是健身区的面积,认为连在一起的面积要比分散的面积大。2 人比的是外部黑色部分的周长。3 人原因不明。第三,结论错误:乙图大。其中,3 人比的是健身区周长。1 人认为甲图三块健身区挨在一起占的面积就多,剩余的面积就少。乙图健身区分散占的面积少,剩的面积就多,所以乙图大。还有 1 人是直观感觉,看着乙图比甲图大。

调研结果表明:将近一半的学生能够理解面积度量的基本性质。但问题还是把面积和周长相混淆。

自主思考:

1. 请评述张琪老师所设计的四道调研题目的优点与不足。
2. 用这四道题(或修改)调研你所教的学生,分析调研结果。
3. 调研的题目以及调研结果是否可以用在教学中?如何运用?

学习任务4:核心教与学活动及其设计意图

在基本了解学生的认知后即可设计有效的学习活动。通过以下的教学案例分析,我们可以进一步思考教师在设计和实施"面积与面积单位"这一课时,如何帮助学生通过有层次的学习活动真正对面积的本质在认知上加深理解。

以下教学案例引用史家小学刘伟男老师的"面积的认识"①这一课教学实录,以及北京教育学院刘加霞教授的评析②。

刘伟男老师的课前思考:第一,回答教什么:让学生感受到"数 m 是一个平面图形 A 的面积,就是指能用 m 个单位正方形不重复地恰好填满 A"的面积本质。第二,回答怎么教:培育学生的认知情意,让学生不怕数学,接受挑战,玩数学。第三,回答教学目标如何定:①通过看、比、摸等方式,认识"面积",感受"面积"的大小。②在活动中,尝试、探索比较面积大小的多种方法,体会选择测量单位的重要性,感受将"面积的大小"抽象成"数"的过程,发展空间观念。③提高观察、操作、概括和表达能力,感受数学的趣味性。

一、戏说星球,激发兴趣

师(PPT 出示火箭图片):今天这节课就让它载着我们一起去探索新的世界。准备好,要起飞喽。(停顿)火箭降落在一个新的星球上,要是把这个星球开发成地球一样,也可以让人类居住,那多好啊! 这样雾霾再来的时候,咱们就可以换个星球住,是不是? 说干就干! 开发小队马上成立,男生一队,女生一队。两队进行 PK,比一比谁开发的地盘大。(学生们跃跃欲试)

二、唤醒经验,初步感受

(一) 一目了然

PPT 出示星球地图。

---

① 刘伟男. 深入浅出 平易近人——以人教版三上"面积的认识"教学为例[J]. 小学数学教师,2017(6):47-52.(引用时有部分删改)

② 刘加霞. 度量,用"单位"一以贯之——评刘伟男执教"面积的认识"一课[J]. 小学数学教师,2017(6):52-55.(引用时有部分删改)

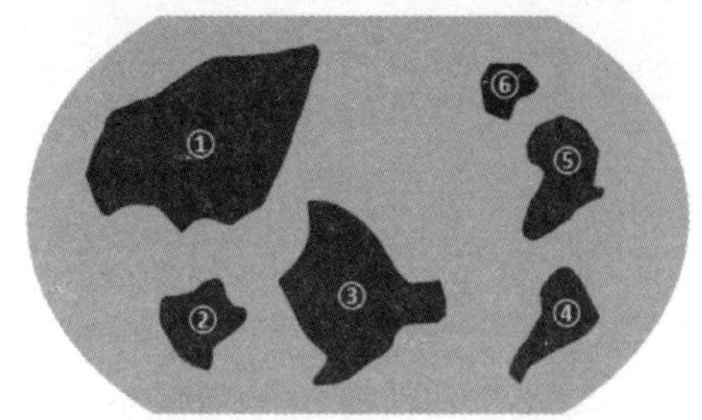

师：要想开发的地盘大，你想最先开发几号？

生（众）：①！

师：厉害，一目了然①最大！同学们所说的大，是指①的……

生（抢先说道）：面积！

师：听说过这个词吗？（听说过！）谁能来摸一摸感受一下①面积的大小？

（皮钰琪走上讲台，用手掌摸黑板上①的面）

张子墨：我觉得①的面积应该这样摸。（用手指绕①外面的边界走了一圈）

及鋆瑞：子墨你摸的是周长，皮钰琪摸的才是面积，我觉得面积应该是图形里蓝色的地方。

师：面积和周长一样吗？（不一样！）用什么摸面更合适？

生（众）：手掌！

师：是的！摸的时候要注意一点一点地摸全并且不重复。（边说边示范，从左往右，从上往下摸面）你能像这样摸面吗？（能！）摸一摸数学书的封面、铅笔盒的上面、桌面。

（学生按要求依次摸面）

师：在刚刚摸的三个面里，谁的面积最大？

生（众）：桌面！

师：同学们对面大小的感觉特别好，掌声送给自己！

【设计意图】 此环节让学生对比平面图形的“周长”与“面积”，初步感知“面积”。对于平面图形，其周长和面积刻画的是同一个封闭平面图形的两个不同特征，大量研究表明学生对周长和面积“总是容易混淆”。其原因是多方面的，但其根本原因还是建立这两个概念时不牢固，缺少对比分析。图形的封闭性使得学生见到图形时，“围起来”的部分容易成为“强干扰”，即封闭图形的平面区域所占的大小（面积）容易直观感知，而围成图形的“边线”（没有“粗细”）及其长短不容易感知。

即没有强调“周长刻画的是‘线’的长短”,“面积刻画的是‘面’的大小”。

因此在学习图形“面积”时,应该将该图形的面积与周长概念对比分析,进一步澄清两者的不同。在刘老师的教学中,可以看出有部分学生对这两个概念是混淆的,因此教师着重让学生对比,并强调用“手掌”摸“面”的大小,强调“面积”刻画的是二维区域的大小,这个二维区域是“线”围成的,所围边线的长短是该图形的“周长”。借助示范操作、对比区分进一步感受图形的周长和面积所刻画的“对象”不同,在对比中初步认识“面积”。

(二) 重叠剪拼

师:都想先开发①?(对!)好,先听清游戏规则。①不管给了哪个队开发,另一个队都可以从剩下的图形里选择两块进行开发。你想开发哪两块?

李嘉然:我想开发③⑤。

和子禹:我觉得③④也行,④和⑤应该差不多大。

赵翎瑄:③和②吧,②虽然短可是②还胖呢!

师:大家的方案虽然都不太一样,可是你们好像同时都选择了……

生(众):③!

师:的确,在剩下的图形里③一看就大。刚刚我就夸了你们对面大小的感觉特别好,果不其然!不过接下来要有些难度了,数学学习可不能只靠感觉。在②、④、⑤中,选择谁跟③组合面积会更大呢?你能讲出道理吗?或者能让我们真的看出来吗?

(同学们陷入思考,部分同学积极地举着手要发表观点)

师:信封1里有这三块图形供你们剪、折、比、撕随意研究。一会儿交流的时候男生可以找男生队,女生可以找女生队。到底在这三块图形里选择谁跟③组合面积会更大呢?看看是男生队有办法,还是女生队有高招。

(学生分组活动,全班汇报)

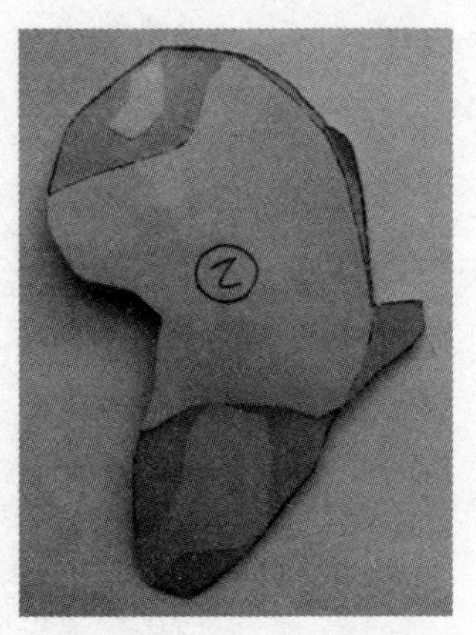

周莎莎:我们把⑤④重叠起来,大家看⑤的面积比④大。

(同学们也跟着频频点头)

师:都明白?这样重叠,就比出了大小?

生(七嘴八舌):明白,⑤大!

师:真是简单易懂的方法,掌声送给她们!

(课堂上响起了热烈的掌声!)

师:②⑤谁的面积大呢?请看李泊远作品,你们懂他吗?

生(七嘴八舌):哦,懂!剪开了!

师:谁的面积大?

生:⑤!

师:有问题吗?

生(众):没有!

师:看着这幅作品,我可能会思考原来②不长这样啊……

生(七嘴八舌):他是把②剪了。

师:剪了,面积会不会变?

生(众):变!不变!

(教师拿出一张A4纸,然后从中间撕成两半)

师:现在这两张纸和原来那张纸的面积大小一样吗?

生(众):一样!

师:真好!我既没有撕下一块不要,也没有再拿一块补上,虽然形状改变了,但是面积大小是不变的。我再确认一下,泊远你是不是把剪了的所有小块都拿过来了,一块都没丢?

李泊远:是。

师:真好,掌声送给他!现在我们知道,选谁跟③组合面积会更大?

生(众):⑤!

师:那么③⑤的面积和与①相比,谁的面积又更大了呢?

PPT播放。

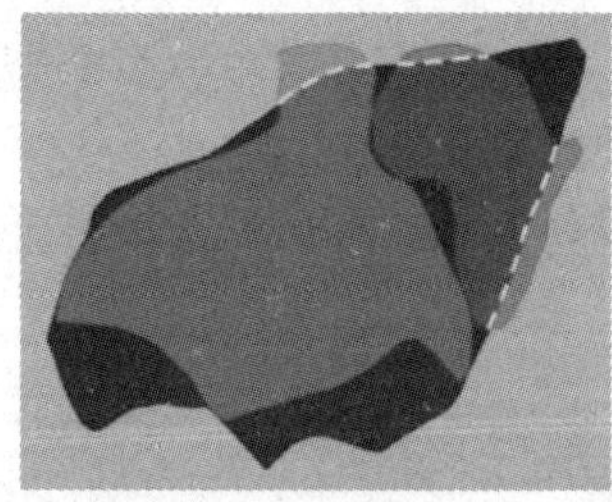

生(众):哇!①大,①多了一点!

师:这是谁的方法?(李泊远!教师向他竖起了大拇指)那现在小一点的③⑤是给男生队还是女生队呢?

(同学们争抢着要把小的图形给对方队伍)

师:孩子们,其实很多时候游戏的结果不是最重要的,重要的是我们在游戏过程中的感悟和收获。我特别希望这时候能有个懂得谦让的队伍站出来。

男生:给我们吧!

师:好!掌声感谢男生的谦让,特别绅士!

(课堂上响起了热烈的掌声!)

【设计意图】 在学生初步感知到何为面积以及通过“目测”即可比较面积大小之后,刘老师进一步让学生通过“重叠”来比较面积的大小来深化对面积的认识。重叠两个图形比较其面积大小可以说是学生基于生活经验的一种本能,是比较两个物体大小的本源方法。换个角度来看,重叠比较大小仍然可以说寻找“标准”,即用较小的物体作为“单位(标准)”来测量另一个物体,在实际比较过程中可以进行多次“重叠”,即完全重叠部分一样大(欧几里得《几何原本》中的公理4:彼此重合的两个物体是全等的),剩余部分可以再一次重叠,依此继续总可以比较出两个物体谁大谁小。在本教学中,一方面学生进行实际操作进一步感知到该方法,另一方面也用教学课件再一次重新展示了重叠比较的过程,学生对重叠比较的过程认识得更加深刻。这一操作过程正是对面积本质中的运动不变性和有限可加性的感悟。刘老师引导学生聚焦分析读懂李泊远同学的作品,可以让学生明白“面积”具有守恒性。刘老师适时的追问和总结“虽然形状改变了,但是面积大小是不变的”。帮助学生明确测量面积大小中遵循守恒的原则。

(三)“小”面量“大”面

师:开发继续!黑板上还有三块图形待开发,你最不想开发哪块?

生(众):⑥!

师:太小了啊!(同学们频频点头)⑥听说大家嫌它小,特别生气,激动得震了。PPT播放。

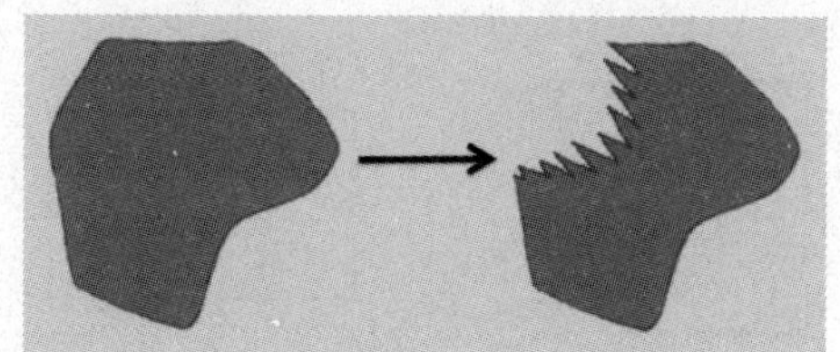

师:震完之后⑥可高兴了,这回我变大了吧!

生(众):没有!没有变大!更小了!

师:没变大吗?你们看我变得弯弯曲曲的,不是大了吗?(停顿)如果让你和⑥对话,你想和⑥说些什么?

管德峰：⑥你是周长变大了，不是面积。

魏嘉珩：⑥你可千万别再震了，本来你就小，震下去一块你就更小了，再震几次你就没了！

……

师：哦，原来变大的是周长，面积是变小了！（停顿）⑥听了同学们的话，知道面积变更小了，可它特别不想让咱们抛弃它。

（中间有部分删减内容）

师：回忆下一、二年级我们学过的一些知识。

PPT 播放。

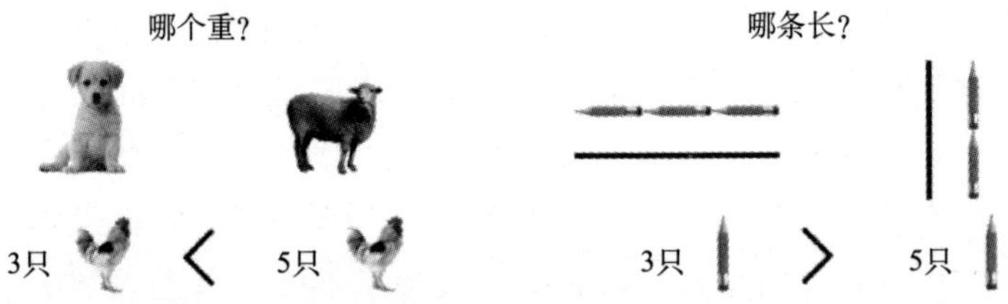

师：比轻重、比长短，它们之间有什么相同的地方吗？

姜博元：它们都是借了一个东西比。

师：发现了吗？比较小狗和绵羊的重量，借助谁了？比较两条线的长短，又借助谁了？

（同学们恍然大悟：哦！）

师：掌声送给博元！它们都是把一个东西当作标准，再去比较。数一数有几个标准就用数几表示，从而把不好直接比较的两个物体用数表示出来。

PPT 播放。

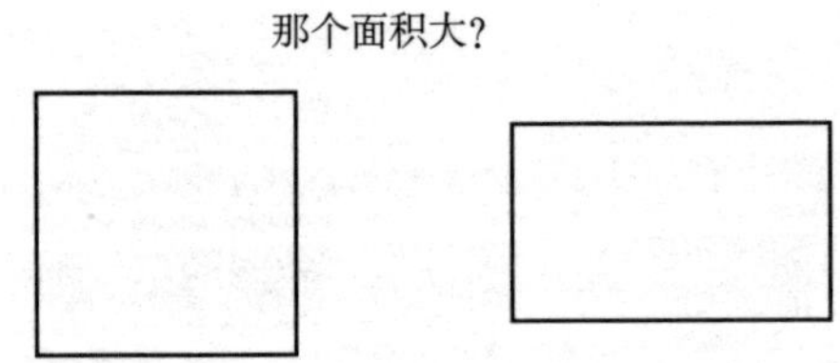

师：有启发吗？

严若一：我觉得可以用橡皮在这两个形状里摆一摆，谁摆得多谁面积就大。

张羽彤：我想的办法是用铅笔码放在里面，也是谁码得多谁就大。

……

师：都是想找个东西往里面填一填是吗？（是！）真好，我给大家准备了一些工具，看看能不能帮上你们的忙。

（同学们取出信封2里的长、正方形纸片和工具，小组合作，尝试完成。一组同学在投影下操作）

师：比出面积大小了吗？

生（七嘴八舌）：比出来了！正方形大。

师：正方形用了几个蓝片？

生（众）：16个！

师：用了16个蓝片不重叠地恰好填满正方形，所以我们说正方形的面积是16。长方形呢？

生（众）：15个！

师：用了15个蓝片不重叠地恰好填满长方形，所以长方形的面积是15。

投影作品如下。

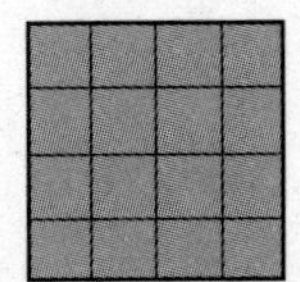
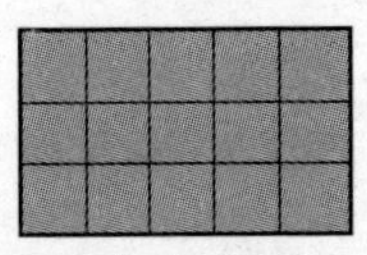

师：都是像这组同学这样摆的吗？有没有不一样的？

投影作品如下。

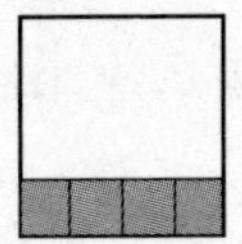
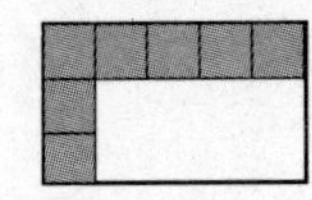

汪成昊：我们组是这样摆的，因为正方形四条边都相等，所以我们就摆了一条。正方形的面积是四四十六，长方形的面积是三五十五。

师：这样没有摆满，能行吗？

（一些同学说行啊！）

师：谁懂他们，能替他们说说，怎么就四四十六，三五十五了？

张凌霄：四四十六就是一行有4个蓝片，有4行，所以一共16个。

赵芳菲：长方形一行有5个，有3行，所以三五十五。

汪成昊：她们两个解释得很对！

师（竖起大拇指）：原来不是没填满，而是在头脑中想象着填满了！真棒！那现在面积大一些的正方形给哪个队呢？

女生：给男生队！

（教师再次竖起大拇指！）

【设计意图】 研究区域⑥时有意识地将其“震碎”，面积变小周长变大，又一次对图形的面积和周长作对比。对于学生容易混淆的概念，刘老师及时抓住这样机会对比强化其差别，巩固深化对概念的理解。

当要比较的两个物体不能目测比较也不能重叠比较大小时，该怎么办？这时学生应该通过思考独立创造一种新的方法，即“度量比较”法：用“单位图形”填充来比较图形的大小，然后数出“单位图形”的个数，即将比较图形的面积转化为单位图形的个数，图形面积的比较转化为两个自然数大小的比较。

刘老师在教学中没有直接为学生提供学具通过操作解决问题，而是让学生面对困难时先独立思考解决问题的方法，然后教师有意识地引领学生回忆比较两物体“质量”、两物体“长度”的方法：借助第三个量（单位），在此基础上通过类比迁移让学生创造出比较两个图形面积的方法。学生通过实际拼摆“小正方形”，得出“大长方形”和“大正方形”分别被多少个小正方形覆盖，这正是用面积单位密铺待测图形区域面积的过程，既而面积的大小可以转化为用面积单位的数量来刻画。

（四）面积尺测量

师：其实为了便于测量，人们早就发明了测量面积的尺子，闭上眼睛想一想，面积尺会长什么样呢？

（学生闭眼想象。之后取出信封 3 里的面积尺，用面积尺再次测量长、正方形的面积大小）

生（争先恐后）：长方形是 60，正方形 64。

师：通过两次测量我们都得出正方形面积要比长方形面积大。可是，只看正方形，怎么面积一会儿是 16，一会儿是 64？

李丹琪：因为我们用的工具不一样，蓝色方片大，所以得出来的数就小；面积尺上的方格小，所以得出来的数就大。

林俊含：我们组刚刚在操作的时候比了一下，我们发现一个蓝片正好等于面积尺上的 4 小格。而且只看数据也会发现 16×4＝64。

师：不仅发现了使用的测量标准不同，得到的数据就会不同，而且还发现了不同标准之间的关系，真厉害！

PPT 出示。

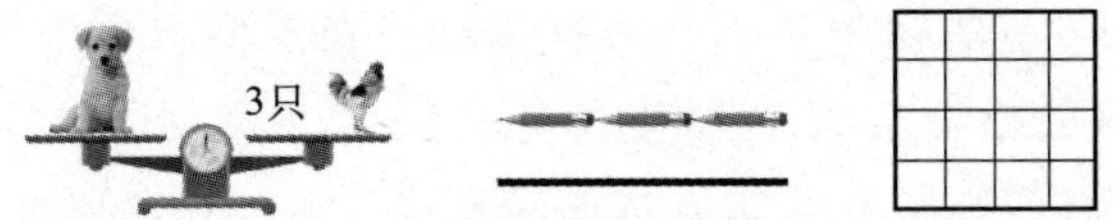

师:原来我们学习的是用小重量量大重量,用小长度量大长度,今天我们学习的是……

生(心领神会):小面积量大面积。

师:其实,只要找到了这样的小面,找到了这样的标准,那么所有面积的大小问题,就都可以用数来表示了。

【设计意图】 刘老师在前一环节用度量单位进行面积大小比较的基础上借助“面积尺(用更小的正方形做单位)”覆盖要比较的对象,再分别数出小单位正方形的个数。对于同一个待测区域,面积应当相同,但是得到的面积数值却不同,由此使得学生认识到面积单位的大小选择决定了面积数的值。这里再一次体现了面积单位对面积大小刻画的决定作用,也为后续单位进率换算的学习做了铺垫。

通过这两个不同层次的度量比较活动——拼摆(多种拼摆方法)和数单位正方形的个数,一方面能比较出大长方形与大正方形的大小,另一方面进一步感受到所使用的“单位”不同,其单位个数也不同。由此,学生对面积单位的认知提升到更高一个层次。

(五)综合运用

师:还剩下最后两个图形②、④需要开发,现在要比较它们的面积大小,你有哪些方法呢?

何嘉:可以把它们重叠在一起比较大小。

李子涵:我觉得还可以用蓝片摆一摆,哪个图形摆得多哪个图形就大。

和子禹:用面积尺量也行!

……

【设计意图】 通过前述多层次的面积大小比较的学习,学生对面积和面积单位的认识充分,再迁移类比到处理剩余两个图形面积大小的比较问题自然也就水到渠成了。

三、回应课首,扬帆起航(略)

通过对刘伟男老师本课教学活动的实施与评析来看,设计并实施一节有时效性、有价值的课,需要教师有扎实深厚的功底,能够把握学科概念的实质与结构体系，同时了解学生学习的知识基础与心理基础。在这两方面的基础上，设计有意义、有价值、有层次的学习活动，在学生自主思考、自主活动（探究问题解决）的过程中适时引导、提炼以增进学生的体验与实际获得。这样的教学才能让学习真实发生，让学生有真实的收获。

练一练

1. 在解决具体的测量面积活动中，如何选择合适的测量单位？
2. 如何创设探究活动，引导学生自主探究基本图形的面积公式？
3. 在测量面积的学习当中可以积累哪些基本活动经验，感悟哪些数学思想？

第三节　圆，一中同长也

学习准备

1. 学生学习本课的已有基础和可能遇到的困难有哪些？

2. 教材上关于"圆的认识"都设计了哪些情境？在实际教学中是否采用？为什么？

3. 为了帮助学生有效地学习，你打算准备哪些教学材料？

4. 国内很多优秀小学数学教师都曾执教过"圆的认识"一课，请上网查阅华应龙、张齐华等教师的教学视频，观摩学习并写下你的评论。

圆对于小学生来说既熟悉又陌生，熟悉在于生活中和自然界中圆无处不在，陌生在于对圆的本质的刻画和圆中存在的神秘定值 π。小学生对圆到底有怎么样的认知呢？圆这个完美的曲边图形有多少奥秘，又对学生有多大魔力？同时会带来怎么样的挑战呢？学生学习这个内容的已有经验和基础有哪些？会遇到哪些困难？教师应如何了解学生的已知和困难？可能有什么样的解决路径？这些问题通过本节内容的阅读，将会得到一定的答案和启发。

学习任务 1:如何调研理解学生关于“圆”的已有认识

在学习“圆的认识”这一课之前,我们让学生来回答如下几个问题[①]。

1. 请你用自己喜欢的方式写一写你心目中的圆是个什么样子?

生 1:是无角,很光滑的圆,并画了一个近似圆。

生 2:是一个图形,没有边,没有顶点。

生 3:是无角,所有的面都是圆的。

生 4:是一个漂亮的图形。

生 5:边缘很光滑,像鸡蛋,由曲线构成。

生 6:是一个无角也没有直线的图形。

生 7:是一个平面图形。

生 8:我心目中的圆就是一个圆,是一个没有边,必须用圆规画出来的圆。

生 9:我心目中的圆是一个可以滚动的物体。

生 10:圆是四周无角无边的图形。

生 11:圆是一个弯边没角的图形。

生 12:圆就是没有角、光溜溜的形状。

生 13:圆是球形,圆柱的上方,线条是弯的,无尖无角,四周光滑。

生 14:无棱无角,四周胖胖的。

生 15:没有直线,没有边,如果把中间点一个圆点拿尺子中间对着圆点转,是可以发现尺子对着圆边缘的刻度是不变的。

2. 让你画两个大小不一样的圆,你能想到哪些方法?

生 1:用圆形物体比着画。

生 2:圆规画。

3. 在长方形中,两个长是相等的,两个宽是相等的。你能试着在圆中找到相等的线段吗?能找到几条?在下面空白处写出你的想法。

情况 1:有两条或者四条,画出了水平和竖直的直径。

情况 2:有无数条。一种无数指的是半径或者直径有无数条 ;另一种指圆周是无数的小线段构成的。

---

① 本测试由北师大三帆朝阳学校佟瑞萍老师和五(4)班的学生协助完成。

情况 3:没有。原因是没有直边。

4. 为什么车轮是圆的？写一写理由。

情况 1:圆能滚,车才能走。

情况 2:圆能滚,车才能走,其他的不能滚。比如正方形,车没有办法走。

情况 3:圆能滚,车能平稳行驶,其他的不能平稳会很颠。

自主思考:

请根据上述情况,试着回答下列问题。

1. 学生对于“圆的认识”的已有知识基础是什么?
2. 学生在生活中对“圆的认识”经验有哪些?
3. 学生学习圆的困难可能有哪些?
4. 学生在学习直边图形的认识时,形成了哪些经验?

上述四个问题是否能够帮助教师了解学生对“圆的认识”的已有知识基础,生活中对圆的认识有哪些经验积累,学生对圆的认识的困难是什么,直边图形的认识对于这个唯一的曲边图形的认识有哪些帮助和制约?

对第一个问题的回答分析发现,学生在第一学段认识图形中,已经初步把圆和直边图形区分开,而且试着用直边图形的认识中边、顶点和角的概念来描述图形的特征,掌握得很好,而这个已经形成的经验在圆这里没有办法直接运用,学生都是用否定语句来描述的,如无角无边等。也有学生努力用图文结合的方式来表达圆的特征。如生 15 的回答。

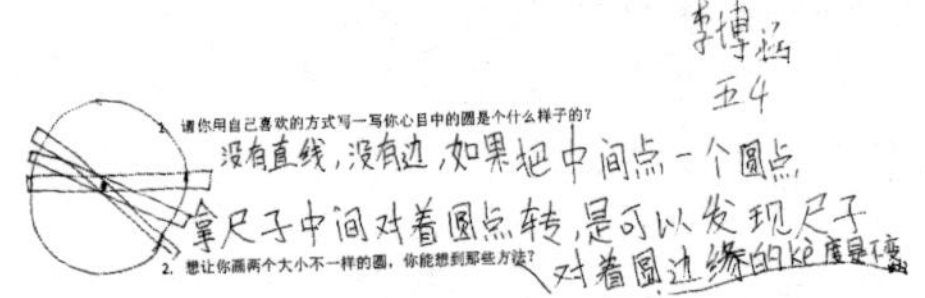

另外,部分学生没有把圆与球分开,如说鸡蛋的学生。也就是立体图形与平面图形没有完全区分开。学生在回答问题的过程中,多次出现能滚的、光滑的等词语,这些也说明对于圆的特征是有初步感知的,但是不知道如何表述。这一点符合范·希尔夫妇的研究——几何思维水平和教学阶段(参见《数学教育哲学》)中所说的,学生处于直观化水平,能从外形上整体认识圆。

对第二个问题的回答可以说明两个问题。一方面,孩子对于从立体到平面这件事情比较清楚,这也是一年级学习的经验,体中有面,面从体来,通过拓的方式得到圆。另一方面，学生是知道圆规这个画圆的专门工具的，对其是有所了解的。甚至有学生知道如何用圆规画大小不一样的圆。如下图所示。

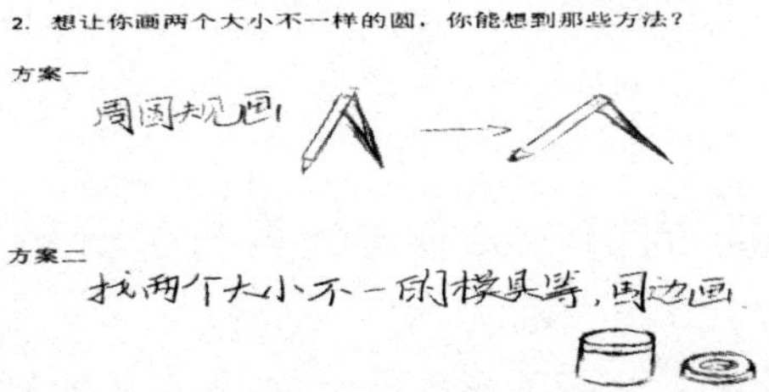

在对第三个问题的回答中，能够画出两条或者四条相等线段的学生是基于美术课的学习中有十字画圆的方法。而且水平和竖直也是学生最容易理解的。另外，有大部分学生说出有无数条，也进一步说明学生的数学学习不仅仅来源于学校的数学课堂，还有其他丰富的路径。

在对第四个问题的回答，说明学生有生活经验，并且试图用圆的特征来解释现实中的现象。但是，车能否平稳行驶需具备两个条件，一是路平，二是车轮是圆的且车轴安装在圆心位置。现实中我们的车轮基本上都是圆形的，而在行驶过程中我们也会有颠簸的体验，一定是在路不平的时候。学生能从圆的易滚动性与车轮的实际需要来分析和解释，说明学生的几何认知处在分析(描述/分析)水平。学生通过图形的性质识别图形并推导结论。

学生在一年级时已经认识了圆这个平面图形，并且在生活中对圆有了一些认识和经验，但这种认识不一定科学(如绝大部分学生有“椭圆是特殊的圆”“足球是圆的”等错误认识)；所有学生均能从若干个平面图形中挑出圆，已经获得了圆的形状特征的经验，但还不能用语言准确表述出圆的本质特点，绝大部分学生还不知道圆心、半径、直径。

学生对刚刚购买的学具——圆规有浓厚兴趣，绝大部分学生已经尝试用圆规画圆，有“画圆”的经验。

学生对圆并不陌生，生活中这个完美的曲边图形几乎处处可见，全部学生都能从若干个平面图形中挑出圆。但好像除了曲边之外对圆一点也不了解，这是为什么？经过思考发现，学生看到的圆一般都是静态的，而圆的本质特点是到定点距离等于定长的点的轨迹，是动点的轨迹，这和直边图形有着本质的区别。看来要想让学生感悟圆的图形性质特征，就需要让学生看到动点，看到圆“动态生成”的过程。这可以让人们想到，如果说“用字母表示数”使学生认识了动态的“数”的话，那么

“圆”的学习将是一个很好的机会使学生认识动态的“点”。用圆规画圆的过程就是一个动态生成圆的过程，学生手里都有圆规，完全可以让每个学生通过画圆的活动来探索、发现并提炼出圆的图形性质特征，当然这需要教师创设能激发学生思维的问题情境。

学习任务2：“圆”的概念实质与教育价值分析

“圆”的概念实质是什么？通过圆的学习，有怎么样的教育价值呢？它与其他的直边平面图形有什么联系与不同呢？常说圆是最美的图形，为什么？课程标准中对于圆的认识是如何要求的？教材又是如何把课程标准的要求具体化的呢？

一、圆的概念的实质

圆的定义有多种，其中一种文字表述就是平面内与一个定点距离相等的点的集合，叫作圆。这是静态的描述。另一种表述是，在平面内，以一个固定点为中心，离该中心点有一定距离处存在一个动点，绕着中心等距离运动一周所形成的图形，叫作圆。还有一种是以线段一端为旋转中心，线段旋转一周，线段另一个端点的轨迹，叫作圆。后两种就是以动态生成的方式来定义的。无论是哪种定义，都能说明圆是平面图形，形状是一条封闭曲线，且圆上的所有点到平面内某一点（圆心）的距离相等。一句话，圆，一中同长也。

圆是轴对称图形，且圆任意一条直径所在的直线都是圆的对称轴，即圆具有广泛对称性；圆是旋转对称图形，以圆心为旋转中心，且旋转任意角度都与本身重合，当然旋转180°也与自身重合，所以它是中心对称图形，对称中心是圆心。这些可以通过折一折和转动的方式来感受与体验。还有确定圆有两个决定因素：圆心定了，半径定了，圆就确定了。或者说圆心定了，直径定了，圆也就确定了。即圆心确定圆的位置，半径确定圆的大小。还有一个重要的特征，圆中的常数π，圆的周长与直径的比值。

圆的教育价值源于圆的性质：圆所具有的普遍存在性体现在自然界中处处都有圆；圆的各向均匀性使它可以滚动，所以在生产生活中有广泛应用；圆的“万能”对称性带来和谐对称的美。

圆的教育价值还在于圆的性质特征的研究过程：在研究过程中不仅有极限思想的体现，还有以直代曲的研究方法等，这些都为日后的曲线学习奠定基础。这些都说明圆的学习具有很大教育价值。

二、教材分析

对几个不同版本的教材(人民教育出版社,北京出版社,北京师范大学出版社)在选材及编排“圆的认识”一课上进行如下的整理与分析。

(一)北师大版

北师大版教科书,“圆的认识”这一内容出现在六年级上册“圆”这一单元中。

1. 情境引入

1)生活情境

书中首先列举了生活中的一些圆的实例,引出一个问题:“人们在生活中经常可以看到圆,圆和以前学过的图形有什么不同呢?”因为学生之前已经学习过了长方形、正方形等平面图形,这样对比可以使学生对圆有一个直观的初步认识。

2)游戏情境

教科书中通过“套圈”这样一种学生喜闻乐见的游戏情境的设计,引导学生思考哪一种方式更加公平。不仅激发起学生学习的兴趣,而且借助学生的生活经验,让学生直观地体会圆的基本特征及圆与长方形、正方形等图形的不同。

2. 动手操作

通过画一画活动,让学生亲身体验用不同的方法画圆的过程,进一步加深对圆的本质特征的理解。

3. 圆的各部分名称介绍

书中给出了一个圆,介绍了圆心、半径、直径,并引导学生了解在同一个圆中半径、直径之间的关系。

4. 动手操作

在认识完圆的各部分名称之后,通过画一画、想一想环节,让学生在进一步巩固用圆规画圆的过程中,认识到同一个圆中半径之间的关系和直径之间的关系,并感受到圆心和半径对于确定一个圆的大小和位置的作用。这其实也是对圆的本质特征的再一次体会。

5. 回归生活实际

在观察与思考三环节中,教科书通过引导学生观察和思考“车轮为什么要做成圆形的”,来应用所学知识解释生活中的一些具体现象,让学生进一步体会圆的本质特征,做到了回归生活实际。

通过分析我们发现，北师大版教科书是通过一系列的观察与思考活动和想一想、画一画等活动逐步加深对圆的认识的。教科书中没有给出圆的具体定义，而是通过丰富多彩的活动，促进学生逐步认识圆，并进一步体会圆的特征。这样的呈现方式是让学生一步步归纳出圆的定义及特征，属于归纳式呈现方式，这些方式为学生以后到初中阶段继续学习圆的定义提供了感性认识和直观经验。

（二）人教版

人教版教科书“圆的认识”这一内容出现在六年级上册“圆”这一单元中。

1. 情境引入

通过生活中的主题图，抛给学生两个问题：“哪些物体是圆形的？”“车轮为什么都是圆形的？”这两个问题中暗含圆的特征。让学生带着问题学习，从而激发起学生寻找问题答案的欲望，调动起学习的积极性。

2. 动手操作

这一环节的设计意图是让学生想办法在纸上画圆，直观感受圆的曲线特征，同时为后面探究圆的基本性质做好准备。教科书共呈现了 3 名学生用不同的实物来描摹画圆的方法，这种方法简单，且学生以前有基础，但因受实物所限，画出的圆大小是固定的，不能随意变化，从而为后面教学用圆规画圆做了铺垫。

3. 圆的组成部分的名称的介绍

“圆的认识”主要是认识圆的各部分名称及特征，分三个层次编排：首先让学生将画好的圆剪下来并反复对折，发现折痕相交于一点，引出圆心的概念。然后由圆心出发，定义半径和直径，并让学生探索出在同一个圆内，半径和直径都有无数条。最后通过测量比较，让学生认识到同一圆内所有的半径都相等，所有的直径也都相等，并且半径的长度是直径的 1/2。让学生在自主探索和小组交流中归纳出画圆的基本方法。

（三）北京版

北京版教科书“圆的认识”这一内容出现在六年级上册“圆”这一单元中。

1. 情境引入

首先教科书安排了两个层次的学习活动，让学生充分地感知圆。第一层次，从日常生活中发现圆。教科书首先呈现了日常生活中常见的几个圆形物体，让学生进行观察。通过观察激活学生已有的关于圆的经验后，要求学生说说生活中还有哪些地方还能看到圆，让学生在交流中建立圆的初步表象。第二层次，通过投包游戏活动，初步感知圆的基本特征。

(1) 生活情境。提供了自然界和生活中的圆形物体建筑物的外形和车轮等,并提出思考问题“生活中你还见过哪些物体的外形是圆的?”让学生感受圆的广泛存在性。

(2) 游戏情境。想一想,说一说,通过投包游戏来感受一个定点距离相等的点有很多,其实质是圆的定义的提示。结合游戏活动,体现圆的价值,生活中运用圆的特征可以保证游戏的公平性。并给出圆心和半径的名称。

2. 动手操作

(1) 圆规画圆——强调画圆的方法,定点,定长还有如何保持点不动,圆规两脚间的距离不变,并给出圆的各部分名称的定义。

(2) 剪圆折圆——通过动手操作初步感受圆的性质(对称性,半径、直径的关系)。

3. 动手操作

(1) 画一画,想一想。用圆规画大小不一样的圆——感受圆心决定圆的位置,半径决定圆的大小。

(2) 试一试,借助圆的特征来解决问题,解释现象。到定点距离相等的点才能在以定点为圆心的圆上;若以两点所成线段的垂直平分线的点为圆心,则此两点一共在这个圆上。

(3) 练一练,画圆的多种方法,以及分别以正方形中心、椭圆中心和圆心为轴在平面上滚动来感受轴心的轨迹,通过具体操作进一步解释车轮为什么是圆的。通过如何确定硬币的直径的活动,来感受直径是圆中最长的线段。

通过对三个版本教科书关于“圆的认识”的比较分析发现有如下共同特点。

第一,学习时间,都是在六年级上册。

第二,都有实物层面的抽象。通过对比北师大版、人教版、北京版教科书对于“圆的认识”这一概念的编排发现,三者都运用了丰富多彩的实物图形,对于概念的呈现都能够立足于学生已有的生活经验和社会事实,这是学习概念的基础。这里值得一提的是,北师大版和北京版在呈现完生活中的圆的实物之后,又分别设计了一个“套圈”和“投包”的生活中游戏情境,引导学生切身感受圆的一些基本特征,利于学生后面对圆的特征的理解。这在人教版教科书中是没有的。

第三,都有画圆的要求。而且画圆的方法是多样的,有拓的方式,也有用圆规画圆。

第四,图形层面的抽象。借助圆纸片等研究圆的基本性质,是圆的图形层面的抽象。此时,圆纸片是看得见、摸得着的,已经具有了鲜明的圆的基本特征。然而综合分析三套教科书，对于圆的图形层面的抽象，人教版和北京版有体现，即把画的圆剪下来再通过折一折的方式来完成，北师大版教材没有表现出来。

第五，都强调圆的特征。如圆心确定位置，半径确定圆的大小，以及半径与直径的关系。

第六，都有初步运用圆的特征来解释现象和解决问题的安排。如车轮为什么是圆的？

教材的第一部分给出了自然界中圆的各种存在方式；教材的第二部分是借助各种工具来画圆，如借助实物画圆和用圆规画圆；第三部分是借助用圆规画出来的标准圆，给出圆的各部分名称，使学生认识圆心、半径和直径；第四部分是再通过画不同大小、不同位置的圆来感受圆的特征，认识圆心的位置决定圆的位置、半径的长短决定圆的大小，再通过画一画、折一折、比一比等活动，使学生掌握半径与直径的关系；第五部分是圆的特征的应用，并利用圆的特征解决生活实际问题。其中探究圆的特征是本节课的主要内容。

教材中安排了让学生指一指、说一说、画一画、估一估、量一量、比一比等动手实践活动，意图是对于圆的认知和感知，必须通过学生自身的经历达到目的，在充分的参与、充分的操作中，对圆的认识进一步深入。教材的编排中提供了培养空间观念的方式，让学生多次经历从实物到图形，再从图形到实物的过程。教材中落实了《义务教育数学课程标准(2011 年版)》中对空间观念的要求：根据物体特征抽象出几何图形，根据几何图形想象出所描述的实际物体；想象出物体的方位和相互之间的位置关系；描述图形的运动和变化；依据语言的描述画出图形等。

教材中提供了在观察、操作中“认识图形”并抽象出图形特征，发展空间观念。教材是学生从事数学学习的基本素材，它为学生的数学学习提供了基本线索、基本内容和主要的数学活动机会，它是学生从事数学学习活动的“出发点”。

教师首先是基于理解教材，然后才是创造性地使用教材，也就是如何将教材中的静态呈现，转化为课堂上的动态教学活动。

学习任务 3：核心教与学活动及其设计意图

基于学情分析和内容分析，对于“圆的认识”教学形成如下几个教学目标。

(1) 认识圆心、半径、直径，理解和掌握圆的直径和半径的关系，初步掌握圆的特征，会用圆规画圆。

（2）通过想象与验证、观察与分析、合作交流，根据不同的要求画圆等活动，感悟圆的本质特点，进一步发展思维能力和初步的空间观念；体验数学与日常生活密切相关，尝试用圆的知识来解释生活中的现象或圆的特征来解决生活中的问题。

（3）借助画圆和用数学眼光对身边事物进行再认识，培养认真观察、深入思考的思维习惯。

要更好地实现教学目标，就要设计和组织有效的数学活动，数学活动是学生自己建构数学知识的活动。教材为学生提供了一些有效的活动，教师在把握概念本质的基础上，应参考不同版本的教材，设计能够凸显圆的本质，并能够激发学生探究欲望的学习活动。下面是原北京小学陈新华老师执教“圆的认识”一课时所设计与实施的学习活动，其核心是“画圆”，在“画圆”过程中认识圆的本质、性质与特征。

活动一：“动态生成”中初步感知：“圆”是到定点的距离等于定长的点的轨迹

1. 解决问题，引出圆

投影，学校的位置如图所示，圆点的位置代表学校，小明家距离学校 300 米，若用 1 厘米代表 100 米。想象一下，小明家可能在哪儿？在纸上找一找，画一画。

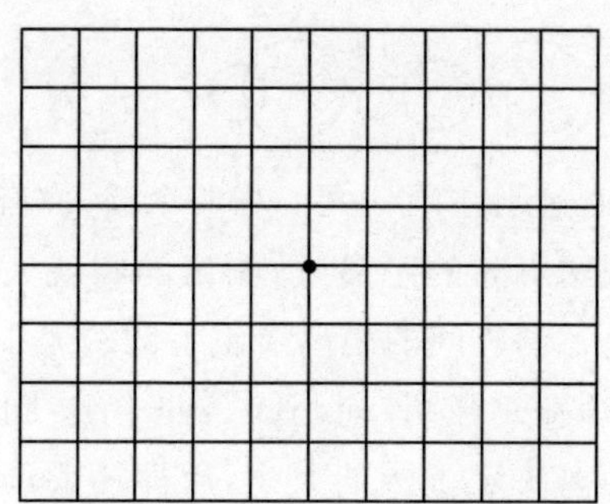

大部分学生借助尺子找点，有个别学生尝试用圆规找，还有些学生小声嘀咕：“有无数种可能！”

结合学生回答演示课件，引导学生展开想象：

（1）尺子转动的角度小一点，两个点会怎么样？

（2）再小一点，小到我们都察觉不到？

（3）像钟表上的秒针一样，每次转动一点点，所有的点会连成一个什么图形？

2. 认识圆心、圆周、圆内、圆外

结合课件演示，介绍圆心、圆周、圆内、圆外。

【设计意图】 用尺子找圆上的点，观察课件中圆动态生成的过程，目的是使学生初步感知：圆是到定点距离等于定长的点的轨迹。

【效果关注】 学生能否结合课件的动态演示感受到，小明家的位置虽然是不确定的，但与学校的距离是固定不变的，发现了到定点距离相等的所有点密集就是圆。

活动二：用圆规画圆进一步认识"圆"：感受半径决定圆的大小

1. 尝试用圆规画圆，动手感受圆的特征

(1) 一般我们会像刚才那样用尺子先描点、再画圆吗？

(2) 会用直尺画圆吗？

(3) 怎样用圆规画圆？

学生自己尝试画一个圆，并用语言描述是如何用圆规画圆的。

2. 画一大一小两个圆，感受"圆规两脚间距离(半径)决定圆的大小"

学生试画。画出第一个圆后，有的学生将圆规的两脚掰大一点，有的将两脚合拢了一些，再画出第二个圆。还有个别学生画出了套在一起的同心圆，以示一大一小(学生画图如下所示)。

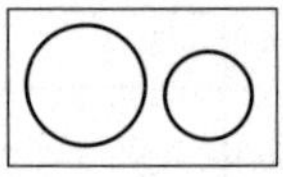 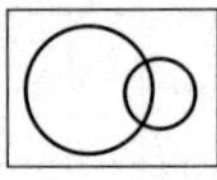 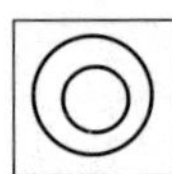

教师引导学生分析，通过刚才画一大一小两个圆，你有什么发现？

学生各抒己见，"圆规两脚间的距离长，画出的圆就大。""两脚间的距离短，圆就被套在里面了，圆就小。""两脚间的距离决定了圆的大小。"

结合学生的发言，教师补充介绍"同心圆"，并小结：同学们在画圆的过程中已经认识到圆规两脚间的距离决定了圆的大小，后面还要请同学们根据不同的要求继续画圆，相信大家还会有更多新的发现！

【设计意图】 在操作活动中认识圆是本节课的一条主线，核心活动是画圆。尝试用圆规画圆、画一大一小两个圆，目的是让学生探索、发现：半径决定圆的大小。

【效果关注】 学生为了实现"一大一小"的结果，是否想到了需要改变圆规两脚间的距离；为了能让人"一眼看出"，是否想到了画同心圆。由于画出的两个圆的位置关系各不相同(相离、相交、同心)，学生是否对"圆心决定圆的位置"有了初步感知。

活动三:过点画圆:理性判断中再一次认识“圆”

1. 第一次画圆

A、B、C 三点位置如图,画一个以 C 点为圆心,A、B 两点都在圆上的圆。

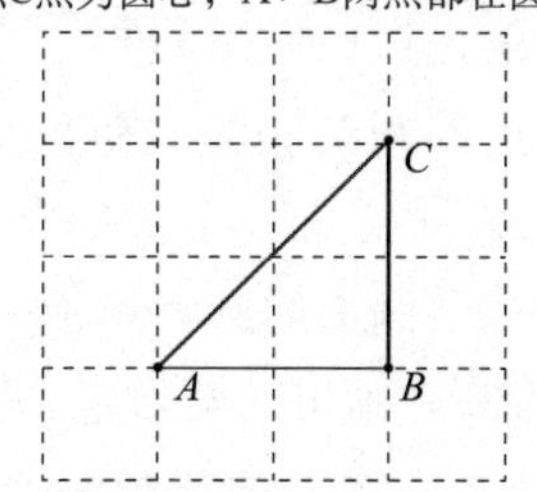

学生尝试后,纷纷摇头,表示画不出来。教师引导学生讨论:为什么画不出来?

借助刚才画圆,学生把自己的想法与小组同学交流、讨论:如果一脚扎在 C 点,另一脚放在 B 点画圆,A 点在圆外;如果一脚扎在 C 点,另一脚放在 A 点画圆,B 点又在圆内,怎么也画不出 A、B 两点都在圆上的圆。最后得出结论:画圆的时候圆规两脚之间的距离是不变的,但是 $CA\neq CB$,所以画不出来。

2. 第二次画圆

教师追问:以哪个点为圆心画圆,另两个点会都在圆上?

绝大部分学生不用画,就利用刚才的经验得出以 B 点为圆心的结论,而且能够准确地说明自己的理由,即 $BA=BC$。

3. 第三次画圆

如果将 C 点去掉,画 A、B 两点都在圆上的圆(如右图),想一想怎么画?

学生边思考边尝试,表现出不同层次的水平。绝大部分学生一下子就选择以 AB 的中点作为圆心,还有一部分学生发现 AB 中点上方的格点也能做圆心,个别学生找出了 3 个以上的点可以做圆心。

教师巡视后,找出代表性的学生作品,主要有如下三种。

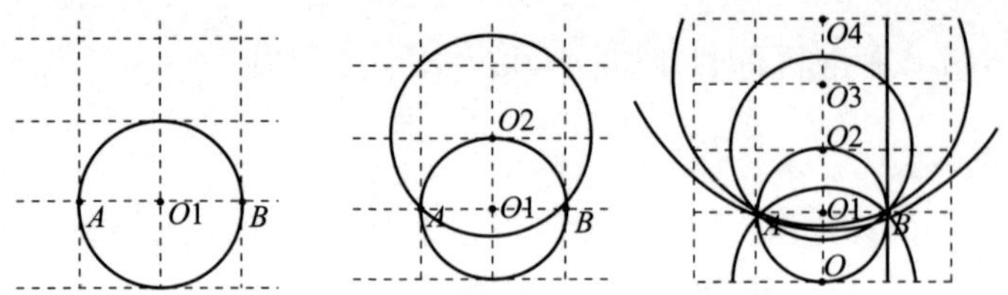

展示后，教师追问：什么样的点可以做圆心？

学生总结，只要到 A、B 两点的距离相等，都可以做圆心。有个别学生还认识到，可以画出无数个圆。

出乎教师的预料，学生还发现：画出的圆大小不一样，圆心越往上或者越往下，画出的圆越大，以 AB 的中点为圆心画出的圆最小。

教师抓住时机，适当拓展，这条线上的任何一个点都可以做圆心，因为它们到 A、B 两点的距离都相等，这条线叫线段 AB 的中垂线，同学们到中学会学习它！

【设计意图】 问题的创设为不同层次的学生都提供了思维空间，展示过程中使学生感受到，虽然画出的圆有多有少，但有共同点，就是只要到 A、B 两点的距离相等就可以画出恰当的圆。

4. 第四次画圆

如果还是 A、B、C 三个点，能画出这三点都在圆上的圆吗？

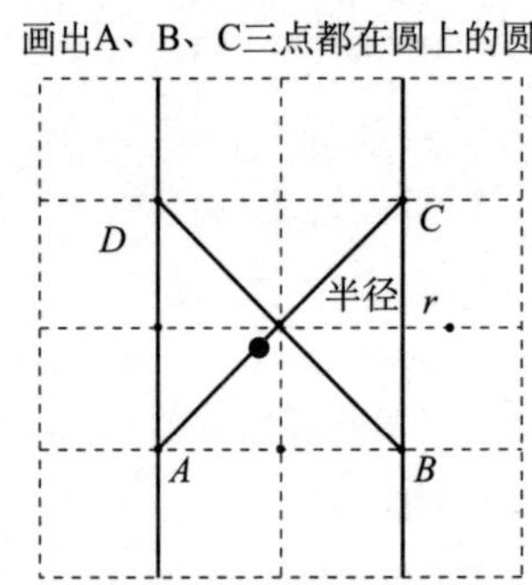

学生借助方格纸，很快找到了可以做圆心的点，并画出了 A、B、C 三点都在圆上的圆。教师进一步引导学生思考：

(1) 为什么这个点可以做圆心？

(2) 如果不显示出圆，D 点在圆上吗？E、F…在圆上吗？

(3) 圆上的点有什么共同点？

5. 认识半径

OA、OB…都是这个圆的半径。

学生画半径。教师追问:那到底什么是半径?关于半径,你们还知道些什么?

生1:半径是一条线段,一端在圆心,另一端在圆上。

生2:半径有无数条,因为圆上有无数多个点,就像小明的家有无数种可能。

生3:无数条半径都相等,圆上任意一点到圆心的距离都相等。

生4:小明家距离学校那300米就是半径,表盘的秒针也是半径。

生5:圆规两脚间的距离就是半径!

生6:半径越长圆就越大;半径越短,圆就越小,半径决定圆的大小。

6. 第五次画圆

如果请同学们在长3宽2的长方形中画最大的圆,半径应该多长呢?

画出如下长方形中最大的圆。

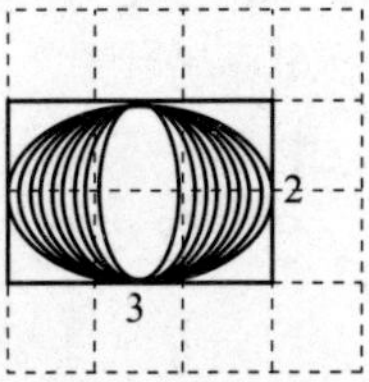

2

3

学生尝试画。教师将部分学生画好的圆放在投影上展示,引导学生观察,这些圆有什么相同点和不同点?

学生发现,这些圆的半径都是1,因而圆的大小都一样。但是由于圆心的位置选择的不一样,所以画出的圆的位置也不一样。

【设计意图】 在学生积累了丰富的感性经验的基础上,进行开放性的设问:"关于半径,你有哪些认识?"学生在组织语言回答问题的过程中,将自己对半径的认识系统化、逻辑化。

【效果关注】 学生是否从定义、特点、作用等不同的角度来描述自己了解的半径,而且还尝试结合具体的情境来说明半径是什么,由此判断,学生是否已经掌握了半径这一概念的本质。

7. 小结

古人很早就对圆进行了一些研究,如在《墨子》中就有这样一句话,"圆,一中同长也。"你明白这句古文的意思吗?

学生小声议论。"一中"指的是圆的中心点,圆心。"同长"指的是所有半径的长度都相等。古人真棒,四个字就概括出圆的特点。

师小结:同学们也很棒,经过几次画圆自己发现了半径决定圆的大小,圆心决定圆的位置,半径和圆心是圆的两个要素,一点也不比古人逊色!

【设计意图】 通过对《墨子》中"一中同长"的理解,将前面圆心和半径认识的总结,使学生感受我国古老的数学文化。

活动四：实际问题情境中认识“直径”以及“直径与半径的关系”

小明家距离学校300米，如果小亮家也距离学校300米，两家的距离最远是多少米？

学生发现小亮和小明家实际上是在同一个圆上，估计出距离最远是600米。

教师接着问：如果小明家的位置如图所示，小亮家在哪儿？小明家换个位置，你还能再找到小亮家相应的位置吗？再换呢？

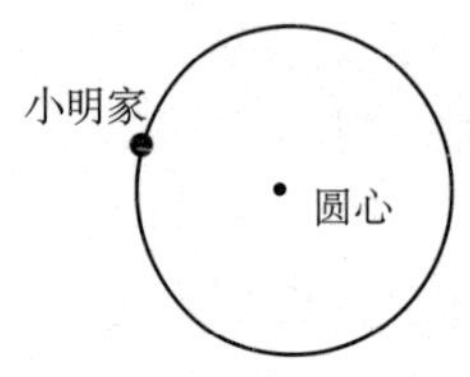

学生根据小明家的位置找出相应的小亮家的位置，在找的过程中发现：要想达到600米，必须让小亮家与小明家正对着，即穿过圆心的另一侧的圆周上。

师：这条线段也是圆内很重要的一条线段——直径。结合刚才的学习和你自己的发现，说说什么是直径，关于直径你已经知道了什么？

生1：一条直径等于两条半径。

生2：直径有无数条，每条都相等。

生3：直径是圆里最长的线段。

生4：直径都通过圆心，两端都在圆上！

【设计意图】 通过不断变换小明家的位置让学生找相距600米的小亮家的位置，使学生认识到直径是圆中最长的线段，这样也便于使学生发现直径是通过圆心两端在圆上的线段(因为只有通过圆心的线段才有可能是最长的线段)，直径是半径的2倍。

【效果关注】 学生在回答“小亮家在哪儿?”时，说：“必须和小明家正对着……”虽然还不知道什么是直径，但学生已经认识到直径的两个端点是关于圆心对称的，准确地把握了直径的本质。

活动五：巩固应用，深化对圆的认识

结合我们对圆的认识，可以解释生活中的一些现象。

1. 三分线问题：球筐的位置如图所示

为什么三分线不是三角形、正方形而是半圆弧呢？

学生讨论后回答：

生1：因为这样篮筐到半圆弧上任意一点的距离都是相等的。

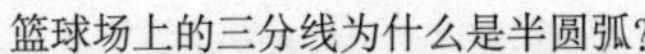

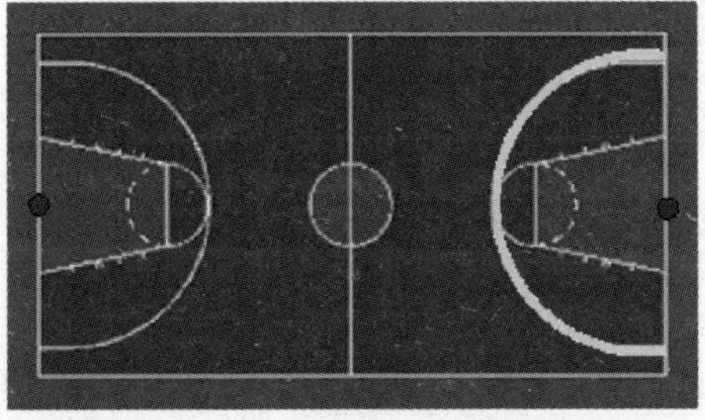

生 2:篮筐的位置就相当于圆心,半径都相等,所以这样才公平!

2. 扣眼问题

教师请一位衣服上有扣子的学生上前,介绍扣子、扣眼。扣子的表面是圆的,扣眼大概应该多长?为什么?

学生讨论后回答,扣眼应该比扣子的直径略长一点儿。因为直径是圆内最长的线段,扣眼短了,扣子就扣不进去了。

【设计意图】 运用已有的圆的知识解释生活中的一些现象,目的是加深学生对圆特征及直径、半径的认识,使学生感受到生活中不仅仅是因为美观而将其物体表面设计为圆形,这里面也蕴含着深刻的数学道理,体会数学在生活中广泛的应用价值。

活动六:布置作业

请你也提出一个生活中的与圆有关的现象或问题,并试着解释或解决它!

【设计意图】 强化运用所学圆的知识观察生活,有所发现,检验学习效果。

学习任务 4:教学效果评价的工具设计与效果分析

教学设计中所提出的学习目标是否达成,需要通过评价来检验,评价既有形成性评价——其目的在于改进教学,也包含总结性评价——目的是检查教学是否达到设计中的目标。例如,陈新华老师在教学后设计了如下评价方案。

一、学生问卷部分

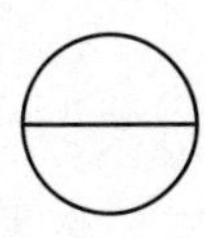

1. 已知右图中的线段是圆的直径,标出圆心,再画出一条半径,半径长几厘米。

2. 半径 2 厘米和直径 3 厘米的两个圆，哪个大？

3. 画出右图给定正方形内最大的圆。

4. 篝火晚会时，同学们会围成一个圆，为什么？

二、学生访谈部分

1. 用自己的话描述一下，什么样的图形就是圆？

2. 关于圆的半径、直径你还知道什么？

3. 你能提出一个生活中与圆有关的现象或问题，并试着解释或解决它吗？(因为今天是我们学习圆的第一节课，有些问题我们可能还解决不了或者解释不清，随着后面的学习我们再分别解决)

4. 你喜欢今天的数学课吗？你认为自己的表现如何？为什么？

三、教师自评部分

1. 设计的内容和活动是否能够激活学生的思维，使学生积极地参与整个学习过程？

2. 是否积极参与学生个人或小组活动，给予恰当的点拨和指导？是否捕捉到了学生的精彩生成，并给予学生适时、恰当的评价？

自主思考：

1. 请你运用前述陈新华老师设计的评价题目检测学生的学习效果，整理出你的调研结果。

2. 写下你对前述评价题目的看法。

3. 请你设计一份教学“圆的认识”后的评价题目，并写出设计意图。

练一练

1. “画圆”是圆的认识教学中的重要活动，下面是两个“画圆”任务，请你评价其优点与不足。如果这两个任务分别作为课堂上的学习任务，如何实施？

(1) 请全班同学画一个大小相同的圆。

(2) 在学校篮球场中心画一个半径为 3 米的圆，请你设计出完成该任务的方案。

2. 收集生活或大自然中形状是圆形的物品，思考如何将这些物品作为课堂教学的丰富资源。

3. 收集学生第一次画圆时的“不成功作品”，分析这些作品的教学价值。

第四节　让复习更有生长力——平面图形的复习课

学习准备

1. 你所任教的版本教材中关于平面图形认识的学习内容分布在几个年级？求平面图形的面积的本质是什么？面积的复习课中如何以这一本质“一以贯之”？

2. 复习课在学生学习过程中的价值是什么？请按照自己的理解梳理出几条。

3. 收集学生在学习平面图形的面积内容中容易出现的错误。

4. 请阅读本节列出的与复习课相关的一些文章资料。

复习课是小学阶段一种重要的课型，它不同于新授课与练习课，既不是将以前学习过的内容重新再讲一遍，也不是通过练习让学生的知识、技能更加熟练。复习课的目的是通过梳理以往学习内容，将零散的知识形成有结构的知识体系，查缺补漏、应用拓展。复习课是一种虽然重要但不好把控的课型，上好复习课对于学生进一步巩固理解某一阶段的数学内容至关重要。

小学阶段学习的平面图形有长方形、正方形、平行四边形、三角形、梯形、圆，还有各种组合图形，学生从三年级开始接触面积和长、正方形面积，到六年级学习圆的面积，这些图形面积公式的推导方法之间有着密切的联系，既体现度量的本质（度量单位及其个数）又渗透转化思想。平面图形面积的度量可以说是小学阶段一个既重要又丰富的内容，在讲授这些内容时学生已经经历了丰富的公式推导和探究过程，复习课不能仅仅把这些内容再重复讲一遍。那么该如何上好平面图形面积的复习课？复习课的目标是什么？复习课可以设计哪些好玩又有价值的活动？这些都值得教师深入地思考和研究。

学习任务1:如何确定复习课的教学目标?

复习课到底复习些什么?教学目标的确定至关重要。

自主思考:

1. 你认为可以从哪些方面思考复习课的教学目标?

2. 下面是两位不同年级的老师设计的平面图形面积的教学目标,共同点是什么?

3. 阅读俞正强老师《数学复习课中的"新"与"乐"》一文,你对复习课的教学目标有了哪些新的认识?

1. 六年级平面图形的面积总复习教学目标

(1) 进一步理解和掌握平面图形面积计算方法,认识不同图形面积计算之间的联系,建构有关平面图形面积计算知识网络,能正确应用公式解决问题。

(2) 增加整理复习的经验,培养自主学习的意识和能力,发展空间观念。

2. 五年级平面图形的面积总复习教学目标

(1) 理解长方形、正方形、平行四边形、三角形、梯形面积公式之间的内在联系。

(2) 通过图形变化,发现图形中变与不变的辩证关系。

(3) 通过多角度、多方位地思考问题感悟数学思想,体验学习数学的快乐。

学习任务2:复习课之前如何调研学生?

自主思考:

你是否上过复习课?复习课之前你是如何了解学生已有水平的?请举例说明。

调研学生不是一件容易的事情,设计复习课的调研更不容易,在上复习课之前,该调研学生的哪些方面?如何设计调研题目?下面是中国农业科学院附属小学葛芬老师设计的五年级平面图形的认识学前调研,调研对象为五年级某班的35名学生。

(1) 你喜欢什么样的复习课？请选择下面的答案(可多选)，在相应的位置画“√”。

1. 建构知识网络	30 人　85.7%
2. 串讲书上的复习题	11 人　31.4%
3. 把原有知识复习一遍	17 人　48.6%
4. 综合应用练习	14 人　40.0%
5. 做卷子	6 人　17.1%
6. 讲经常出错的题	24 人　68.6%
7. 在原有知识的基础上进行新的拓展	20 人　57.1%
8. 做以前做过的练习题	15 人　42.9%
如果还有不同想法，请写出来 0 人　0%	

以上说明学生喜欢在复习课上对学过的知识梳理、整合、沟通其内在联系，并对原有知识进行拓展延伸。

(2) 如果我们要上一节“图形面积复习”课，你想复习哪些知识？

学生提到复习面积公式、进率、求不规则面积的方法、图形的特征、图形的变化、相关拓展知识，易错题，综合应用。

(3) 你在小学阶段学过哪些多边形的面积计算公式？它们的面积公式是什么？如何推导的？

97.1%学生知道这五种图形的面积计算公式，74.3%学生还记得公式的推导过程，并能用适当的方法表示。如图所示。

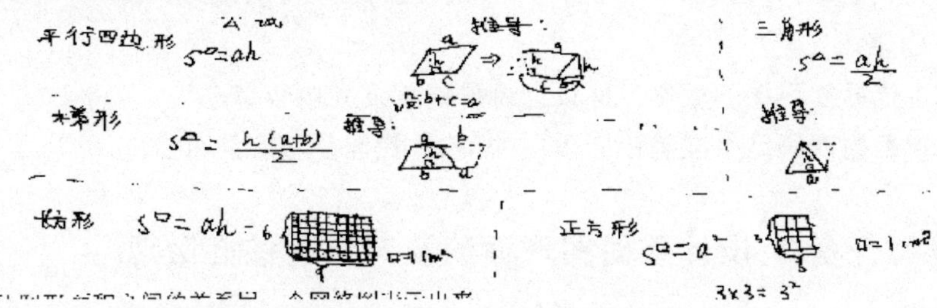

(4) 把五种图形面积之间的关系用一个网络图表示出来。

100%的学生能自主根据对知识的积累，建构属于自己的网络图，如下图所示。

分析:复习课的教学不仅仅停留在“知识”层面,更重要的是帮助学生将零散的知识串成“线索”,形成知识网络,葛老师的调研主要从以下三个维度进行:

第一,学生对复习方式的已有经验(第 1 题);

第二,学生对以前所学知识的掌握情况(第 2、3 题);

第三,学生在知识间建立起相互联系的能力(第 4 题)。

从这三个维度的调研可以发现,从复习方式来看,大部分学生(85.7%)非常认可“建构知识网络”的复习方式,也有超过半数的学生选择了“讲经常出错的题”和“在原有知识的基础上进行新的拓展”,这说明五年级的学生对于如何复习、该复习些什么都有着较为清晰的认识(当然,也可能是教师在讲授复习课时有着清晰的目标,因而学生对复习课比较有感觉);从知识层面来看,学生对于已经学过的各种平面图形的公式及其推导过程也都没有太大的困难(分别占 97.1%和 74.3%);从学生建立知识间相互联系的角度来看,所有的学生对整理建构知识网络图有一定的活动经验,都能够想到用网络图的方式来整理,但从学生的作品中能够发现,学生的网络图还不是十分清晰,或者说并没有完全展现出学生的思维,可以说,这正是在教学中需要教师重点关注的点,即如何让学生在已有经验的基础上进一步建立各个图形(尤其是图形面积)之间的联系?怎样挖掘出学生没有表达出的深层次思维?在大部分学生已经对公式很熟悉的情况下该设计什么样的活动让学生的思维“动起来”?由此可以看出,进行复习课的学生调研时需要考虑如下一些问题。

(1) 依据复习课的教学目标设计调研的维度和内容。

(2) 根据调研结果准确诊断学生的困难,找准复习课的重点。

学习任务 3:设计平面图形面积复习课的核心活动

自主思考:

1. 设计什么样的活动才能让复习课更有趣?请结合下面两个案例说说自己

的想法。

2. 案例 1 中葛老师课堂上选用的学具——钉子板(或方格图)在学生学习面积时具有什么样的价值?

3. 案例 2 中贲老师设计的课前复习任务体现了复习课的哪些目标?

下面是两位老师设计的平面图形复习课的核心活动。

案例 1:五年级平面图形复习课[①]

(一) 课前游戏

师:同学们,知道这是什么吗?(钉子板)我们可以用一根皮筋在钉子板上围出各种图形。试试看。

(二) 沟通图形间的联系

师:今天来上一节平面图形面积的复习课。我们继续钉子板游戏。

师:请你任意移动梯形的顶点,把它变成另一种基本平面图形。

学生动手操作。

师:请你不改变梯形的下底和高,移动梯形最少的顶点数,快速变成另一种基本平面图形。

学生动手操作。

【设计意图】 从玩钉子板的游戏入手,激发学生学习的兴趣;在钉子板上把梯形变成其他图形,为沟通图形间的联系提供模型支撑,为后续的探究做铺垫。

学生汇报。

预设 1:梯形变成三角形。

预设 2:梯形变成平行四边形。

预设 3:梯形变成长方形。

师:怎么没有同学变化成正方形呀?(学生回答)

师:只要求梯形的高不变,移动梯形最少的顶点数,变化成正方形。

(学生展示并介绍方法)

师小结:我们根据图形的特征通过点的运动,可以把梯形变成其他基本平面图形。

---

① 本案例由中国农业科学院附属小学葛芬老师提供。

课件演示变化过程，学生思考梯形的上底、下底和高发生了什么变化。

学生到前面指图说明，并用字母表示。

梯形变成三角形 $a=0$

梯形变成平行四边形、长方形 $a=b$

梯形变成正方形 $a=b=h$

师：还记得这几个图形的面积公式吗？

学生说公式。

师：观察这些公式，结合刚才变化的活动，你想到了什么？

学生自由发言。

师：我想既然梯形在一定条件下可以变成长方形、正方形、平行四边形、三角形，那么用梯形面积公式可不可以推导出这四种图形的面积公式呢？

学生两个人为一组，可以任意选择其中的一种或两种思考。在作业纸上简单写出你的思考过程。

学生汇报：

$$S=(a+b)h\div2=(a+0)h\div2=ah\div2$$

$$S=(a+b)h\div2=(a+a)h\div2=2ah\div2=ah$$

$$S=(a+b)h\div2=(a+a)b\div2=2ab\div2=ab$$

$$S=(a+b)h\div2=(a+a)a\div2=2aa\div2=a^2$$

师：看来，我们只记住梯形公式就可以了。

【设计意图】 帮助学生从图形的特征、运动的角度理解沟通图形面积公式间的内在联系。

（三）拓展延伸

（1）淘气用钉子板围成了这样四个图形，他想问大家哪个图形面积大？

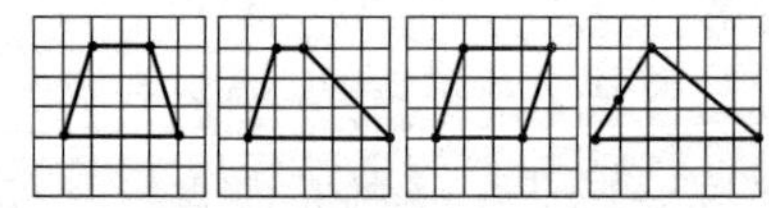

你还有什么新的发现？

学生讨论汇报：梯形高不变，上底增加与下底减少的数相同，面积不变。

【设计意图】 发现图形中变与不变的辩证关系。

（2）淘气用钉子板围成了这样一个图形，你们能帮助他算一下这个图形的面积吗？

学生独立思考后,实物投影展示交流。

方法一:3×3÷2+(3+6)×3÷2=18

方法二:通过旋转转化为平行四边形　3×6=18

方法三:通过平移转化为梯形　(3+3+6)×3÷2=18

方法四:通过割补转化为长方形　3×6=18

方法五:通过旋转转化为三角形　(3+3)×6÷2=18

方法六:看成2个正方形　3×3×2=18

方法七:看成4个相同的三角形　3×3÷2×4=18

【设计意图】 通过多角度、多方位地思考问题感悟数学转化思想。

(3) 聪明的淘气把 A 点向左移动了一点,所形成图形的面积会变吗?

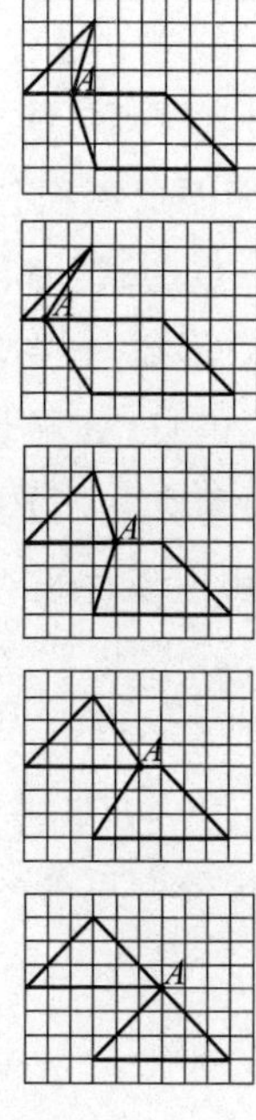

师追问:为什么还不变?

生:两个图形的高没变,上下底的总和没变,所以面积不变。

师小结:能抓住数学本质,从运动中发现图形变与不变的关系,真了不起。

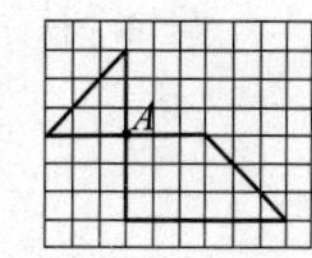

师:现在,我们再看这幅图,结合刚才的学习过程,你又有什么新的认识?

可能出现可以运用分割、平移、旋转、割补等方法把新的图形转化为学过图形再求面积，还可以从运动的角度分析图形。

分析与点评

复习课到底上些什么？怎样上才能巩固学生已学过的旧知识？在葛老师的课上，设计的核心活动凸显了如下一些特点。

1. 选择恰当学具，让复习课“活”起来

葛老师的课上选择了钉子板（方格图）作为主要学具，在钉子板上学生可以任意改变图形的形状，教师通过提出不同的要求，设计了有层次的学习活动。例如，任意移动梯形的顶点，把它变成另一种基本平面图形；只要求梯形的高不变，移动梯形最少的顶点数，变化成正方形。在这一过程中，学生主动、自觉地思考并建立各个平面图形之间的联系，在此基础上教师将学生的研究兴趣引向面积公式，利用图形各个要素之间的关系推导出平面图形面积公式之间的关系。

2. 把握度量本质，在比较中进一步理解“面积”

“面积”就是一个个小面积单位的累加，在图形和面积的学习中，格子图是重要的学习工具，格子图中蕴含着丰富的信息，如平行、垂直、长度、大小、面积单位等，借助格子图，学生能够实现很多探究活动。钉子板是可操作的格子图，学生通过操作能够直观地看出图形的形状和大小所发生的变化，利用其中的信息也可以进行相应的转化和简单推理，教师选择了钉子板，又精心设计了层层递进的拓展活动：哪个图形面积大？这个图形的面积是多少？A 点向左右移动，图形的面积是否发生变化？如果抽象地思考这些问题，对学生来讲是有一定难度的，但是在直观的操作中，学生的思维变得更加活跃，在比较中思考图形的面积与平面图形各个边长之间的关系，在推理中对组合图形的面积也有了进一步的思考，实现了思维和解决问题方法的进一步拓展。

案例 2：六年级平面图形的面积总复习[①]

课前，教师发给每位学生如下整理复习材料，学生独立、自主完成。

---

① 本案例由南京师范大学附属小学贲友林老师提供。

"平面图形的面积"整理复习

1. 我们已经学过哪些平面图形的面积计算？能用<u>表格</u>或<u>画图</u>的方式将所学的平面图形面积计算的知识进行整理吗？

通过整理，我的体会：

我的疑问：

2. 在学习平面图形面积计算时，哪些题目容易出错呢？收集一道题目，整理如下。

题目：

解答：

我的提醒：

聪明人会认识自己的错误，聪明人会改正自己的错误，聪明人不重复犯同样的错误，最聪明的人是不重复犯别人的错误。

（一）揭题

师：这节课，我们上什么内容？

生：（齐）平面图形的面积。

师：复习课是复习我们小学里学过的有关平面图形面积计算的知识。

（二）整理

1. 小组交流

师：课前，大家已经做过整理复习材料。第1题，读一下题目。

生：我们已经学过了哪些平面图形的面积计算，能用表格或者画图的方式将所学的平面图形的面积知识进行整理吗？

师：谢谢，把掌声送给第1个上课发言的。（全班掌声）大家都做过整理，你整理了什么？你怎样整理的？同桌两位同学之间相互交流一下。

（学生同桌交流。教师巡视，了解学生交流的情况）

2. 全班交流

（教师邀请听课教师任意抽报学生的学号，被抽到学号的学生到前面与全班交

流）

生（展示材料，如图）：我通过表格的方式来整理我们所学过的平面图形的面积计算公式。我写的是字母公式。长方形的面积公式：$S=a\times b$，正方形面积公式是$S=a^2$，平行四边形面积公式是$S=ah$，三角形的面积公式是$S=ah\div 2$，梯形的面积公式是$S=(a+b)h\div 2$，圆形的面积公式是$S=\pi r^2$。

1、我们已经学过哪些平面图形的面积计算？能用表格或画图的方式将所学的平面图形面积计算的知识进行整理吗？

图形	工式
长方形	$S=ab$
正方形	$S=a^2$
平行四边形	$S=ah$
三角形	$S=ah\div 2$
梯形	$S=(a+b)h\div 2$
圆形	$S=\pi r^2$

师：如果你认为对，就掌声通过。如果你觉得有补充，可以举手。（学生掌声）

生：我们可以通过表格，把推导方法也写出来。

（展示该学生的材料，如图）

师：我们看他的整理，有图形名称，有计算公式，还有什么？

生：推导过程。

师：也就是把推导过程写出来了。

1、我们已经学过哪些平面图形的面积计算？能用表格或画图的方式将所学的平面图形面积计算的知识进行整理吗？

名称	推导过程	面积公式
长方形	分割	$S=ab$
正方形	分割	$S=a^2$
平行四边形	添补法	$S=ah$
梯形	添补法	$S=(a+b)h\div 2$
三角形	联想到平行四边形	$S=ah\div 2$
圆	转化为长方形	$S=\pi r^2$

师：这样整理，怎么样？（很好）还有用不同的方法整理的吗？

一位学生展示，如图。

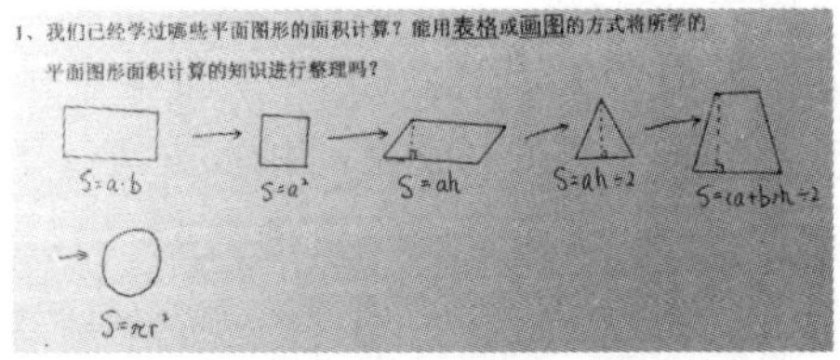

师：他用什么办法整理的？

生：（齐）画图。

师：你有没有话和大家说？

生：我是用画图的方法整理所学图形的面积公式。为了方便，我用字母来代替汉字。我们所学的所有面积都是根据长方形来推导的，从长方形 $S=a\times b$，到正方形 $S=a^2$，再到平行四边形 $S=a\times h$，再到三角形 $S=a\times h\div 2$，再到梯形 $S=(a+b)\times h\div 2$，最后再到圆形 $S=\pi r^2$。（全班掌声）

师：听到这儿，应该给他一个提醒，不是除 2，应该怎么说？

生：（齐）除以 2。

师：还有没有整理得不一样的？

一位学生展示，如图。

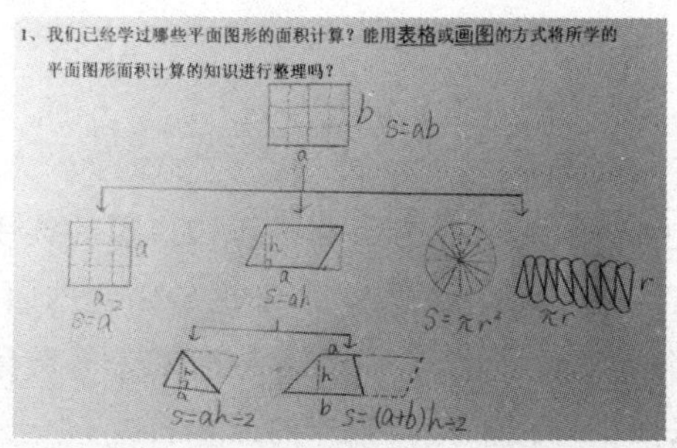

生：我们最先学习的是长方形，（教师指导学生用笔指着讲）它也是最基本的图形，由长方形面积公式 $S=ab$，推导出正方形面积公式 $S=a^2$，再从长方形的面积公式推导出平行四边形的面积公式 $S=ah$，最后再由长方形公式推导出圆的面积公式 $S=\pi r^2$。推导圆的面积公式的过程中，还是要把圆分割成 1 小块 1 小块，拼割成长方形。再由平行四边形推导出了三角形的面积公式 $S=ah\div 2$。再由平行四边形推导出了梯形的面积公式 $S=(a+b)\times h\div 2$。（全班热烈掌声）

师：刚才看了我们几位同学的整理，大家应该有一些想法。我们一起来回顾一下。（教师逐一再次出示之前 4 位学生的材料）第一位同学用什么方法整理的？

生：表格。

师：仔细看，有一个字的写法要提醒她？

生：公式。（教师圈出，提醒学生课后修改）

师：第 2 位同学，用什么办法整理的？（表格）第 3 位同学呢？（画图）第 4 位同学？（画图）有没有发现，四位同学有的用表格，有的画图，看起来不完全一样，但你会发现相同的地方，都是整理了几种图形？(6 种)对，我们小学学的最基本的平面图形的面积计算就这 6 种。那你现在比较比较，你觉得这些不同的整理，怎么样？

生：用画图的方式整理，可以看出面积推导的计算公式。比如说，正方形是怎样推导面积计算公式的。

生：用表格的方式可以清楚地看到面积的计算公式，用画图的方式可以看出一种图形和另一种图形的关系。(全班掌声)

师：说得怎么样？(很好)那要不要再听一遍？(要)

生：表格的方式可以清楚地看到面积的计算公式，用画图的方式可以看出一种图形和另一种图形的关系。

师：她刚才说用表格的方式怎么样？

生：清晰，清楚。

师：所以，我们学完了一些知识以后，通常就可以用表格的方式进行整理。她又说了，用画图的方式怎么样？

生：能看出图形之间的关系。

师：(在第 4 位学生的图中，将长方形和平行四边形的连线描画)能解释吗？

生：我们是把平行四边形转化成长方形，来推导出它的面积计算公式的。

师：他刚才一个词特别好？(转化)那推导的时候怎么转化的？你接着说。

生：用割补的方法来推导出平行四边形的面积公式。

师：我们可以说得更具体一点，怎么割补？

生：把平行四边形的一个角割下来……

师：我给你一个建议，到前面来说。你可以在黑板上一边画图一边讲解。

生：(边画边讲，如图)画一个平行四边形，把这里割下来，在这里补上。

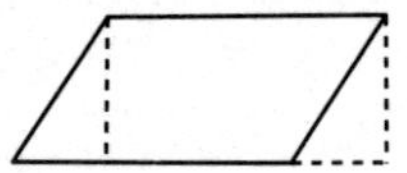

师：就是把平行四边形转化成了长方形。如果在他发言以后，你还能补充，那更好！

生：他是用平移的方法移过去。

师：他说割下一个直角三角形，实际上就是沿着平行四边形的一条高，先把它割下来，然后平移，拼成了长方形。(教师指刚刚描画的长方形与平行四边形之间的一条线)刚才我们解释的是这条线，接下来还可以解释哪条线？

生：圆。（教师描画长方形与圆之间的线）

生：把圆沿着半径平均分成若干份，再把若干份拼接成近似的长方形。得出的面积公式是 $S=\pi r^2$。（全班掌声）

师：（边说边画）回顾一下，刚才他说，把一个圆沿哪儿分成若干份？（半径），我们知道，分的份数越多，拼成的图形越怎样？（越接近长方形）

师：长方形的宽等于什么？

生：（齐）圆的半径。

师：长方形的长呢？

生：圆周长的一半。

（教师板画，大概一个半径长，如图，并指出：圆周长的一半，把它拉直了，这么长，差不多了吗？学生判断：短了。教师再画约一个半径的长。学生指出：还是短了。教师追问：那究竟画多长呢？学生指出：半径的 3.14 倍。教师追问学生怎样想的？结合学生的回答，教师帮助学生梳理：圆的周长 $C=\pi d$，又等于 $2\pi r$，那周长的一半是 πr。也就是拼成的长方形的长是半径的 π 倍。教师板画完整图，并指出：长是半径的 3 倍多一些，长是 πr，宽是 r，圆的面积就是 $\pi r\times r$，结果是 πr^2）

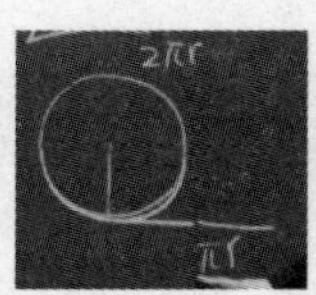

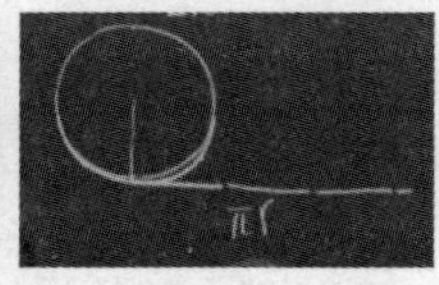

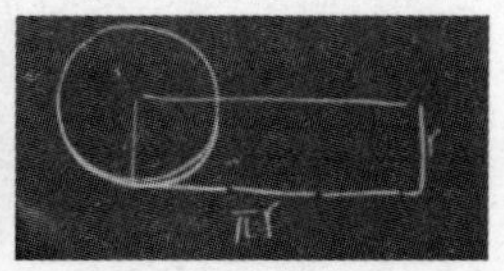

师：接下来，我们讲哪个图形？

生：正方形。

生：正方形是特殊的长方形。

师：接下来说哪个图形？

生：三角形。

生：三角形和平行四边形有关系。从图中可以看出，两个三角形是一个平行四边形，就用平行四边形的面积公式 $S=a\times h$ 再除以 2，就是三角形的面积。（全班掌声）

生：有两个三角形，就可以拼成一个平行四边形。平行四边形的面积是 ah，它是由 2 个三角形拼成的平行四边形。

生；其实三角形要想拼成平行四边形，需要它们等底等高的。然后平行四边形除以 2 才等于一个三角形的面积。

师：刚才他的补充发言说到了 4 个字。

生：(齐)等底等高。

师：要用两个等底等高的三角形，去拼成 1 个平行四边形。还有补充吗？

生：两个完全相同的三角形才可以拼成一个平行四边形。

师：你听到，他刚才发言中说的四个字和之前同学说的四个字有什么不一样？

生：(齐)完全相同。

师：现在有两种说法，一种说法是什么？(等底等高)另一种说法是什么？(完全相同)，这两种说法一样吗？如果不一样，哪里不一样？同桌两人交流，稍后会请你们上台画图讲解。

(学生同桌交流。之后，听课教师任意抽报学生的学号，被抽到的 1 号学生到前面与全班交流)

生：(先画出上面两个三角形，如图)等底等高，形状不同，不一定能拼成平行四边形。(再画两个完全相同的三角形拼成平行四边形，如图)所以平行四边形必须需要两个相同的三角形。等底等高的三角形，形状不一定相同，不一定能拼得起来平行四边形。(学生掌声)

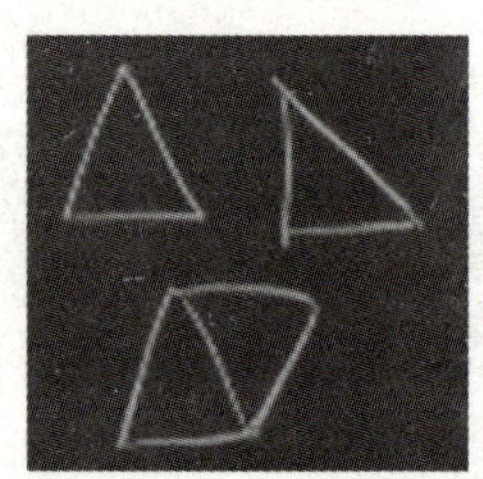

师：(指图)这两个三角形，它们是——等底等高，但是形状不同，能拼成平行四边形吗？不能，所以三角形不仅要等底等高，而且必须形状相同，也就是这两个三角形要——完全相同！这里有判断题，如果两个三角形完全相同，它们一定等底等高？

生：(齐)对。

师：马上想到，这道判断题还可以怎样改一下？

生：两个等底等高的三角形，形状一定相同。

生：(齐)错。

师；刚才交流，明白了两种说法不同，一种是——等底等高，还有一种说法是——完全相同。现在还有一个图形没说？(梯形)梯形和谁有关系？(平行四边形)其实它的推导过程和三角形一样的，也是用两个——完全相同的梯形拼成平行四边形。(教师组织学生再看图)我们看这幅图,能看出什么?

生:图形之间的关系。

师:或者说,图形之间的联系。其实这些图形都是一个一个学的,那到今天总复习,咱们要找出它们之间的——联系。我们先学什么?

生:长方形、正方形、平行四边形、三角形、梯形、圆。按照顺序整理的,通过图来看,它们的联系更加紧密了。

师:还记得同学说,长方形是——基本图形。我们根据长方形的面积公式推导出了什么?

生:(齐)正方形、平行四边形、圆的面积计算方法。

师:根据平行四边形面积公式推导出了什么?

生:(齐)三角形、梯形的面积公式。

师:如果我从下往上看,推导三角形、梯形的面积公式,是将它们——转化成平行四边形。平行四边形、圆,转化成了——长方形。

(教师在黑板上画一个梯形)

师:我们来看梯形。我把梯形右上角的顶点向左平移,你发现什么?

生:上底变得越来越短。

师:(示意梯形右上角的顶点平移到与左上角的顶点重合)梯形变成了什么图形?

生:三角形。

师:梯形的面积公式,还记得吗?

生:(齐)$(a+b)\times h\div 2$。[教师板书:$(a+b)h\div 2$]

师:当上底变成了一个点了,那 a 变成了什么?

生:上底变成点,上底就不存在了。

生:a 就是 0 了。

师:[教师板书:$=(0+b)h\div 2=bh\div 2$]当变成 $bh\div 2$,这是什么公式?

生:三角形面积公式。

师:大家有没有发现,我们根据梯形的面积公式推导出了什么?

生:三角形的面积公式。

师:(指梯形图中的右上角的顶点)再想一想,刚刚把这个点向左平移,如果……

生:这个点向右平移,梯形可以变成平行四边形。(全班掌声)

师：这时，下底就和上底一样长，那 a 就变成了 b。[教师板书：$(b+b)h\div2=2bh\div2=bh$]，$(b+b)h\div2$，也就是 bh。你看到什么公式？

生：平行四边形的面积公式。

师：大家有没有发现，根据梯形的面积公式，又推导出了什么？

生：平行四边形的面积公式。

师：那这样来看，我们刚才根据梯形的面积公式推导出了三角形的面积公式，刚才根据梯形面积公式推导出了平行四边形的面积公式。(师在图中梯形与三角形之间画上线，将梯形与平行四边形之间原先画的线重新描一描)如果接着想下去，这些图形之间还可以怎样连线呢？这些连线，道理是什么呢？如何解释呢？这些问题，留在大家下课以后再思考。在我们复习时，通常要做到了 5 个字——温故而知新。我们在温习已经学习的知识的时候，想一想，是否有新的思考、新的发现呢？

（三）练习：交流材料第 2 题

师：我们再看材料中第 2 题。这道题，是一道什么样的题目？

生：容易出错的题目。

师：也就是易错题。为什么要大家收集这样的题目呢？请大家一起读材料中最下面两行文字。

生：(齐)聪明人会认识自己的错误，聪明人会改正自己的错误，聪明人不重复犯同样的错误，最聪明的人是不重复犯别人的错误。

师：这几句话的意思，大家都懂吧。我们要从错误中学习。要从自己的错误中学习，还要——从别人的错误中学习。因为，最聪明的人是不重复犯别人的错误。有请 18 号，把材料送到展台这边来。

展示，如图。

2、在学习平面图形面积计算时，哪些题目容易出错呢？收集一道题目，整理如下：

题目：在一个长5米，宽4米的长方形铁板中剪去一个面积最大的圆，剩下的面积是多少？

生：一个长 5 米、宽 4 米的长方形铁板中，剪去一个最大的圆，剩下的面积是多少？

师：你觉得这个题目要注意什么？

生：是在长方形中剪去一个最大的圆。圆的直径是长方形的宽。(全班掌声)

生:它求的是剩下的面积,而不是圆的面积。(全班掌声)

生:我先求出来长方形的面积,再求出圆形的面积,用长方形的面积剪去圆的面积,就是剩下的面积。

师:思路讲得非常清楚,你再和大家分享一下你的提醒。

生:我的提醒是,这道题问的是剩下的面积,而不是求圆形的面积。

师:刚才大家把这个问题讲得非常清楚。请其他同学看着这题,你收集的题目和她刚才的题目有没有联系?如果有联系,请你举手;如果没有联系,你可以想,她的这道题目,我可以怎么改?

生:在一个边长5米的正方形中,剪去最大的圆,剩下的面积是多少?

生:她是这么改的,在一个边长5米的正方形,剪去最大的圆。也就是把长方形改成了正方形。(全班掌声)

师:长方形,是可以改的,还有没有不同改法?

生:在一个长5米、宽4米的长方形铁板中剪去一个面积最大的圆,圆的面积是多少?

生:她改的是求圆的面积是多少。

师:也就是把这道题目的问题给改了。原来是剩下的面积,她改成求圆的面积。

生:还可以这样改:在一个直径4米的圆中,剪去一个长方形,剩下的面积是多少?

师:之前的题目是在长方形里剪圆,她把它改成了圆里剪长方形。细心的同学会发现,还是有漏洞的。

生:应该剪最大的正方形。

师:也就是把长方形里剪圆改成了什么问题?

生:圆里剪最大的正方形。

师:我们可以剪圆,还可以剪什么?(学生插嘴:正方形,三角形)在长方形里剪最大的三角形,这个三角形面积是多少?

生:长方形面积的一半。

师:之前说的是剪圆,如果剪半圆,行不行?剪最大的扇形呢?另外,长5米,宽4米,也可以修改吗?也就是说,我们可以由一道题目,变出很多题目。请大家看看13号的题目。

13号学生展示,如图。

教师：如果刚才 13 号同学主动推荐他收集的题目，并且告诉我们，他的题目与之前的题目有联系，那就更棒了！

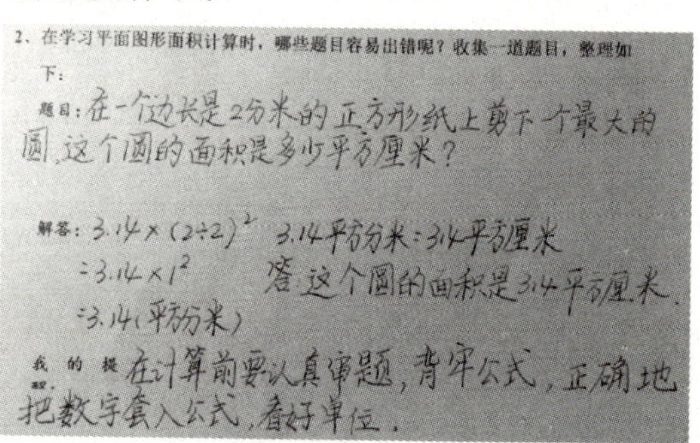

2、在学习平面图形面积计算时，哪些题目容易出错呢？收集一道题目，整理如下：

题目：在一个边长是2分米的正方形纸上剪下一个最大的圆，这个圆的面积是多少平方厘米？

解答：$3.14\times(2\div2)^2$

$=3.14\times1^2$

$=3.14$（平方分米）

3.14平方分米=314平方厘米

答：这个圆的面积是314平方厘米。

我的提醒：在计算前要认真审题，背牢公式，正确地把数字套入公式，看好单位。

生：（齐）在一个边长为 2 分米的正方形里剪去一个最大的圆，这个圆的面积是多少平方分米？

师：这个题目和刚才那个题目有没有联系？（有）这个题目也可以修改吗？正方形多大？（4 平方分米）剪去一个圆，你会发现有一个地方特别容易出错？什么地方呢？这道题目，还可以怎么改，大家课后思考，后续我们继续交流。下课！

分析与点评

贲老师的课主要围绕课前布置的复习资料单进行，复习资料单蕴含了教师清晰的复习课目标：一是用表格或画图的方式让学生建立平面图形面积及其公式之间的联系，使知识系统化、结构化；二是通过收集错题进一步熟练技能，降低错误率。

1. 汇报学习单，讲解中巩固知识

在课前学习单中，学生已经通过自己的思考用表格或图表的方式整理了平面图形的面积计算公式，单纯看学生作品并不能够完全发现学生深层次的思考，教师利用学生已有学习基础，在课堂上充分利用学习资源，让学生在讲解、质疑、碰撞中厘清思路。在汇报过程中，教师设计了有层次的展示过程，从列表法到图示法，从只呈现公式到呈现公式的推导过程和推导方式，随着大家的交流与讨论的逐渐深入，学生的思维也逐渐拓展，让学生“清楚明白地讲出来并让别人听懂”是巩固已有知识的重要途径之一。

2. 交流错题，复习中建立联系

在交流错题环节，贲老师并没有止步于错题的罗列和再练习，而是通过梳理错题，引导学生思考错题的原因，让学生“从错误中学习，不仅要从自己的错误中学习，还要从别人的错误中学习”，这就使得找错和改错活动由机械变灵活，这种方式引起了学生的极大兴趣，而教师则扮演着“串联”的角色，例如老师说：“请其他同学看着这题，你收集的题目和她刚才的题目有没有联系？如果有联系，请你举手；如果没有联系，你可以想，她的这道题目，我可以怎么改？”学生收集的大量错题在这一任务的引领下变得有结构、有联系。

练一练

1. 你所任教的年级和教材版本是否有平面图形的认识复习课内容？如果有，请撰写一份教学设计，如果没有，请选择一节其他内容的复习课撰写一份教学设计。

2. 提出自己在撰写复习课教学设计时遇到的困难和困惑。

拓展阅读资料

[1] 俞正强．数学复习课中的“新”与“乐”[J]．小学青年教师，2005(11)．

[2] 蒋敏杰．小学数学复习课中几类关系的厘定与处理[J]．教育实践与研究，2017(34)．

[3] 曾木英．重构——数学复习课的核心要义[J]．教学与管理，2017(8)．

[4] 黄琳．在小学数学复习课中运用思维导图促进学生思维品质的发展[J]．教育观察，2017(4)．

第四章

统计表与统计量的学与教

学习目标

1. 借助统计表、统计量的教学内容分析以及教学活动设计，深入理解数据分析观念的内涵。

2. 掌握统计图、表以及统计量教学的基本方法与有效学习活动设计，尤其强调从“统计学”角度设计学习活动，理解统计图表以及统计量(平均数)。

3. 掌握基于学生认知冲突与认知需求设计学习活动的理念和方法。

第一节　让学生经历复式统计表的形成过程

学习准备

1. 不同版本教材关于“统计图、统计表”内容的编排顺序不同，了解你所使用教材的编排顺序。

2. 哪些统计活动的结果适合用复式统计表表示？

3. 学生认识复式统计表时的困难是什么？

4. 复式统计表的优点、不足是什么？

《义务教育数学课程标准(2011 年版)》指出："数据分析观念包括：了解在现实生活中有许多问题应当先做调查研究，收集数据，通过分析作出判断，体会数据中蕴含着信息；了解对于同样的数据可以有多种分析方法，需要根据问题的背景选择合适的方法；通过数据分析体验随机性，一方面对于同样的事情每次收集到的数据可能不同，另一方面只要有足够的数据就可能从中发现规律。"

培养学生的数据分析观念是"统计与概率"教学内容的重要目标，数据背后蕴含信息，信息素养是人的重要素养之一。史宁中教授指出："数据分析观念"是在亲身经历统计活动的过程中培养出来的一种感觉、一种思维方式，其核心是"通过数据分析问题"。学会收集数据、表示数据、分析并运用数学是小学数学的重要内容。

表示数据可以用统计图、表，小学数学不同版本教材关于统计图、表编排的差异很大：有的编排体系是单式统计表、图(象形统计图、条形统计图、折线统计图)，然后再是复式统计表、图；有的编排体系是单式、复式统计表，其后是单式统计图(象形统计图、条形统计图、折线统计图)，然后再是复式条形统计图、折线统计图。不同编排各有其设计意图，不论如何，复式统计表在整个统计图、表内容体系中具有承上启下的作用，看似数据简洁的复式统计表，蕴含丰富的信息，承载重要的数学教育价值，如何落实其承载的价值取决于教师如何设计活动让学生经历复式统计表的形成过程。

学习任务 1：什么样的问题(情境)更适合学生认识复式统计表？

"复式统计表"是把两个(或多个)统计任务的数据合并在一张表上，以清晰、全面、简洁地反映数据的整体情况，便于比较。在《义务教育数学课程标准(2011 年版)》出台之前，人民教育出版社的小学数学教材将复式统计表的学习安排在二年级下学期，教材如图所示。

《义务教育数学课程标准(2011 年版)》出台后，复式统计表的内容安排在三年级下学期，内容如图所示。

自主思考：

1. 一、二年级的"体重"统计结果是什么类型的统计？学生理解该统计表的难

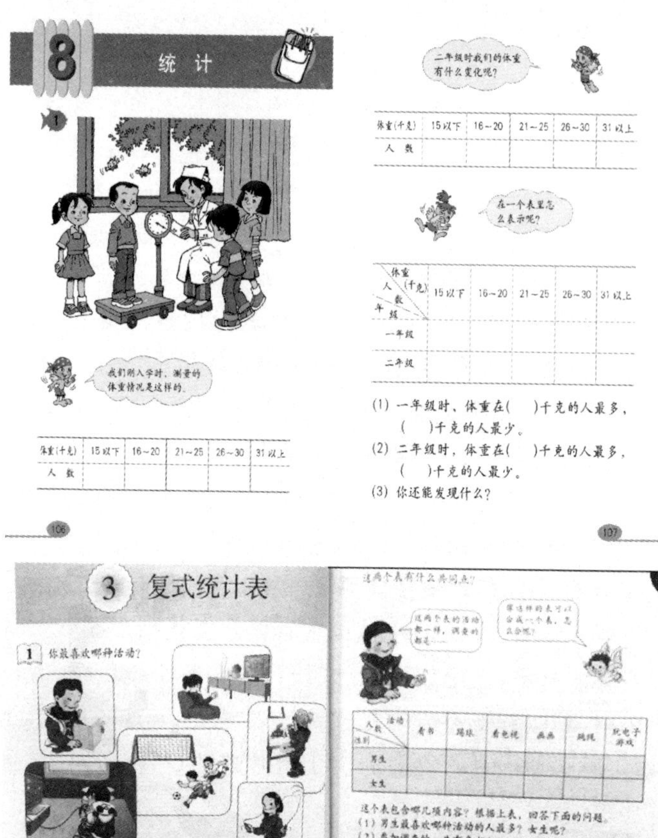

8 统计

1

体重(千克)	15以下	16～20	21～25	26～30	31以上
人 数					

106

体重(千克)	15以下	16～20	21～25	26～30	31以上
人 数					

体重(千克)／人数／年级	15以下	16～20	21～25	26～30	31以上
一年级					
二年级					

(1) 一年级时，体重在(　　)千克的人最多，(　　)千克的人最少。

(2) 二年级时，体重在(　　)千克的人最多，(　　)千克的人最少。

(3) 你还能发现什么？

107

3 复式统计表

1 你最喜欢哪种活动？

男生最喜欢的活动

活动	看书	踢球	看电视	画画	跳绳	玩电子游戏
人数						

女生最喜欢的活动

活动	看书	踢球	看电视	画画	跳绳	玩电子游戏
人数						

从上面的表中，可以知道哪些信息？

这两个表有什么共同点？

活动／人数／性别	看书	踢球	看电视	画画	跳绳	玩电子游戏
男生						
女生						

这个表包含哪几项内容？根据上表，回答下面的问题。

(1) 男生最喜欢哪种活动的人最多？女生呢？

(2) 参加调查的一共有多少人？

(3) 你对调查的结果有什么看法和建议？

做一做

调查本班同学最喜欢下面哪种电视节目。

节目／人数／性别	动画片	体育运动	电视剧	科教片	知识竞赛类	少儿综艺类
男生						
女生						

(1) 女生喜欢(　　)的人最多。男生呢？

(2) 有女生和男生都比较喜欢的节目吗？

(3) 你能提出什么问题？和同学们交流一下。

点是什么？

2. 男、女生各喜欢什么项目的统计是否有引入“复式统计表”的必要性？

3. “我们”的体重等数据在不同年级有不同的变化，利用复式统计表是否能够同时呈现多个年级的数据变化？

什么情境(问题)更适合复式统计表教学的导入环节？你同意谁的观点？

甲方：“体重的变化”贯穿教学始终。

甲方老师说：仔细研读原来二年级的教材，确立这部分的核心问题为“二年级时我们的体重有什么变化了吗”？核心词为“我们”“体重”“变化”。

(1) 研究的是“体重”问题，而体重问题是学生亲历的实际问题，不陌生、易理解、好说话。

(2) 研究的是“我们的”体重不是我的体重，是对群体体重的回答，因此才有必要把全班学生的体重情况进行分段统计(如果只看个人的体重变化就没必要分段统计了)，对这个问题的研讨使学生明白了统计的必要性。

(3) 研究我们的体重有什么“变化”，因此才需要知道一年级、二年级时我们体重的原始数据。

其实，“二年级时我们的体重有什么变化”是一个不争的事实，研究这个问题的实际意义在于统计观念的渗透与建立：以前我们说二年级时我们的体重会增加是凭感觉说的，而今天我们使学生明白数据中是有信息的，信息是可以提取的，信息是为人们服务的，初步学会用数据表达我们对问题的理解，感受用数据说话、用数据进行推断的思维方式。因此，我们确定了这节课的教学思路：以我们回答“二年级时我们的体重有什么变化”这个核心问题为主线，实施课堂教学。

乙方：“体重变化”适合放在“练习运用”环节

“体重变化”情境即使对三年级学生而言也有困难，首先该统计是“分段”统计，对学生有难度，又涉及两个年级的数据，更增加难度，该情境不适合作为复式统计表学习的第一个活动。但“体重变化”情境能够凸显出不同年级的“变化趋势”，有助于不同年级数据的“整体比较”，能够让学生体会到“复式统计表”的作用，该情境适合在学生已经认识复式统计表基础上的“练习运用”环节。

学习任务 2：如何调研学生对“复式统计表”的学前认识？

学生在生活中见过复式统计表，如学校的笑脸评比栏、书上练习题等。学生已经关注到复式统计表的存在，有把很多信息整合在一张统计表里进行观察、比较的意识，但这些复式统计表都是制作好的，直接呈现给学生让学生填写，他们缺少亲身参与制表过程的机会。经历制表的过程，可进一步认识复式统计表，发展数据分析观念。

把两张单式统计表“合并”在一张表上，这应该是学生学习过程中要经历的重要过程，学生整体上去观察分开的两张统计表会有哪些困难？学生如何有“合并到一张表上”的学习需求？学生可能会怎样“合并”？或者再进一步追问：三年级学生对整理成单式统计表的数据或者对原始数据，能提取出哪些信息？即学生在学习复式统计表之前的数据分析观念的表现水平如何？下面是北京前门小学张玉茜老师做的学前调研，根据学前调研把握学生在统计观念方面已有的“发展水平”，确定复式统计表这节课要达到的“发展水平”即教学目标，将“已有水平”作为教学的出发点，经历“复式统计表的建构过程”以及“巩固练习”等活动，达成本课教学目标。

一、测评题目

一（2）班全体同学体检测量体重情况统计表

体重（千克）	15 以下	16～20	21～25	26～30	31 以上
人数	4	13	18	8	2

二年级时，这个班同学的体重有什么变化呢？下面是我们班同学体重情况（单位：千克）。

18　26　23　27　29　22　34　25　13　19　35　27　18　19　27　24　34　19
18　28　24　23　21　17　26　26　18　31　28　23　29　25　24　22　22　23
26　24　26　28　21　24　25　21　27

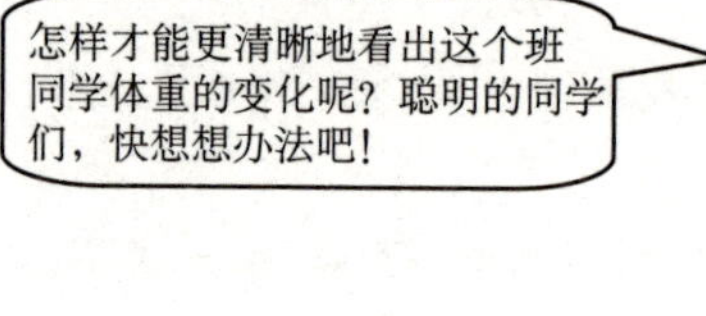

二、测评题设计目的

《数学课程标准》将数据分析观念归纳为 3 个维度：对数据的意识和感悟；对数据分析方法的意识和感悟；对现实现象随机性的意识和感悟。我们选取了与学生实际生活联系比较密切的学生体重作为素材，以学生在一、二年级时的体重为例，联系学生生活，调动学生的已有知识和经验，充分了解学生在“数据分析方法的意识和感悟”下的子维度“整理数据”分别处于什么层次水平，为教学内容积累素材，使教师更好地设计本课的教学。

"整理数据的水平划分",见下表。

水平 1	没有对数据进行排列和整理
水平 2	对所给的数据进行简单的整理
水平 3	尝试用复式统计表对所给的数据进行整理,填写的项目较完整,有待完善

三、测评情况分析

测评对象:北京市东城区前门小学走读部、寄宿部,共计 178 名三年级学生。

测评简要分析见下表。

水平 1	没有对数据进行排列和整理	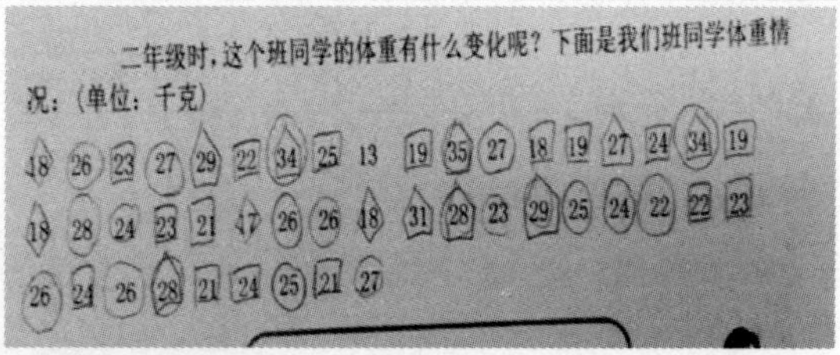 没有排序和整理,占总人数的 31.96%
水平 2	意识到需要依据一定的标准划分数据	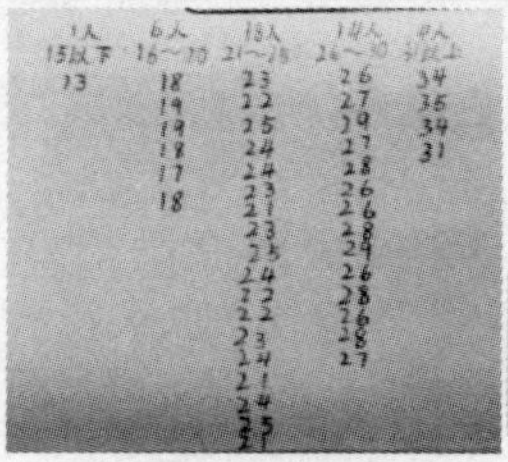 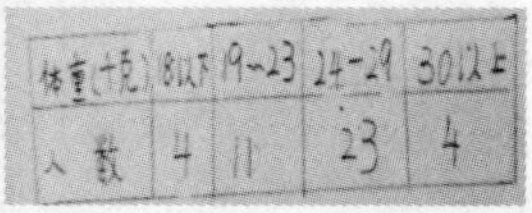 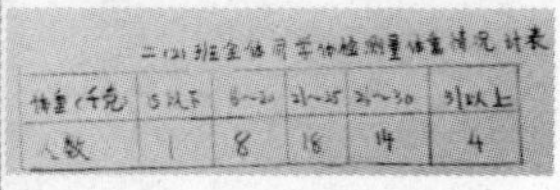 分组数据标准不明确,但能用学习过的知识进行分类,占总人数的 59.79%
水平 3	尝试用复式统计表对所给的数据进行整理,填写的项目较完整,有待完善	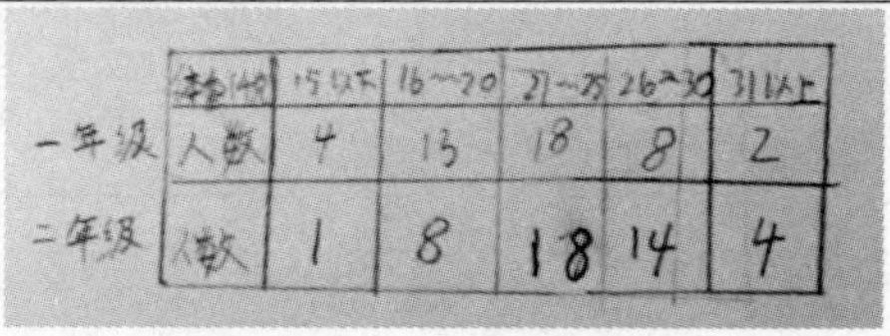 结合一年级的情况,尝试用复式统计表进行整理,但不规范,没有分栏格,占总人数的 8.25%

通过对纸质测评题的分析我们发现,大部分学生在收集和整理数据方面都处于水平 1 及水平 2,能够用单式统计表、不标准的复式统计表(没有意识到表头的设计)来整理、表示数据,由此可见,本节课中,教会学生认识复式统计表、填写数据都不是教学难

点，本节课的重点应放在结合实际情境，培养学生的数据分析观念，提升学生对统计意义的理解上。对于三年级学生来说，通过学习、应用可以使更多的学生向水平 3 迈进。

学生对数据的意识和感悟达到什么水平呢？我们随后进行了访谈。

四、测评后访谈情况分析

（一）访谈对象

北京市前门小学 33 名学生（一般：18 人；较好：10 人；好：5 人）

对统计表中的数据的意识和感悟的层次划分见下表。

水平 1	数据本身的读取，关注统计表中的单个数据
水平 2	数据之间的读取，关注统计表中数据之间的关系
水平 3	超越数据本身的理解，关注数据整体

（二）访谈过程

问题 1：这是咱们班 1 个学生做的统计表，你能读懂这个表吗？

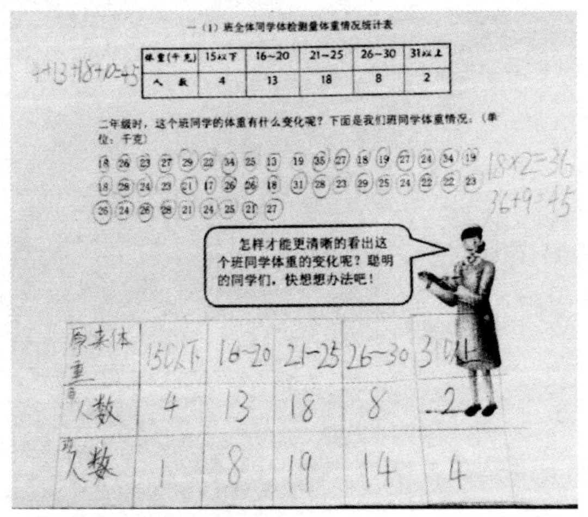

一（1）班全体同学体检测量体重情况统计表

体重(千克)	15以下	16～20	21～25	26～30	31以上
人数	4	13	18	8	2

二年级时，这个班同学的体重有什么变化呢？下面是我们班同学体重情况：（单位：千克）

18 26 23 27 29 22 34 25 13 19 35 27 18 19 27 24 34 19
18 28 24 23 21 17 26 26 18 31 28 23 29 25 24 22 22 23
26 24 26 28 21 24 25 21 27

原来体重	15以下	16～20	21～25	26～30	31以上
人数	4	13	18	8	2
现人数	1	8	19	14	4

问题 2：观察这个表，除了刚才说的，你还能看出什么？

问题 3：你还能读懂哪些信息？读得越多越好。或者你想到了什么？

依据学生的回答，按照统计表中的数据的意识和感悟的层次划分见下表。

水平 1	数据本身的读取，关注统计表中的单个数据	33 人均能达到
水平 2	数据之间的读取，关注统计表中数据之间的关系	13 人可以达到
水平 3	超越数据本身的理解，关注数据整体	仅有 1 人达到

首先，对于小学生来说，要逐步建立起对数据的某种敏感或领悟，最好的办法莫过于让他多参与到他身边的多样化的生活问题中去，亲身经历对数据的调查、研究、做出判断的活动过程，这样才能真正体会到数据中蕴含着信息，并建立起“用数据说话”的意识和观念。

其次，根据问题的背景选择合适的数据分析方法。这体现了数据分析的“方法性”要求。学生数据分析的方法涉及如何收集数据和如何处理数据的方法，前者指数据的调查、获取，后者指数据的整理、描述与分析。正基于此原因的思考，“复式统计表”的教学，若想进一步培养学生的数据分析观念，就离不开活动与过程，它承载着这么多的教育价值，在一节课中确实难以一一实现。这就需要进行单元备课，创造性地使用人教版教材内容，以学生感兴趣的“我喜欢的社团活动”为主题进行一系列的综合实践活动。

第一课时的教学目标如下。

(1) 认识单式统计表，经历简单的复式统计表的形成过程，能对数据进行简单的分析。

(2) 使学生经历统计的全过程，了解统计的意义，发展统计观念。

(3) 使学生体会统计与现实生活的联系，培养学生的合作意识，以及用所学知识解决简单实际问题的能力。

第一课时的教学重点如下。

(1) 经历分段统计表和复式统计表的形成过程。

(2) 对统计表中的数据进行简单合理的分析。

第一课时的教学难点如下。

(1) 学生对表头(分类区间)的理解。

(2) 学生对复式统计表形成过程的理解。

学习任务3：设计真实统计任务让学生感悟复式统计表的作用

《数学课程标准》中指出，“数据分析观念”即让学生经历收集、整理、分析数据的过程，通过数据分析做出决策和推断，并体会数据中蕴含着信息。在一节40分钟的课堂教学中显然不可能都落实这些“统计活动”，因此，北京市东城区前门小学张玉茜老师设计了20分钟的“短课”让学生实际去调研学生“最喜欢哪个社团活动”，再利用40分钟的“长课”带领学生经历复式统计表的“生成”全过程，提升学生整理和读取数据层次水平，即培养学生的数据分析观念。怎么让孩子的数据分析观念从低水平提升到高水平？如何把培养学生的数据分析观念转化为一线教师可操作的活动？下面是张老师设计的短课、长课的学习活动。

一、短课(20分钟)：制定方案

引入：播放学校社团视频，体会统计与现实生活的密切联系，感受学习数学的乐趣，同时宣传学校丰富多彩的社团活动。

(一) 提出问题

为了让更多的同学参与到社团活动中，学校准备为我们年级增加一个社团，那么多种社团，该增加哪一个呢？你认为学校应该做哪些前期准备工作？

学生交流讨论。

预设：需要进行调查，看喜欢什么社团的同学多。

(二) 明确调查内容和范围

我们需要调查些什么？调查哪些同学？

教师出示可以开设的社团名称：微视觉、毽球、足球、画画、舞蹈、轮滑、管乐。

学生根据“为我们年级”这个条件，认为应该对我们学校三年级所有班的学生进行调查。

(三) 确定调查方案

思考：如何开展调查？且能在最短的时间内完成收集数据的工作？请你以小组为单位进行设计。

(1) 学生以小组为单位制定调查方案。调查方案中应包括收集数据的方法和制定出的调查表。

(2) 在交流讨论中完善调查方案。以小组为单位进行设计，再全班交流，修正、完善调查表。

(3) 修改调查方案。

三年级学生最喜欢的社团课上研究单

班级：　　　　　　　　　　组名：　　　　　　　　　　日期：

我们的调查方案：
调整完善后的调查方案：

（四）实施方案

在班级内实施方案，并开展调查，收集本班数据，填写统计表。

三（3）班同学最喜欢的社团统计表

金童社团	微视觉	毽球	足球	画画	舞蹈	轮滑	管乐
人数							

二、长课（40分钟）：教学活动设计与预设

（一）矛盾冲突中认识复式统计表

1. 提出问题，引发思考

师：上节课，同学们为了帮助学校解决下学期为我们年级学生增设哪个社团，开动脑筋，献计献策。

（课件展示调查任务和讨论时照片）

同学们一致认为应该选出自己最喜欢的社团，我们一起制定方案，并设计出了这样的统计表。

同学们还讨论出很多收集数据的方法，如用"正"字统计、举手表决、投票等收集数据的方式。最后我们选择了我们最喜欢的方式——投票（出示课件），收集到了我们班的数据（板书：收集数据），选出了我们班同学最喜欢的社团。

三（3）班同学最喜欢的社团统计表

金童社团	微视觉	毽球	足球	画画	舞蹈	轮滑	管乐
人数	10	4	6	4	2	1	5

质疑：能不能仅调查咱们一个班就决定增设哪个社团？

预设：需要收集全年级所有班的数据，才可以作出决策。

2. 设计方案，创造复式统计表

1）分析数据，明确任务

教师课件出示其他三个班的调查数据。

三（1）班同学最喜欢的社团统计表

金童社团	微视觉	毽球	足球	画画	舞蹈	轮滑	管乐
人数	4	6	2	5	4	4	7

三(2)班同学最喜欢的社团统计表

金童社团	微视觉	毽球	足球	画画	舞蹈	轮滑	管乐
人数	6	4	3	6	5	3	5

三(4)班同学最喜欢的社团统计表

金童社团	微视觉	毽球	足球	画画	舞蹈	轮滑	管乐
人数	6	2	5	5	3	6	4

思考：

(1) 依据这4个统计表是否可以帮助学校作决策？

(2) 有什么更好的办法，让校长既能看出整个年级的情况又能看出我们走读部四个班的情况？

学生感到应用以前的知识不能解决问题，需要思考新的方法。

2) 自主设计，合作交流

小组合作要求：

(1) 先独立思考，再在小组内交流。

(2) 确定本组方案，并进行设计。

(3) 分工合作，准备进行小组展示。

3) 交流展示，完善设计

数字展台展示不同学生的设计方案。学生介绍的过程中，引导全班同学一起观察年级、社团、人数，逐步形成对复式统计表的认识，认识横栏和纵栏，明确横栏、纵栏的作用。

教师引导观察，感受分栏格(表头)既包含在横栏里，又包含在纵栏里。在思考中感受分栏格的作用，完善对分栏格的设计，体会分栏格的重要性。

3. 在分析中进一步认识复式统计表

1) 揭示课题，感受特点

师：在同学们的共同努力下，我们不仅设计出了满意的方案，还在整理数据的过程中认识了一位新朋友——复式统计表。(板书课题：复式统计表)

师：我们今天设计的统计表与二年级学习的统计表(再现课前学生设计的单式统计表)相比有什么不同？有哪些优势？

学生结合前面的交流谈自己的感受，总结复式统计表的特点：形式更简洁、更便于比较、信息更丰富。

2）在变化中认识复式统计表

师：如果又要增加一个社团应该加在哪里？表头要变吗？如果加入寄宿部两个班的调查数据应该加哪儿？分栏格（表头）要变吗？

3）根据统计表中的数据进行简单的分析

师：从这个复式统计表中，你能获取到什么信息？现在可以帮学校作决策了吗？

学生在提出问题、分析问题、解决问题的过程中进一步认识统计表，学生可能从两方面读取数据：数据本身的读取，数据之间的读取。

总结：复式统计表的作用可真不小！不仅可以清晰地呈现我们收集的多组数据，而且我们还能通过分析这些数据解决很多实际问题，帮助我们作出决策。

（二）在实际应用中提升学生分析数据的水平

1. 再认识复式统计表

课件出示：三(3)班同学一、二年级时身高情况统计表。

三(3)班同学在一、二年级时身高情况统计表

身高(cm)	115～119	120～124	125～129	130～134	135～139	140～144	145 以上
一年级	3	13	8	5	3	0	0
二年级	0	1	10	10	6	3	2

1）读表，了解统计表的结构

师：你能看明白这个统计表所表达的信息吗？谁愿意给大家介绍一下？

学生根据前面的学习进行介绍。

2）巩固新知——分栏格

师：能将分栏格补充完整吗？

学生根据自己的认识补充分栏格，体会分栏格的作用。

2. 分析统计表，感受数据的作用

师：观察这张复式统计表，你能提出什么问题？

学生提问并解答。

3. 挖掘超越数据本身的读取，提升学生的认识

1）感受复式统计表预测的作用

师：这学期我们又要进行体验了，能根据这张复式统计表预测一下咱们班同学这次体检时身高的情况吗？

出示三年级时学生的身高数据。

三(3)班同学在一、二、三年级时身高情况统计表

身高(cm) 人数 年级	115～119	120～124	125～129	130～134	135～139	140～144	145 以上
一年级	3	13	8	5	3	0	0
二年级	0	1	10	10	6	3	2
三年级	0	0	1	5	11	10	5

师:和你们想的一样吗?

学生在分析中感受随着年龄的增加我们的身高也在增加,表中数据也在发生着变化。

师:如果我们升入了中学,用这个横栏还行不行?表头变不变?

学生加深对横栏和表头作用的理解。

2) 感受复式统计表的现实意义

师:这些数据除了能帮我们解决刚才提到的问题以外,还能帮助我们解决什么问题?

预设:

班主任老师可以根据这个身高统计表帮我们订购衣服。

校医老师可以根据这个统计表帮我们确定桌椅号。

姓名	性别	身高(cm)	课桌椅号
白默涵	女	144.2	#5,#6
陈紫天骄	女	139.3	#6,#7
杜沐曈	男	140.9	#6,#7
段炼	男	139.6	#6,#7
范永平	女	133.8	#7,#8
方寅旭	男	125.9	#8,#9
方智诚	男	126.9	#8,#9

体育老师为我们填写的评价手册里有 BMI 指标，里面显示我们的身体情况，也是借助身高、体重的数据进行判断的。

男生体重指数(BMI)单项评分表

单项得分	一年级	二年级	三年级	四年级	五年级	六年级
100	13.5～18.1	13.7～18.4	13.9～19.4	14.2～20.1	14.4～21.4	14.7～21.8
80	≤13.4	≤13.6	≤13.8	≤14.1	≤14.3	≤14.6
	18.2～20.3	18.5～20.4	19.5～22.1	20.2～22.6	21.5～24.1	21.9～24.5
60	≥20.4	≥20.5	≥22.2	≥22.7	≥24.2	≥24.6

女生体重指数(BMI)单项评分表

单项得分	一年级	二年级	三年级	四年级	五年级	六年级
100	13.3～17.3	13.5～17.8	13.6～18.6	13.7～19.4	13.8～20.5	14.2～20.8
80	≤13.2	≤13.4	≤13.5	≤13.6	≤13.7	≤14.1
	17.4～19.2	17.9～20.2	18.7～21.1	19.5～22.0	20.6～22.9	20.9～23.6
60	≥19.3	≥20.3	≥21.2	≥22.1	≥23.0	≥23.7

引申思考：这些标准是随便制定的吗？

引导学生通过观察本班学生的身高感悟变化的原因。教师介绍“抽样”的方法。大量的抽样调研得到数据，再制作成复式统计表，根据统计表中的现实数据进行分析，确定标准。

（三）生活中的复式统计表

生活中，复式统计表无处不见。

某商场 1—4 月服装销售情况统计表

2007 年 5 月

月份 数量/万元 类别	总计	1 月	2 月	3 月	4 月
合计	455	120	165	80	90
成人服装	125	40	60	10	15
儿童服装	330	80	105	70	75

液晶电视、平板电视销售情况统计表

月份 台数 种类	6月	7月	8月	9月	10月	11月	12月
平板电视	43	38	46	35	32	37	30
液晶电视	42	46	39	42	50	43	52

伊yi饼屋生日蛋糕价目表

公分	鲜奶	果酱	水果	欧式蛋糕	牛奶慕丝	乳酪梦幻
24公分	28元	32元	38元	48元	52元	58元
28公分	38元	42元	48元	62元	65元	72元
32公分	58元	62元	68元	82元	85元	92元
36公分	78元	82元	98元	112元	115元	128元
40公分	108元	112元	138元	152元	158元	168元
44公分	138元	142元	188元	202元	208元	218元

欢迎订购本店生日蛋糕

29届奥运会奖牌榜

Beijing 2008　BEIJING 2008　2008年8月24日

名次	国家/地区	奖牌 金	银	铜	总计
1	中国	51	38	36	110
2	美国	36	21	28	100
3	俄罗斯	23	21	28	72
4	英国	19	13	15	47
5	德国	16	10	15	41

（四）应用知识解决问题

完成教材38页第1题。学生独立完成后，全班交流。

（五）回顾总结

通过今天的学习你有什么新的收获？

学习任务4：课堂教学中如何让学生经历复式统计表的形成过程

学生统计完成了每个班“最喜欢的社团”调研活动（呈现4个班的单式统计

表)，教师又提出新的任务：有什么更好的办法，让校长既能看出整个年级的情况又能看出我们走读部四个班的情况？学生小组合作完成该任务。小组合作完成任务后，应该全班汇报交流，在不同组的汇报交流分享中，经历“复式统计表”的形成过程，感受复式统计表的“形式简洁，但蕴含信息丰富”“便于比较”等特点。课堂教学中教师该如何组织学生汇报交流呢？

自主思考：

1. 预设一下不同组学生会如何将4个班的单式统计表重新创造一个方案(表格)表示出学校寄宿部三年级4个班学生最喜欢的社团统计数据？

2. 在汇报时，如何分别呈现不同组的表示方法，来帮助学生经历复式统计表的“形成过程”？

下面是北京市东城区前门小学张玉茜老师执教时的教学实录，分析她这样组织汇报环节的优点与不足。

师：我看大家讨论得特别激烈，都在想办法，而且办法都不太一样，想看看其他组的作品吗？

第一组作品，如下图所示。

三年级学生最喜欢的社团统计单

班级：[illegible]　　组名：阳光少儿　　日期：3月23日

我们的设计方案：

社团名称	微视觉	毽球	足球	绘画	舞蹈	轮滑	管乐
人数	19人	13人	31人	25人	12人	8人	23人

生：我们是这样想的，我们画一个图，让大家看得更清楚，微视觉四个班总共19人，毽球四个班是13人，足球31人，绘画25人，舞蹈12人，轮滑8人，管乐23人。

师：他们组挺好的，是用咱们上学期学的单式统计表来解决的。其他组有没有更好的建议呢？

生：我觉得最好把算式写出来，这样表示得更清楚。

第二组作品，如下图所示。

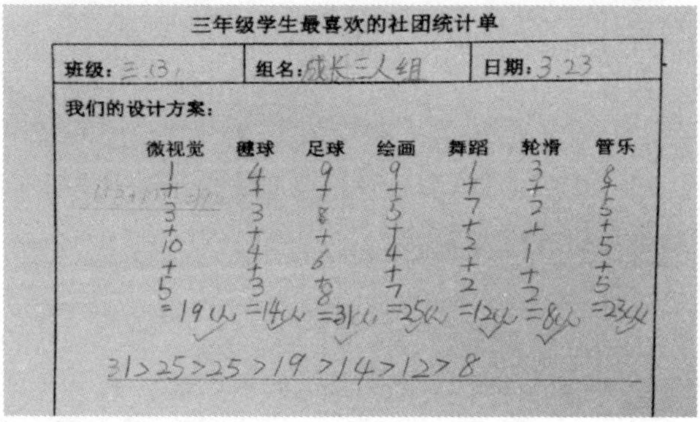

三年级学生最喜欢的社团统计单

班级：三(3)	组名：成长三人组	日期：3.23

我们的设计方案：

微视觉	毽球	足球	绘画	舞蹈	轮滑	管乐
1	4	9	9	1	3	8
+	+	+	+	+	+	+
3	3	8	5	7	2	5
+	+	+	+	+	+	+
10	4	6	4	2	1	5
+	+	+	+	+	+	+
5	3	8	7	2	2	5
=19人	=14人	=31人	=25人	=12人	=8人	=23人

31>25>25>19>14>12>8

生：我觉得他们组的方法可以，可是我中间不用写加号，直接口算，下面写总数。

师：你为什么觉得不用写加号也行呢？

生：因为我们都知道要把它们相加在一起才能知道总数。

师：你的意思没有加号也明白是加法，这样更简洁对吗？

师：你们接受建议吗？反思一下这个组的，再想想刚才的要求。你想说什么？

生：我觉得你们组忘了一个要求，校长还想看四个班的情况，你只符合一个要求，求的是汇总出来的。

师：看来如果没有前面四个班的要求是可以的，如果加上这个，就少因素了。

第三组作品，如下图所示。

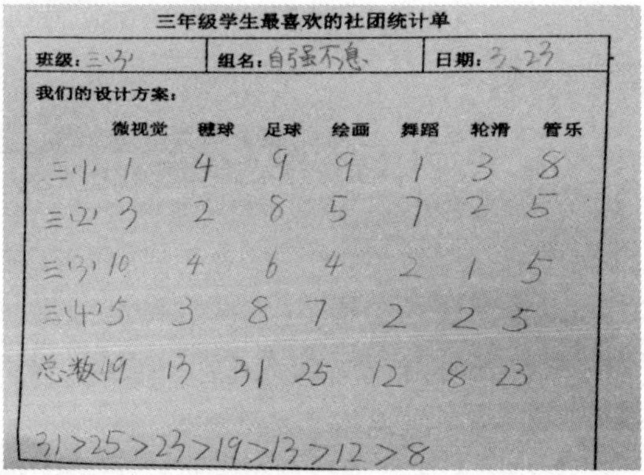

三年级学生最喜欢的社团统计单

班级：三(3)	组名：自强不息	日期：3.23

我们的设计方案：

	微视觉	毽球	足球	绘画	舞蹈	轮滑	管乐
三(1)	1	4	9	9	1	3	8
三(2)	3	2	8	5	7	2	5
三(3)	10	4	6	4	2	1	5
三(4)	5	3	8	7	2	2	5
总数	19	13	31	25	12	8	23

31>25>23>19>13>12>8

师：这次和你想的一样了吗？谁来说说。

师：咱们一起来看看他们组是怎么做的。

生：他们这样看不出来哪个社团是最多的，他们忘记比较了。

第四组作品，如下图所示。

三年级学生最喜欢的社团统计单

班级：三(3)班	组名：天天向上	日期：3.22

我们的设计方案：

	微视觉	毽球	足球	绘画	舞蹈	轮滑	管乐
三(1)	1	4	9	9	1	3	8
三(2)	3	2	8	5	7	2	5
三(3)	10	4	6	4	2	1	5
三(4)	5	3	8	7	2	2	5
总计	19	13	31	25	12	8	23

师：你怎么想的？为什么画了一个红圈？

生：我觉得我们根本不用比较大小，因为数学讲究的是简洁，这个表可以一眼看出哪个最多，我们把最多的突出来就可以了。

师：在大家的努力下，我们得到了这样一个统计表，这个统计表和我们以前学的不太相同，它叫作复式统计表，但是它现在还不是规范的复式统计表。你知道哪儿不规范吗？

生 1：项目旁边没有写名称。应该加上一个项目名称。

生 2：那班级为什么不写呢？人数为什么不写呢？

生 3：可以在中间画一个斜线，一半写班级一半写项目。（教师根据学生回答进行操作）

生 4：我觉得应该画两条线，加上人数，因为复式统计表中还有人数呢。

师：人数在哪呢？你能上来指一指吗？这个图里没体现人数，那你想到什么办法了？

生：在里面加两条线，中间写人数。

第四组作品修改后，如下图所示。

三年级学生最喜欢的社团统计单

班级：三(3)班	组名：天天向上	日期：3.22

我们的设计方案：

社团 人数 班级	微视觉	毽球	足球	绘画	舞蹈	轮滑	管乐
三(1)	1	4	9	9	1	3	8
三(2)	3	2	8	5	7	2	5
三(3)	10	4	6	4	2	1	5
三(4)	5	3	8	7	2	2	5
总计	19	13	31	25	12	8	23

经历前面汇报交流后，教师继续揭示课题，感受复式统计表的特点，并在PPT上呈现完整的复式统计表，如下表所示。

三年级同学最喜欢的社团统计表

社团名称 人数 班级	微视觉	毽球	足球	绘画	舞蹈	轮滑	管乐	合唱
三(1)	1	4	9	9	1	3	8	
三(2)	3	2	8	5	7	2	5	
三(3)	10	4	6	4	2	1	5	
三(4)	5	3	8	7	2	2	5	
合计	19	13	31	25	12	8	23	

师：太了不起了，在大家的共同努力下我们绘制出了复式统计表。那你们看看我制的复式统计表，跟你们想的一样吗？观察这个复式统计表，它和我们之前学的单式统计表有什么不同？有什么特点？请你想一想，可以和小组同学交流一下。

生1：我觉得复式统计表里有合计，这是它的特点，要用单式统计表还得一步一步地算出来。

生2：我觉得这个方式更简洁，把四个班合成一个表了，用单式表还得一个一个地翻看，太麻烦。

师：也就是说复式统计表记录的事情和数据更多了，信息更丰富了。我想问咱们班喜欢绘画的和三(1)班比相差几人，你选择用哪个表来告诉我答案？

生：复式统计表。

师：为什么呢？

生：因为这上面有这两个班的数据，就不用一页一页地去翻了。

师：也就是说这个复式统计表更便于我们进行比较，看来它真有自己的好处，我们学习它还挺有用的。

(在改变统计表的“列”与“行”过程中进一步明确复式统计表的各部分名称)

师：其实这个表还可以加信息呢！比如说再加一个合唱的，你们说加在哪儿？

生：在管乐后面再加一个。

师：如果我想加上寄宿两个班的情况呢？

生：要加在合计的上面。

师：刚才的回答说起来很不方便，其实表中各部分都有自己的名称。水平的这一栏叫作横栏；竖直的这一栏叫作纵栏。你发现什么了？

生：横栏就是横着看的，纵栏就是竖着看的，中间的部分既在横栏又在纵栏。

师：我们叫它分栏格，又叫表头。那你发现了吗，刚才我们在增加合唱或者寄宿部两个班的时候，哪里没变？

生：分栏格。

教师在 PPT 上呈现标注各部分名称的表格。

三年级同学最喜欢的社团统计表

分栏格　横栏　纵栏

社团名称 人数 班级	微视觉	毽球	足球	绘画	舞蹈	轮滑	管乐	合唱
三(1)	1	4	9	9	1	3	8	
三(2)	3	2	8	5	7	2	5	
三(3)	10	4	6	4	2	1	5	
三(4)	5	3	8	7	2	2	5	
合计	19	13	31	25	12	8	23	

分析与点评

基于学生需求与经验，创造复式统计表实现自主学习。

复式统计表的结构其实很“复杂”：横栏、纵栏、分栏格以及两行及两行以上的数据。数据既可以横向读取，也可以纵向读取，甚至整体上感知、比较与分析。认识“复式统计表”时既可以呈现完整的一个复式统计表，让学生填写其中的相关数据，又可以呈现一个带有“数据”的复式统计表教师告知学生怎么读取数据。这样的认识方式显然没有发挥学生学习的自主性，不能真正理解复式统计表的实质(其实质是同时呈现两种分类情况下的统计数据)。

那么学生应该如何认识复式统计表呢？张玉茜老师执教的“复式统计表”一课给予我们很多启发：让学生经历“创造”复式统计表的过程，在自主建构统计表过程中认识复式统计表。

首先，教师结合学校的实际需要，设计了一个需要复式统计表的任务：校长要了解全校三年级各班喜欢什么样的课外活动。学生进行实地调研获得各班的数据(调研活动以 20 分钟短课时方式进行),应该如何呈现数据使校长既能了解三年的整体情况又能一目了然地知道三年级 4 个班的情况？由此开启本节课的第一个小组任务。该任务既承接了已经学过的单式统计表,又为即将学习的复式统计表提供了认知需求。

其次,学生以小组为单位完成上述任务。由于各组学生已有认识、知识、理解以及创造性水平各不相同,各小组呈现数据的方式也各不相同。如何汇报交流各组的"作品"特别考验教师的教育理念与能力,如果直接汇报"标准"的复式统计表则不能让全体学生真正经历"再创造"复式统计表的过程,学生仍然没有自主性、创造性学习。

张玉茜老师组织各小组汇报"成果"的顺序非常值得借鉴,教师为主导,真正让全体学生经历"重构"复式统计表的过程。张老师组织小组汇报分为三个层次:第一层次是"单式统计表",学生呈现的是已经累加了的数据。第二层次是逐一呈现三种"半成品"的复式统计表,让学生基于已有经验感悟,发现复式统计表的创生过程。第三层次是完善"分栏格",让复式统计表更清晰地表明"统计项目"的名称以及"调研对象"的名称,这样复式统计表就会"自己说话"。讨论过程中教师的引导作用非常重要,教师应引导学生突破教学难点,实现创造性学习。

"分栏格"对于学习复式统计表来说很重要,也是教学的难点,"分栏格"实际上就是一个分类,所有的统计表、统计图背后的思想是分类,只不过这个分类更复杂,是有两个维度的分类,也就是复式统计表涉及双变量。双变量要在二维平面上表达,并清楚地表达出变量的名称即横栏、纵栏的变量名称,对小学生来说很难,但由于经历了前面"半成品"的过程,对横栏、纵栏各具体项目有了理解,再对横栏、纵栏的变量进行"命名"并在"分栏格"中进行"表示"就相对容易一些。经历"分栏格"的创造过程,不仅能更好地理解复式统计表的结构,也为读取复式统计表中的数据提供了方法:横行和纵列对应一个点就是一个数据,这个数据就是统计情况。

上述以任务为导向让学生创造"半成品" 式复式统计表、审慎地反思"半成品"然后不断完善复式统计表(认识复式统计表)的过程符合学生的认识事物的过程,更能揭示复式统计表的"复杂"结构,学生在"再造"与"建构"的过程中认识、理解了复式统计表的实质。

学习任务 5:如何设计巩固练习进一步深入理解复式统计表的特点?

学生经历了复式统计表的"形成过程",初步认识了复式统计表,感受了复式统计表的特点，在此基础上还需要通过解决问题(练习)再进一步读懂复式统计表，感受复式统计表的作用。下面是张玉茜老师执教时的教学片段。

一、在变化“行”与“列”的过程中再次认识复式统计表

师：我们班同学在一年级参加运动会时，为了更好地展示我班的风采，咱们班的家长特意为我们买了班服，想想他们是依据什么标准给咱们定的？

生：每个人的身高。

师：这是我们班同学一年级时的身高分布统计表，家长就是根据这个买的。到二年级时，你们的身高发生了一些变化，谁读懂了这个复式统计表？

三(2)班学生一、二年级时身高情况统计表

身高(cm) 人数(个) 年级	115～119	120～124	125～129	130～134	135～139	140～144	145 以上
一年级	3	13	8	5	3	0	0
二年级	0	1	10	20	6	3	2

生：我发现一年级 115～119 厘米的有 3 人，到二年级就没有人了。

师：我特别要表扬她，刚才回答问题只读取了一个数据，现在能找到两个数据之间的关系了，真棒。还有吗？

生：我还发现了，一年级的时候 140～144 厘米是没有人的，145 厘米以上也是没有人的，可是二年级 140～144 厘米有 3 人，145 厘米以上有 2 人。

师：真好，她观察了 4 个数据了，还有没有比她更棒的？

生：我知道一年级 115～119 厘米的有 3 人，120～124 厘米的有 13 人，125～129 厘米的有 8 人。

师：每一个身高段你都知道有多少人了，我提个要求，你还能发现什么？能不能找到数据之间的联系？

生：我看出来我们一年级的身高比二年级的身高要矮。

师：你从哪儿看出矮了？

生：比如说 120～124 厘米的，之前有 13 人，现在只有 1 人，他们肯定往高的里面去了。

师：他不仅看到这两个数据，还关注到了后面的数据。一年级前面的人数比较多，二年级呢？

生：后面的人数比较多。

师:真好,能够整体看数据了。

生:我还发现一年级时 120～124 厘米的人数最多,到了二年级 125～129 厘米和 130～134 厘米的人最多了,一年级最多的人数小于二年级最多的人数,所以我认为我们二年级的身高整体提高了。

二、超越所呈现的数据本身,提升学生根据已有数据做预测的能力

师:你预测现在身高测完了,往表里填会是一个什么情况?

生:身高往高处的人更多。

师:你能具体说一说吗?

生:我想在 140～144 厘米的人应该会增加一些,最低处 120～124 厘米的可能会少一点,或者没有了。

师:那这些人去哪了?

生:到后面去了,都长个了。

教师再呈现下面表格。

三(2)班学生一、二、三年级时身高情况统计表

身高(cm) / 人数(个) / 年级	115～119	120～124	125～129	130～134	135～139	140～144	145 以上
一年级	3	13	8	5	3	0	0
二年级	0	1	10	20	6	3	2
三年级	0	0	1	5	11	10	5

师:那要再到六年级呢?

生:我觉得到六年级时可能比这个表上“145 厘米以上”的都高了。

师:那会出现什么情况呢?

生:前面的有可能都是 0 了,145 厘米以上的最多了。

生:我觉得有可能全部为 0。

师:我觉得两个人说的都有道理,因为我们每个人身高长的程度不一样,有的同学先长,有的同学后长,这只是我们的一个预测,所以我们可以借助复式统计表进行预测,但结果不一定真的就是这样,但可以肯定的是大家都长高了。

师:请你想一想,到中学之后,我还能不能继续用这个表格?

生:不能。

师：为什么不能？哪儿需要变？

生：身高的分段，还有年级需要变。

师：都变了？一点都不留了？有没有没变的？

生：分栏格是没有变的。

师：为什么它不变？

生：因为身高段、年级、人数这些名称是不会变的。

师：你们都太厉害了，看这个表，还能帮助我们解决什么问题？这些数据可以给帮我们订购班服的家长。还可以给谁？

生：我觉得根据这个身高，还可以看一下体重。

师：其实他说的还真有道理，我们的评价手册上就有。体育老师为我们填写的评价手册里有 BMI 指标，身高体重测量之后会填到一个表里，根据计算能够得到一个标准，根据标准，判断我们的身高体重是否达标。那你说标准是随便定的吗？怎么定的？

生：我觉得按照平均身高来定。

师：怎么平均？谁的平均身高？

生：我觉得是三(2)班全体同学的平均身高。

师：那你认可，用咱们班的身高，给全北京市用行吗？

生：要是给全北京的学生用，得把全北京市的各个学校都调查一遍。

生：你的方法特别麻烦，不仅要一个学校一个学校地去调查，而且距离还很远。

师：其实不用每所学校都去，但是要选取一些有特点的学校，比如说城区选一些，郊区选一些，各个地区都选一些，这样数据会多，汇总这些数据，绘制统计表，再定出标准。这种方法在数学里叫“抽样”，今后我们会接触到的。

分析与点评

在“变与不变”中再创复式统计表，深化认识与理解。

在教师引导帮助下，学生经历了“创造”复式统计表的过程，对复式统计表的结构(各栏目的内涵)、读取数据方面有了新的认识，这是张老师执教本课的一个创新。张老师教学的另一个创新是在重新设计“统计项目”以及不断扩大统计表对象时仍能用“复式统计表”来呈现统计数据，进而使学生对复式统计表有更深刻的认识。

教学中张老师利用学生熟悉的每年体检的身高数据，结合学生的亲身实际与体验(本班学生一、二年级的历史数据，目前是三年级的数据，以及展望未来六年级的数据)，再次动态地重构“复式统计表”，让学生根据实际需要“改编”统计表。本活动的教学层次符合学生的生活经验和认知水平，并能激发学生的兴趣和合理猜测，提高了活动的实效性。

本环节分为以下三个层次。

第一个层次呈现学生一年级、二年级时身高的复式统计表，让学生读懂它。其目的既是巩固对复式统计表的认识，又呈现一定难度，因为某些项目上统计数据是0，但学生能够结合自身身高的变化，理解一年级时身高在“145以上”的人数是0，二年级时身高在“115～119”的人数也是0，到二年级时“就没有这么矮的了”，同时学生能整体上读取数据，深化对复式统计表的认识。

第二层次是首先预测三年级的“我们”身高情况该怎么填写呢？体会“身高”这一变量的统计项目是否可以与一、二年级的相同？如果相同，学生认识到“低身高段”的人数减少，“高身高段”的人数增加，然后教师再呈现学生体检的真实数据，进一步验证学生的合理猜测。

最有价值的是第三层次活动：当我们到六年级(甚至到中学)时，还能用这个“表格”吗？让学生初步感受到“要统计的项目”一定按照实际需求而设定，统计表不是一成不变的，“既有‘变’又有‘不变’”。

根据同一班学生不同年龄段身高数据，拓展了学生对复式统计表的认识：“行”与“列”的内容都可以“变化”，但“变”中仍有“不变之处”，即分栏格不会发生变化，初步感受统计的背后蕴含分类的思想，只有分类合理才能有效地进行统计。

实际上统计表比条形统计图更为抽象，如何先认识这个更为抽象的、结构化的、蕴含丰富信息的“表格”呢？像张老师的教学那样，让学生“再创”统计表，经历复式统计表的“生成过程”，引导学生高水平地读取数据、初步感受统计表的横纵栏目的“可变性”等活动不失为很好的教学处理，当然设计这些活动的基本前提是活动与学生的日常生活事件密切相关，教学实施时适当引起学生的质疑与认知冲突，只有这样学生学习的效率才能高、效果才能最佳。

练一练

1. 让学生经历统计图、表的“形成过程”非常重要，请以条形统计图教学为例，设计一个统计活动，让学生以自己喜欢的方式表示统计数据，学生的表示方式会有哪些？

2. 教学中，如何有效进行解读、分享不同学生的表示方法，进而认识、会读条形统计图？

第二节　从统计学角度理解平均数

学习准备

1. 阅读教材中“平均数”的内容，教材设计了什么情境？对于平均数，小学生需要了解到什么程度？

2. 调研您所在学校的老师，写出一线教师在平均数教学中存在的问题和困惑。

3. 阅读本节后提供的文献。

小学阶段所学习的统计量主要是“平均数”，在“平均数”教学中，教师多关注的是“算法”理解，把用“总数÷对应的份数＝平均数”作为教学重点。但是，为什么学习平均数？平均数在生活中有什么用？学生真正理解平均数吗？蔡金法在中美学生数学学习的系列实证研究中指出平均数意义包括：①算法的程序性理解；②算法的概念性理解；③作为描述、理解和比较数据统计量的概念性理解。最后一点对应了《义务教育数学课程标准(2011 年版)》中对平均数的教学要求，“体会平均数的作用，能计算平均数，能用自己的语言解释其实际意义①”。著名特级教师俞正强老师在执教平均数一课时，创设了这样一个问题情境：二年级小朋友 60 米跑，跑了 5 次，时间分别如下(单位“秒”)：15，14，12，10，14。他填以下这张记录表：60 米，我通常要跑______秒。

课堂上几乎所有的学生计算后迅速给出答案 13，并回答这里应该填平均数。

① 蔡金法．中美学生数学学习的系列实证研究——他山之石，何以攻玉[M]．北京：教育科学出版社，2007.

俞老师通过与学生交谈了解到这个班级里除了一个孩子不知道平均数，其余的孩子全部在校外机构学习过，知道平均数就是把这些数加起来再除以个数。这样的情况，我们很多老师也都遇到过，学生通过在课外机构的学习知道了求平均数的方法，似乎也能解决一些问题，但是，知道求平均数的方法等于理解平均数的概念吗？什么是对平均数概念的理解？学生学习平均数的困惑有哪些？如何设计教学活动帮助学生从统计学的意义上理解平均数，下面将结合教材、学情调研和几位优秀教师的课堂教学活动进行分析。

学习任务1：什么是平均数？

自主思考：

1. 你认为什么是平均数？

2. 新课程标准特别强调从统计学的角度来理解平均数，然而什么是“从统计学的角度”理解平均数？

“平均数”的教学是第二学段中要学习的刻画数据集中趋势的重要统计量，属于“统计与概率”的学习领域。传统的平均数教学侧重于给定数据（有时甚至是没有任何统计意义的抽象数）计算其平均数，归纳数量关系（总数÷份数＝平均数），即侧重于从算法的水平理解平均数，这样容易将平均数的学习演变为一种计算技能的学习。因此新课程改革下的教学强调平均数的统计学意义，即理解平均数的意义（为什么学习平均数？平均数是什么？有什么用？怎么求平均数？），加深对平均数性质的了解，准确地运用平均数解释生活中的现象以及解决生活中的问题，等等。

平均数的意义是代表一组数据的整体水平，因此，平均数的作用可以体现在两个方面，一是用来比较不同样本数的两组同类数据的大小，二是通过部分数据的平均数来推测总体数据的情况。在教学的起始甚至在小学阶段主要以平均数作为“代表”来“比较”两个群体水平之高低。不同版本教材都创设类似情境以激发学生学习平均数的需求。例如，人教版是“平均每人收集多少矿泉水瓶”“哪支球队队员的身高更高？”（呈现图，直观感知一球队某队员最高，另一球队普遍很高，直观感知再通过具体数据计算平均数验证）苏教版和北师大版都是创设“套圈（投篮）游戏”，给出男女两队（人数不同）的数据，问谁套得准一些。教材的设计意图都是让学生认识到由于参加套圈的人数不一样多,用男、女生套中的总个数进行比较不太合理,用某个学生套中的个数(最多)来表示整个男生的套中情况,没有反映出其中还有套中个数比较少的情况,反之也如此,即原始数据中的单个数据都不能很好地表示男生或女生的整体套中情况。因此教学中就要组织学生对此进行充分的交流、争论与讨论。只有这样,学生才能比较深刻地感受表示男、女生套中情况的代表性数据——平均数的意义。也只有经历了这样的讨论过程,学生对平均数的统计意义以及作用才有比较深刻的理解,才能在面临类似问题时,自主地想到用平均数作为一组数据的代表。此外,要认识到平均数具有虚拟性,平均数不一定是真实出现的数。

总之,平均数的概念有两个要点:①它是代表一组数的整体水平;②它具有虚拟的特征。平均数的概念蕴含着方法与应用,具体表现在因为平均数是代表一组数据的一般水平,它并不一定是一组数中的某一个,而是通过移多补少的方法"匀乎"出来的一个数,反映在算法上就是总数除以总份数。

学习任务2:学生学习平均数的困难是什么?①

一位年轻教师在进行平均数(第二课时)教学时,课堂上一度陷入了尴尬的场面。

师:学校篮球社团正在进行一场投篮比赛,比赛规则是:每队每人投5次球,请看下表中两队的投篮数据。

校篮球社团投篮比赛投球个数的统计表
男生队(每人投5次球)

球员号	1队投篮个数	2队投篮个数
1	4	5
2	0	2
3	4	4
4	2	1

① 下述案例由前门小学赵岩提供,为2014年北京教育学院小学数学市级学科带头人及骨干教师研修工作室成果。工作室负责人:刘加霞,指导教师:刘晓婷。

师:哪队投球投得好?你是怎么比较的?

生1:男生2队投得好。因为2队总数是12个,1队是10个,2队比1队投得多。

生2:我也同意2队投得好。我是一个一个比的,两队都有2和4,只比剩下的两个就行了,2队的6比1队的4大。

师接着出示:

球员号	男生2队投篮个数	女生2队投篮个数
1	5	2
2	2	1
3	4	3
4	1	4
5		4
6		3

师:男队和女队哪队投得好?

生3:女队好。我算了一下,女队共投了17个,男队12个。

(全班大部分学生点头表示同意)

生4:不公平,人数不一样。

生5:没关系啊!去掉两个人就能比了,比较前四个就行了。

(许多学生表示同意)

师:如果人数不能变,怎么比呢?

学生中只有1个人举起手来:求出平均每人投篮几个,用除法。

……

师:我们在比较时,你觉得比总数好还是比平均数好?

生:比总数。

师:为什么?

生:比平均数太麻烦了,需要做两步计算,还得用除法。

师继续引导:要是人数不相等呢?

生:只能比平均数了,如果能去掉几个数就好了……

案例中教师出示人数不等的投篮比赛情景,大部分学生自然地想到比较总数,而少数学生发现比赛人数不相等，比较投篮总数不公平。一石激起千层浪，大家积极想办法解决，有学生想到了可以通过增减人数再比较的方法，得到了大家的认可。这时教师再三引导学生，还有什么更好的方法吗？在学生都沉寂后，教师只能规定：如果保持人数不变，还有什么方法比出来吗？学生继续保持沉默，等待一会儿后，终于一个学生举起手来，当学生说出可以用除法求平均每人投多少个球后，教师心中终于释然，此学生将尴尬局面化解了……但到最后总结时，还有许多学生坚持说如果能够增减人数就好比较了，对平均数不能完全接纳，尴尬局面再次袭来……

自主思考：

1. 结合案例分析，学生为什么觉得平均数不好用？
2. 学生在学习平均数时还有哪些认知上的困难？

学生对“平均数”的认识是要经历一个过程的，那么，学生是否有使用平均数表征数据的意识？学生学习平均数之前有哪些已有经验？为了回答这些问题，我们对学生做了学前调研，也得到一些简要的结论。

一、学生受生活经验影响，比较总数是解决问题的基本方式

调研题目 1：幼儿园的运动会上小班的小朋友分成小组拍球，下面是半分钟拍球的个数：

第一组：5、3、4、8、5、7、3

第二组：2、4、5、7、9、3

请你来判断一下，哪组小朋友拍得好？把你的理由写下来。

调研目的：了解学生是否有使用平均数表征数据的意识以及学生学习平均数之前的已有经验。

调研结果：调研结果见下表。

学生问题回答情况统计表

方法	比总数		不能比	没写原因	没做完
	相加之后比	一个一个对应比			
人数	16	3	1	1	1

笔者对四名算出总数进行判断的学生进行了访谈，进一步了解他们的想法。

教师：我看到这道题你写得很详细，你能再具体说说为什么认为第一小组拍得

好吗？

学生 1：您看我已经列出式子了：5＋3＋4＋8＋5＋7＋3＝35（个），2＋4＋5＋7＋9＋3＝30（个），35 大于 30，当然多的肯定就是好的。

学生 2：我是口算的，我口算出第一组比第二组多，所以拍得好。

学生 3：我也算出来了［该生也列出了算式：5＋3＋4＋8＋5＋7＋3＝35（个），2＋4＋5＋7＋9＋3＝30（个）］，但我觉得拍得好不一定就是多，个数少可能是动作比较规范，也是拍得好。（教师在调研纸上补充：动作规范）

学生 4：这么多数加起来太麻烦了，我就把相同的数去掉，也就是抵消了，只要把每组剩下的数相加比较，哪组多就拍得好。我划去相同数后，发现第一组是 8＋5＋3＝16（个），第四组是 2＋9＝11（个），第一组多，所以第一组好。

这是一道数据特征比较明显的题目，一组人数多，一组人数少，要进行哪组更好的比较，通过上面的笔试和访谈，学生倾向于直接计算总数再比较，多认为“拍得多的就是好”。第三位学生也是算出总数来比较，只是“好”的标准不一样。实际上，学生日常生活中经历的比赛大多比较简单，基本上比谁最多就是最好，如比赛投球投得最多、跳远跳得最远等就会获胜；有时候通过比较总数就可以解决问题了，教师也都设计成人数相等的情况，学生无须关注参赛的人数；当出现人数不等时，学生自然利用生活经验来解决。通过调研发现，三年级的学生在进行数量不相同的两组数据比较时，还不能主动通过“匀乎匀乎”去比较。由此可见，平均数概念的建立非常关键，帮助学生理解平均数的内涵是平均数教学的重点。

二、学生的算术思维制约了思考的角度，影响平均数的学习

调研题目 2：三（1）班 30 秒跳绳比赛，平均每人跳 65 个。这句话中“平均跳 65 个”是什么意思。

调研目的：了解学生对“平均数”的理解。

调研结果：10 名学生中有 2 名学生回答：“平均数”就是平均分，如“每人都必须跳 65 个”“每一个人都跳 65 个”。我们发现，二年级“平均分”学习的经验也会干扰孩子对“平均数”的理解。

可以看出“平均分”也影响着对“平均数”的理解。平均数与平均分既有联系更有区别。虽然二者的计算过程相同，但“平均数”不同于前面所学的“平均分”，二者计算过程相同但各自的意义不同。从问题解决角度看，“平均分”有两层含义：一是已知总数和份数，求每份数是多少；二是已知总数和每份数，求这样的有多少份，强

调的是除法运算的意义，解决的是“单位量”与“单位个数”的问题。而“平均数”则反映全部数据的整体水平。目的是比较两组数据的整体水平，强化统计学意义。数据的“个数”不同于前面所说的“份数”，是根据需要所选择的“样本”的个数。这些对于小学生来说，虽然只要求初步的感知，但其价值是毋庸置疑的，因为学生已经开始从“确定性”进入“随机性”的铺垫，也就是需要培养用统计思维来考虑问题，这无疑对三年级的学生来说是难上加难。

小学以“算数”为主要学习内容，即加减乘除四则运算。三年级学生以算术思维为主，算术思维有加法结构和乘法结构，加法是最基本的运算，它影响着平均数的学习。上面展示过的前测题中许多学生用加法算总数来比较正说明了此观点。

学习任务3：设计有效学习活动帮助学生理解平均数的内涵与意义

自主思考：

1. 如何帮助学生理解平均数的代表性？
2. 如何帮助学生理解平均数的性质，如虚拟性等？
3. 有哪些好的情境利于学生理解平均数的意义？

大多教师已实现平均数教学目标的准确定位，从“算法”水平理解平均数转变为从“统计学”角度理解平均数。那么，从统计学角度理解“平均数”的意义、性质，究竟指什么？“平均数是表示数据集中趋势的统计量”“平均数能刻画、代表一组数据的整体水平”“平均数是一个虚拟值”“一组数据的平均数易受这组数据中每一个数据的影响，即具有敏感性”“平均数介于这组数的最大值与最小值之间”等，可能应该是这一概念的统计学本质。如何让三年级儿童理解这些数学本质，这无疑是教师们的最大困惑。下面将结合几位优秀教师执教的“平均数”阐释如何在教学中帮助学生从统计学的角度理解平均数，都有哪些好的情境有利于学生理解平均数的意义。

一、体验平均数的“代表性”

平均数的统计学意义是它能刻画、代表一组数据的整体水平，平均数不同于原始数据中的每一个数据（虽然碰巧可能等于某个原始数据），但又与每一个原始数据相关，代表这组数据的平均水平。平均数的学习该如何设计以激发学生学习的欲望呢？这需要把握为什么学习平均数以及如何激发学生的学习需求。平均数的意义是代表一组数据的整体水平，因此，为什么学习平均数？因为平均数有两方面作用，一是用来比较不同样本数的两组同类数据的大小，二是通过部分数据的平均数来推测总体数据的情况。在教学的起始甚至在小学阶段主要以平均数作为“代表”来“比较”两个群体水平之高低。而真正激发学生的学习需求，就需要教师激发学生的认知冲突，创设具有一定挑战性、开放性的问题，设计教学活动时应该同时考虑这两点。

在张齐华老师的课上，教师所选择的几组数据经过精心设计，同时各组数据的呈现方式伴随着教师的追问，使学生很好地理解平均数的统计学意义①。这些数据并不是一组一组地同时呈现，然后让学生计算平均数。而是“动态”呈现数据，并伴随教师的追问，以落实每一数据组的教学目标。例如，先呈现小强第一次投篮个数 5 个，然后追问：小强对这一成绩似乎不太满意，觉得好像没有发挥出自己的真正水平，想再投两次，你同意他的要求吗？使学生直觉体验到由于随机误差的原因仅用一次的数据很难代表整体的水平。因此再给他两次投篮机会，而小强水平非常稳定，三次都是 5 个。三次数据都是“5”是教师经过精心设计的，核心是让学生凭直觉体验平均数的代表性，避免了学生还不会计算平均数的尴尬。同样道理，第二组数据的呈现方式仍然先呈现一个，随后教师的追问：如果你是小林就这样结束了？仍是让学生体验一个数据很难代表整体水平，但 3、5、4 到底哪个数据能代表小林的水平呢？教师设计这些活动的核心是让学生体验平均数的代表性。教学片段如下。

师：真是哪壶不开提哪壶。不过还别说，和你们一样，我们班上的小强、小林、小刚也对我的投篮技术表示怀疑。就在上星期，他们三人还约我进行一场“1 分钟投篮挑战赛”。怎么样，想不想知道比赛的实际情况？

生齐：想！

师：首先出场的是小强。他 1 分钟投中了几个球呢？让我们一起看一看。（呈现小强 1 分钟投中的个数）

生：他投中了 5 个。

师：没错。可是，小强对这一成绩似乎不太满意，觉得好像没有发挥出自

① 张齐华．“平均数”教学实录[J]．小学教学（数学版），2009(8)：16－20．

己的真正水平，想再投两次。如果你是张老师，你会同意他的要求吗？

生：我不同意。万一他后面两次投多了，那我不就危险啦！

生：我会同意的。做老师的应该大气一点。就让你多投几次，估计也不是我的对手。（笑）

师：呵呵，还真和我想到一块儿去了。不过，小强后两次的投篮成绩很有趣。想看看吗？

生齐：想。

（教师出示小强的后两次投篮成绩：5 个、5 个。学生会心地笑了）

师：还真巧，小强三次都投中了 5 个。现在看来，要表示小强 1 分钟投中的个数，用哪个数比较合适？

生：5。

师：为什么？

生：他每次都投中 5 个，用 5 来表示他 1 分钟投中的个数，最合适了。

师：说得有理！接着该小林出场了。小林 1 分钟又会投中几个呢？让我们一起来看看。

（出示小林第 1 分钟投中的个数：3 个）

师：如果你是小林，就这样结束了？

生：不会！我也会要求再投两次的。

师：为什么？

生：这也太少了，肯定是发挥失常。

生：如果只投这 1 分钟，就连小强都比不过，更不要说和老师比了。

师：真是心有灵犀一点通！正如你们所说的，小林果然也要求再投两次。不过，麻烦来了。（教师出示小林的后两次成绩：5 个、4 个）三次投篮，结果怎么样？

生齐：不同。

师：是呀，三次成绩各不相同。这一回，又该用哪个数来表示小林 1 分钟投篮的一般水平呢？

生：我觉得可以用 5 来表示。因为他最多一次投中了 5 个。如果用 4 或 3 表示，那他肯定不是张老师的对手。

生：我不同意！小强每次都投中 5 个，所以用 5 来表示他的成绩。但小林另外两次只投中 4 个和 3 个，怎么能用 5 来表示呢？

师：也就是说，如果也用5来表示，对小强来说——

生齐：不公平！

师：那该用哪个数来表示呢？

生：我觉得可以用4来表示。因为3、4、5三个数，4正好在当中，最能代表他的成绩。

师：不过，小林一定会想，我毕竟还有一次投中5个，比4个多1个呀？

生：那他还有一次只投中3个，比4个少1个呀。

师：哦，一次比4多1，一次比4少1……

生：那么，把5里面多的1个送给3，这样不就都是4个了吗？

（教师结合学生的交流，呈现移多补少的过程）

俞正强老师以“一位小朋友跑50米有5次成绩，怎样向老师汇报”为问题任务展开教学，学生寻找的是“能代表这5次跑步成绩的数”，任务一经布置，已然为学生初步体会“平均数是刻画、代表一组数据的整体水平”、平均数具有“代表性”奠定了心理基础。寻找“能代表这5次跑步成绩的数”的过程中，更是将“代表性”这一本质凸显得淋漓尽致。围绕核心问题，本课体现了四个层次：

一是数据分析：“这个小朋友先填15秒，一会儿后又把这个15给擦掉了？你猜他为什么”；“接着填了10秒，又把10秒给擦掉了”；“后来填了14秒，又把14秒给擦掉了”；“再后来，边上一个已学过平均数的同学跟他说填13啊，他就偏偏不填13，填了12”。

二是合情推理：因为这组数据中，15秒太慢了；10秒太快；14是出现次数最多的（渗透众数），但是偏慢；填12秒又偏快了……

三是思考讨论：当学生提出将平均数“13”填入时，俞老师特别要学生强调理由：“不能骗老师啊”“一共五个数，最特别的是哪个数”“13这个平均数，不快不慢”……

本节课中学生们在寻找代表数的过程中，“太快”“太慢”“偏快”“偏慢”“超常”“失常”“正常水平”，这些经验语言被激活，对于理解平均数的“代表性”起到了极其重要的作用，这些归功于材料选择的贴切性。

二、体会平均数的特性

算术平均数有如下性质。

（1）一组数据的平均数易受这组数据中每一个数据的影响，“稍有风吹草动就能带来平均数的变化”，即敏感性。

（2）一组数据的平均数介于这组数据的最小值与最大值之间。

（3）一组数据中每一个数与平均数之差（称为离均差）的总和等于0，即

$$\sum_{i=1}^{n}(x_i-\bar{x})=0$$

其中，x_i 是原始数据，$\bar{x}$ 是这组数据的算术平均数。

（4）给一组数据中的每一个数加上一个常数 C，则所得到的新数组的平均数为原来数组的平均数加上常数 C。

（5）一组数据中的每一个数乘上一个常数 C，则所得到的新数组的平均数为原来数组的平均数乘常数 C。

这些抽象的性质如何让小学生理解呢？优秀教师在课堂教学中总是设计有趣的问题情境帮助学生理解。

张齐华老师仍然是在巧妙的数据设计中适时插入、把握本质的追问，让学生进一步深化对平均数性质的认识。数据设计的巧妙主要体现在以下三方面。

首先，在第四次统计张老师自己的投球水平时，张老师“搞特殊”，可以投四次，基于前面学生已经对平均数的初步感知，学生认可用老师四次投球的平均数来代表老师的整体水平，但在第四次投中多少个球上“大做文章”：前三次的平均数是5，那么老师肯定是与小强并列第一了？一组数据中前三个数据大小不变，只是第四个数据发生变化，会导致平均数产生什么样的变化呢？在疑问与困惑（当然有很多学生是“清醒”的）中教师首先出示了第四次的“极端数据”（1个球），进一步深化学生对平均数代表性的理解，初步体验平均数的敏感性。

其次，再进而假设张老师第四次投中5个或9个，张老师一分钟投球的平均数会是多少？根据统计图直观估计或者计算或者根据平均数的意义进行推理都能求出平均数。多种方法求解发挥了学生的聪明才智，使学生的潜能得以发挥，体验成功感进而体验创造学习的乐趣。

最后，将三张张老师一分钟投球的统计图同时呈现，让学生对比分析独立思考再小组讨论，由于三张统计图中前三个数据相同，只有第四个数据不同，学生能够进一步理解平均数的敏感性：任何一个数据的风吹草动，都会使平均数发生变化。学生发现平均数总是介于最小的数与最大的数之间：多的要移一些补给少的，最后平均数当然要比最大的小比最小的大了。学生还发现：总数每增加4，平均数并不

增加 4,而是只增加 1。教师适时追问:要是这里的每一个数都增加 4,平均数又会增加多少呢?还会是 1 吗?

再进一步观察三张统计图中的第一张图,教师追问:比较一下超过平均数的部分与不到平均数的部分,你发现了什么?生:超过的部分和不到的部分都是 3 个,一样多。师:会不会只是巧合?其他的平均数是否也有这个特点?通过进一步观察其他几张统计图,学生真正理解了并用自己的形象生动语言描述出:就像山峰与山谷一样。把山峰切下来,填到山谷里,正好填平,如果山峰比山谷大,或者山峰比山谷小,都不可能正好填平。

在上述问题情境中,以"问题"为导向,借助于直观的统计图以及学生的估计或者计算,学生思维上、情感上经历一筹莫展—若有所思—茅塞顿开—悠然心会的过程,对平均数的意义以及性质都有了深切的体会。

俞正强老师在教学中,让学生参与小同学寻找"代表数"这一任务,"15 秒太慢""10 秒太慢""可能是 12 秒""可能是 14 秒""可能是 14 秒和 12 秒的中间数",学生们对代表数的区间大小有了充分的讨论,于是"平均数的大小估计"这一目标在教学中有了很好的落脚点。在让学生理解"平均数不是一个实际值,而是一个虚拟值"这一特征时,课堂中的精彩对话如下:

生 1:"13 不可以的,根本没跑出过,14 太慢,所以是 12。"

师:"没办法了,只能选 12,但你是不是对 12 还不太满意?"

生 1:只能是 12。

师:你的意思是,尽管 12 很快,但没办法了,只能 12。那 13 是谁拿出来的?你为什么选出一个 13?

生 2:13 正好不快也不慢。

生 1(坚持):13 秒根本没跑过。

生 3:虽然跑了 5 次跑不出 13 秒,但不等于以后跑不出 13 秒。

生 4:不同意 13 秒。

生 5:13,因为这是他的正常水平,是 14 和 12 的中间数。

生 1(语气坚定):13 这是一定不可能的,根本就没跑过 13 秒,而且以后也不一定跑得出来。

师:他是一个坚定的反对者,他是一个坚定的支持者。快想想办法,怎么办?

生:13是可能的,因为(15+14+10+12+14)÷5=13

(展开“移多补少”环节后)师继续问:你服气吗?

生:服气。

……

以上对话中,“13秒是一个没有真正跑出过的成绩”,13不是一个真实数据,而是一个虚拟值,已经被学生充分体验与认同。对“平均数是一个虚拟值”的理解也就悄然实现。

虽然会计算一组数据的平均数是重要的技能,但过多的、单纯的练习容易变成纯粹的技能训练,妨碍学生体会平均数在数据处理过程中的价值。计算平均数有两种方法,每种方法的教育价值各有侧重点,其核心都是强化对平均数意义的理解,非仅仅计算出结果。

三、设计哪些“好问题”强化平均数的意义

如前所述,平均数的学习一定要重视其统计意义的理解而非仅仅会计算。其核心是无论新课导入还是巩固练习一定要摒弃那种似是而非、人为编造的平均数问题,尽量为学生提供熟悉的、现实的、真实的统计题材,利用平均数解释现象解决问题。那么,创设哪些好情境、好问题来达成这一目标呢?我国台湾教材以及优秀教师设计的情境给我们很好启发[台湾2000年的课程标准中规定第三学段(6年级)学习平均数。“过早”学习平均数在教学中会遭遇事件、数据不真实的尴尬]。

例如,在我国台湾教材中有这样的问题:保健局公布台湾地区居民就医次数调查,居民平均每年门诊次数达15次,去年有人一天看病达3次,有人甚至一年就医次数就达1 043次。(联合报,88.2)(标明材料的来源,这一点我们做得不好,很少给出资料来源。我们真的有数据观念吗?)

问题1:小朋友根据自己的经验想想看,你去年看病大约几次?保健局公布的每年看病达15次,和你的经验相符吗?

问题2:统计全班同学去年看病的次数并算出平均数,班级的平均数和保健局公布的平均数有差异吗?差多少?你有什么想法?

又如:根据“警政署刑事局”1998年的犯罪统计,去年平均每小时就发生11.8起盗窃案……(中国时报,88.2)。

由上面的“去年平均每小时就发生11.8起盗窃案”你有什么想法?和你的经

验相似吗？若不相似，可能是什么原因造成的？

优秀教师在教学平均数时也创设了很多好情境、好问题，如张齐华老师的设计如下。

(1)《2007年世界卫生报告》显示，目前中国男性的平均寿命大约是71岁，30年前中国男性的平均寿命大约是68岁。寿命延长了，但是，一位70岁的老爷爷看了这则资料后，不但高兴不起来，而且还有点难过。这是为什么呢？你生活中有大于71岁的老爷爷吗？

(2) 中国女性的平均寿命大约是74岁，假如有一对大约60岁的老夫妻，是否就意味着老奶奶的寿命就一定比老爷爷长呢？

吴正宪老师教学"平均数"时设计的问题如下。

(1) 上海磁悬浮列车周一至周五的日均客流量为4 000余人次；某机场日均起降航班达379架次……

(2) 一周内售出的门票、物品的统计数据，求平均量或者做预测。

甚至一些判断题也很好地强化了概念的理解。

甲说：一个家庭的平均人口数是3.16人。乙说：小明走一步的平均距离是51厘米。丙说：全班同学平均身高是143厘米。丁说：春游每人平均分摊28元。谁的说法是平均数的概念？谁的说法是平均分的概念？

学习统计的目的不是单纯地把计数资料制成统计量，也不是技术性地将资料描绘成统计图表，统计的真正内涵在于通过整理资料来描述现象，通过分析来解释现象。若没有描述与解释现象，就无法达到统计的深层意义，平均数的学习也是如此。

练一练

下面是一位教师在"平均数"一课的引入环节设计。

1. 两队人数相同，比总个数

谈话：看看图上这些小朋友在玩什么游戏？（套圈）

提问：这是他们套圈情况的统计图，从中可以知道哪些信息？（图中男生分别套中5个、6个、4个、2个，女生分别套中6个、2个、7个、1个）

追问：如果男生队和女生队在比赛，你们认为哪个队赢了？为什么？

小结：通过比较每个队套中的总个数就可以知道是男生队赢了。（板书：总个

数）

【设计意图】 在两队人数相同的情况下比较两队的比赛成绩，学生根据以往的经验，一般会想到用比较总个数来判断胜负。

2. 两队人数不同，比平均数

谈话：男生队和女生队又进行了第二次比赛，现在你们认为哪个队赢了？为什么？（图中男生分别套中4个、4个、4个，女生分别套中3个、3个、3个、3个）

追问：还有不同的意见吗？你们认为哪一种比法比较公平？为什么现在比总个数反而不公平了？

提问：在人数不相同的情况下，可以比什么？（板书：每人套中的个数）

提问：在什么情况下比总个数公平？而在人数不相同的情况下，要比什么才公平？

【设计意图】 创设引起认知冲突的情境，引导学生积极主动地思考：在人数不一样的情况下，怎么比才公平呢？自然地感受求平均数是解决此类实际问题的方法。

阅读上面教学设计片段，进行述评。

拓展阅读资料

[1] 刘加霞．概念为本的教学——评张齐华的“平均数”一课[J]．小学教学(数学版)，2009(4)：23－25.

[2] 牛献礼．从统计学的角度理解“平均数”——“平均数”教学实践与思考[J]．小学教学研究，2017(10)：46－49.

[3] 齐胜利．探数理之源　寻算法之根——特级教师俞正强“平均数”教学赏析[J]．教学月刊小学版(数学)，2017(Z1)：44－49.

[4] 俞正强．从“正常水平的发挥”到“平均数”的理解——“平均数”的前概念研究[J]．教学月刊小学版(数学)，2016(3)：26－27.

[5] 吴骏．小学四年级学生对平均数概念理解的发展过程[J]．数学教育学报，2011，20(3)：39－41＋102.

[6] 梁绍君．“算术平均数”概念的四个理解水平及测试结果[J]．数学教育学报，2006(3)：35－37.

第五章
数学综合与实践活动的学与教

学习目标

1. 了解“数学综合与实践”领域的基本内容及其教育价值。

2. 掌握数学综合与实践活动课的基本教学步骤与方法，了解数学综合与实践领域与其他领域教学方式的相同与不同之处。

3. 初步增强一线教师的数学课程意识，拓宽对数学综合与实践教学的认识。

第一节　多元育人价值：一片树叶的面积有多大①

学习准备

1. 阅读教材中“不规则图形面积”的相关内容，在计算不规则图形面积时，教材应用了哪些方法？这些方法的联系与区别是什么？

2. 如何评价“数方格”求面积的方法？其蕴含的数学思想是什么？

---

① 本教学设计及实施案例由北京大学附属小学石景山学校邓晶老师提供。为北京教育学院协同创新学校计划“以数学综合实践活动为载体，提升教师课程力”项目成果。项目负责人：刘晓婷。使用时略有改动。

3. 阅读本节后提供的文献。

学习任务1:教材分析

“树叶的面积”是人教版小学数学五年级上册第六单元第100页的内容。这一内容是新数学课程标准中增加的内容,之所以增加是因为生活中大量不规则图形的存在,需要学生有较强的估计能力,当看到图形的形状后,可以用各种方法迅速估计出这个图形的面积。那么,如何通过教材分析把握好本节课的内容呢?下面是D教师所做的分析。

首先,对北师大版、人教版、苏教版就这个知识点进行了横向对比。通过对比发现三个版本教材有以下相同点。

(1) 对于不规则面积的学习,三个版本教材都重点突出了借助方格法来估计不规则图形的面积。

(2) 三个版本教材虽然编排顺序上略有差异,但是都关注了现实背景与数学知识之间的联系。

在对比中发现了这么多共同点,这些引发了我的思考,并产生一些疑问。

问题1:学生解决这个问题的思维路径是什么?

问题2:学生会不会采用数方格的方法来解决这个问题?

问题3:学生能不能体会到数方格方法背后的价值是什么?

基于这样的疑问,我对1~6年级的教材又进行了纵向梳理。

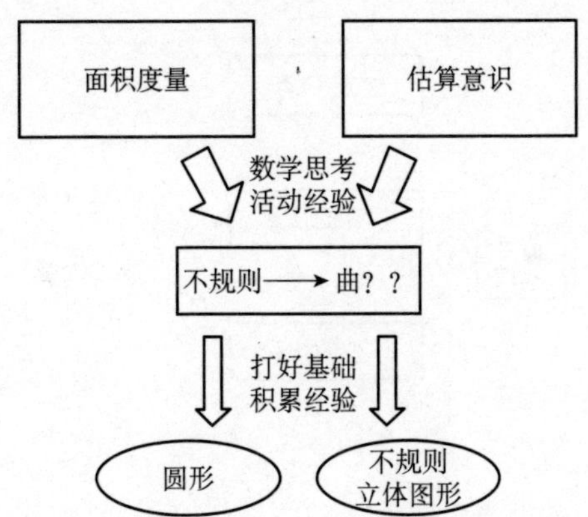

树叶的面积是一个不规则的曲边图形。要想解决这个问题,学生的生长点在

哪里呢？学生的知识和经验来自前期的哪些学习？带着这样的疑问，我梳理了两条线索。一条线索是来自面积度量方面的，另一条线索来自估算意识方面的。

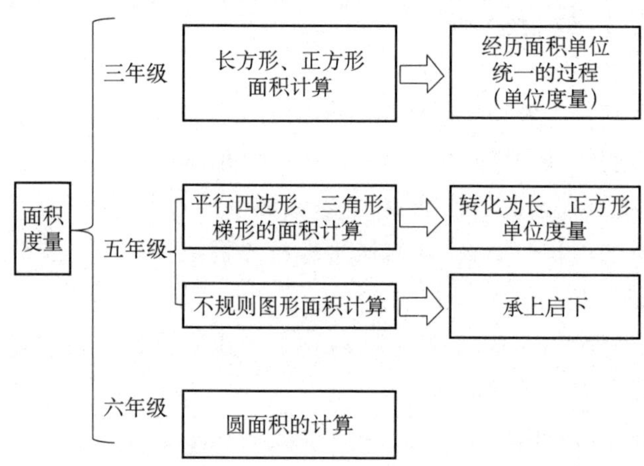

通过对面积度量方面知识的梳理，发现学生在三年级学习长、正方形时，经历了面积单位统一的过程。渗透了单位度量的思想（方格法）。在五年级学生学习一些规则图形时，学生会运用转化的思想把新的图形转化为学习过的图形。同时，也会运用方格法求图形的面积。教材把不规则图形面积的学习放在了学习规则图形之后，又放在了圆面积学习之前，起到了承上启下的作用。

学生在解决不规则物体面积时，可能不仅仅会用到单位度量的方法，还会想到把不规则图形转化为规则图形去计算。这些都是基于学生对于面积度量方面知识和经验的积累。

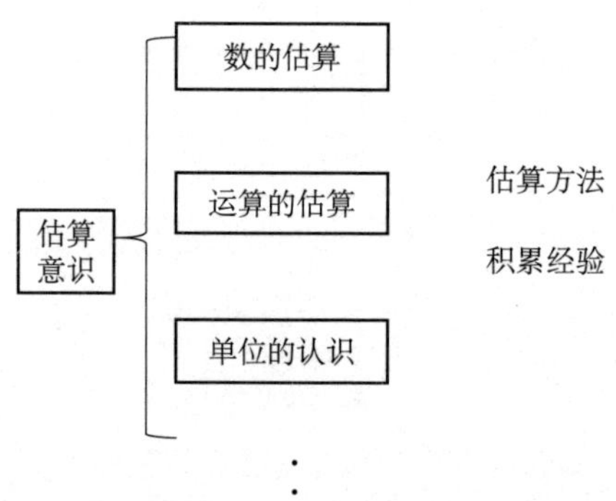

估算意识的养成，主要渗透在平时的数的估算、运算的估算和单位认识的教学

中。在这些学习中学生积累了大量的估算方法和活动经验,这些都为解决树叶面积问题奠定了基础。

树叶面积的研究为后续圆面积的学习,以及不规则立体图形的学习积累了大量的研究方法和活动经验。也凸显了数学综合实践课对于学生数学思考、活动经验、应用意识和创新意识的培养。

自主思考:

1. 你如何评价上面教师所做的教材分析?
2. 你认为用数格子的方法求面积的价值是什么?

案例中的教师是一位教龄10余年的优秀青年骨干教师。她的教材分析优点如下:

第一,在多版本教材比较中理解教学内容,把握教学重点。

D教师横向比较了三个版本的教材,这样做的意图主要有两个方面:一是通过找到各个版本教材中的共性的活动,把握该内容的重点;二是了解不同的设计思路,为后续的活动设计寻找资源。正如教师对比教材后所发现的,三个版本的教材都用了数格子的方法,但是学生在解决这个问题时真的愿意用这个方法吗?他们有需求吗?既然三版教材都不约而同呈现了这种方法,就表明该方法对学生的数学学习是有用的,但数格子方法的价值又是什么呢?通过提炼教材中的共同点,引发了教师对该内容的深入思考。倘若仔细看三版教材的差异,也能给教师很多启示,如人教版教材、北师大版教材除了数方格的方法外,还出现了近似成规则图形的方法,而苏教版教材在"树叶的面积"部分呈现了估一估的方法。但在实际教学中,我们如何处理不同方法之间的关系?这同样需要老师思考。再有,人教版教材是用解决问题的形式安排该内容的,注重学生的解决问题策略和反思,是否在教学中也把反思作为一个目标呢?以上问题在教学活动评析中会进行阐释。在横向比较教材时,教师需要追问本内容在不同教材中是如何安排的,安排的单元、主题图、例题等各有何异同。

第二,在纵向梳理教材中把握内容主线。

为了准确把握本节课的教学内容在小学数学教学中处于什么地位,该内容的前后各有哪些与之相关的内容,D教师还对教材进行从低段到高段的梳理,发现本节课内容的学习是对之前所有面积度量学习的一个深化应用。同时,数方格法、转化法是否能够迁移到新的问题情境中,也是对学生学习效果的检验。六年级还要学习圆的面积,圆作为曲边图形,面积如何转换,如何计算,本节课的活动将为其积累一定的经验，特别是为学生渗透无限分割求极限的微积分思想。

第三，带着问题做教材的分析，逐步深入。

“教材研究”要求教师能够对教材中的内容进行反复思考、钻研、推究，对其中的困惑不轻易下结论。小学数学教师需要树立研究教材的意识，这不仅是当前课程改革的需要，也是教师专业发展的需要。会提问，提出好问题，顺着问题的引导去研究教材，自然而然就有了研究教材的方法。如果教师仅仅只是获得了教材分析中所谓的“可操作性的方法”，在按部就班梳理教材的过程中没有带着问题，这样分析出来的结论价值也不会很大。因而，D 教师在教材分析过程中，边分析边思考边寻找证据解决问题的方法倡导大家学习。

学习任务 2：学情分析

教师在教材分析过程中发现教材似乎很喜欢用“数方格”这个方法解决问题。但“学生解决这个问题的思维路径是什么？”“学生会不会采用数方格的方法来解决这个问题？”教师提出了自己的疑问。这样的问题，一般研究文献是不能给出答案的，这就需要教师自己通过学情调研的方式来找寻答案。D 教师接下来就设计了学情调研工具，并开展了前测。具体过程如下。

为了更加清楚地了解学生的认知情况和学习需求，我对学生进行了前测。

方式：问卷、个别访谈　　数量：问卷人数 30 人，访谈人数 5 人

测试班级：五年级(1)班

测试题目：请你想办法求出这片树叶的面积，把自己的想法写在下面。

测试结果如下：

有无方法	有方法	没有方法
人数	28 人	2 人
百分率	93.3%	6.7%

从上面的数据中我们可以看出学生面对这样一个实际问题,可以运用已有的知识和经验想办法解决这个问题。接下来我又对有方法的28人的想法进行了整理。主要分成四种情况:看成近似图形,分割为几个规则图形,方格法和其他方法。下面就这四种方法,我从不同的角度进行了分析。

方法	分割成图形	方格法
人数	18人	10人
百分率	64.3%	35.7%

从表格中我们可以看到有64.3%的孩子是分割成图形来解决的。这些学生的思考和经验来自面积度量知识的学习。这样的思考角度对于大部分学生来说更直接一些。有35.7%的学生是运用方格法来解决的,这部分学生运用了单位度量的思想。学生即使学习了方格法,也只有少部分学生能够想到,说明学生没有真正体会到方格法的价值所在。让我们再转换视角来分析。

极限意识	无极限意识	有极限意识
人数	24人	4人
百分率	85.7%	14.3%

从表格中可以看出85.7%的学生没有极限的意识,只是估计出了树叶的近似面积。说明学生只是延续了前期学习的知识和方法,而对极限意识是相对陌生的。于是,又引发了我的思考:

问题1:在度量中应发展学生的哪些数学意识?

问题2:在活动中应积累哪些活动经验?

通过对教材和学情的分析,我认为,面对一个真实问题,怎样调动学生已有的知识、经验与方法去进行研究,如何勾连学生与已有经验的联系,引发学生思考是本节课的关键。

自主思考:

1. 你如何评价上面的学情分析?
2. 从这个学情分析中,你能得到哪些教学活动设计的启示呢?

D老师善于思考,有丰富的教学经验,上面的学情分析非常值得新任教师学习，具体如下。

第一，调研过程清晰，调研结果分析较全面。

有教师在做学情分析时用小测试卷进行前测，但在学情分析部分既没有题目也没有过程。用什么工具测试的，测试的结果如何，让人困惑。D教师在本部分详细阐释了测试题目、测试方式和测试对象，让人对学情调研过程一目了然。

再有，调研结果的分析也较全面。D教师通过三次分类的方式进行调研结果的统计。在简单统计完有多少同学有方法，有多少同学没方法后，教师又对有方法的数据做了进一步分类，把分割成图形的和用方格法的分别做了统计。最后，教师又对方格法按照有极限意识和没有极限意识进行了再次分类，了解了同一方法背后学生的不同思维水平。通过对数据的分类整理和统计，教师对学情有了一定的把握。

第二，教师在学情分析后及时进行再思考。

D教师对学情进行分析后又及时进行了追问：在度量中发展学生的哪些数学思考？在活动中积累哪些活动经验？从这些问题能看到该教师非常善于思考，学情调研不止停留在获得学生基本情况的层面，而是进一步追问面对这样的结果，教学需要有怎样的设计和调整。D教师的这种追问意识特别值得大家学习，但是，以上两个问题虽然追问了教学，但和学情的联系又不是很紧密。问题指向教学的同时还需要从学情出发，进一步来追问和澄清学情调研对教学的意义。把学情调研结果真的应用到教学中。例如，教师可以追问："学生采用了数方格的方法和分割成其他图形用公式计算的方法，那么课堂教学中我们应该如何处理这两种方法的关系？除了这两种方法外，是否还有其他方法呢？比如，教材中出现的估一估的方法，和这两个方法又是什么关系？教学中应该以何种顺序呈现不同的方法？每种方法的落脚点是什么？"再有，"方格法中有的学生有了极限的意识，有的学生没有极限的意识，对于数方格的方法，应该处理到什么程度？怎样让学生感受极限？"等等。当我们深入思考这些问题时，教学的思路也就应运而生了。后面将结合教师的教学活动设计对上述问题进行阐释。

学习任务3：学习活动设计与实施

教师通过教材研究和学情分析确定了如下教学目标。

(1) 学生能够运用多种方法解决树叶的面积，在对比交流中，体验各种方法背后的数学思考，体会各种方法的作用和价值。

(2) 在解决问题过程中，学生积累了大量的研究经验，为后续的研究奠定基础。

(3) 通过实例，沟通了数学与生活之间的联系，感受数学在生活中的价值。

D教师把教学重点、难点定为体验各种方法背后的数学价值。为了实现上述教学目标，教师除了引入话题，聚焦问题和全课总结外，重点设计了三个大的教学活动，具体如下。

一、引入话题，聚焦问题

创设情境。

师：走进我们的校园，到处都可以看到树。树能美化我们的环境，也能净化我们的空气。(出示PPT)

师：同学们，你们知道树是怎样净化空气的吗？

预设：树叶进行光合作用。在太阳光的照射下，它吸入的是二氧化碳，呼出的是氧气。

师：树叶的光合作用主要是靠叶面来完成的，叶面的大小直接影响着氧气释放量的多少。今天我们就一起来研究叶面的大小。(板书：叶面的大小)

师：看到今天的研究内容，你能提出什么问题吗？

预设：不规则图形的面积怎么求？它的长、宽在哪里？这是个什么图形？……

师：咱们的这些问题，都指向了这样一个方面，就是"不规则的图形，怎么求？怎么量？"可能这是大家正在思考的问题。(板书：不规则)

师：这也是一个不规则图形，对比一下树叶，有什么不同？

预设：①第一个图形的边是直的，第二个图形的边是弯曲的。② 第一图形可以分割为长方形和梯形，求出它的面积。

师：树叶是个不规则图形，而且边还是弯曲的，这个问题到底怎么解决呢？（板书：曲??）（回应刚刚学生问的这是个什么图形的问题）

【设计意图】 结合生活中环保的实际背景，从校园内的树引发学生思考，并提出想要研究的问题。聚焦问题后，明确要研究的核心问题。后面将围绕核心问题展开思考。展现了引入话题、提出问题、聚焦问题的过程。

二、面对问题，初步思考

师：面对这样一个问题，你有什么解决办法吗？

预设：① 把树叶看成一个三角形，求出三角形的面积。② 用方格法解决这个问题。③ 可以把它分割成几个学习过的图形。

……

师：这几位同学敢于思考，相信给其他同学带来了很大的启发。

【设计意图】 面对实际要解决的问题，引发学生思考。形成初步解决方案，为后续的研究打开思路，展现了学生初步形成方案的思考过程。

三、独立研究，深入思考

（一）介绍学具，提出活动要求

1. 介绍学具（如右图）

介绍学具，如右图。

材料1　材料2

2. 提出活动要求

师：独立思考，把你想到的方法表示出来，让其他同学能够看懂。由于时间有限，可以只列出算式不进行计算。在研究的过程中，如果遇到新的问题，可以记录下来。

【设计意图】 明确活动要求，打开学生思路，可用一种或多种方法解决。在思考过程中如果遇到问题随时进行记录。体现了学生的思考过程。

（二）独立思考，解决问题

学生运用手中的学具，独立思考。教师巡视。

（三）讨论交流，深入思考

1. 第一次比较

预设方法一：近似图形

生:我采用的方法是这样的。

(学生展示自己的作品,如右图所示)

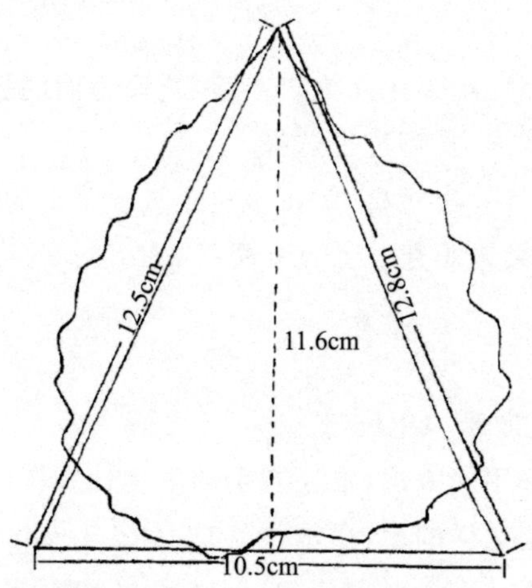

师:读懂他的想法了吗?

预设:他把树叶看成一个近似的三角形来求树叶的面积。

师:还有谁和他的想法一样?这个方法你们认同吗?

(学生展开讨论,有的学生可能认同这种方法。有的学生可能不认同这种方法,提出问题,展开讨论)

预设方法二:分割图形

师:刚刚大家讨论得很充分,有的同学提到了如果叶面多出来的部分补到三角形里,还是有剩余,还是不够精确怎么办?有同学也提出了自己的想法,可以再分割剩余部分。谁的作品拿上来让大家看看。(依次呈现几个学生的作品)

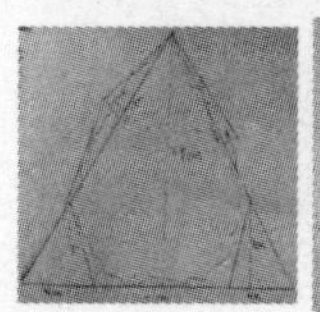   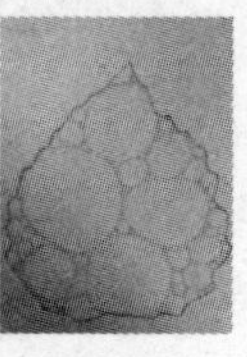

师:读懂他们的想法了吗?能不能解决这个问题?

(学生在讨论时,会聚焦问题:又多出来的面积怎么办?)

……

师:刚刚同学们思考得很充分,这样不断地分割下去就越来越接近树叶的实际面积。对比刚才两种方法。有的同学是把它看成一个近似的三角形,有的同学是把它分割成几个图形，有什么相同点？两种方法又有什么各自的优势？

（对比反思：①都体现化曲为直思想。②谈一谈各自的优势。③哪种方法好，还要基于需求）

师小结：两个方法都体现了化曲为直，甚至化曲为曲的思想。用什么方法更合适，还是要基于自己的需求，合理进行选择。

【设计意图】 通过第一次对比，学生讨论了近似图形和分割法各自的优点，渗透了化曲为直的思想和极限思想。并且知道了，在面对实际问题时，要基于自己的需求合理进行选择。

2. 第二次比较

预设方法一：1平方厘米为单位量

师：除了前面同学采用的方法，谁还有别的方法计算树叶的面积？

生：我采用的方法是这样的。（出示作品）

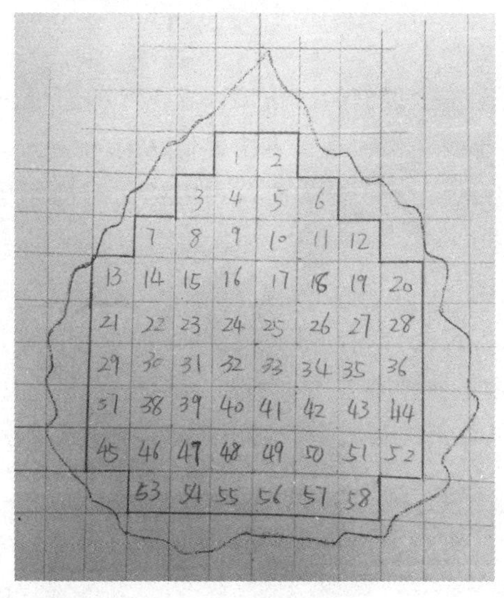

师：读懂他的想法了吗？

预设：他想用数方格的方法。

师：这种方法行不行？

（学生展开讨论，有的学生认同这种方法，有的学生不认同这种方法）

师：怎样才能更精准些呢？

预设方法二：用更小的单位量

生：我知道，可以把格子画得更小些。（出示作品）

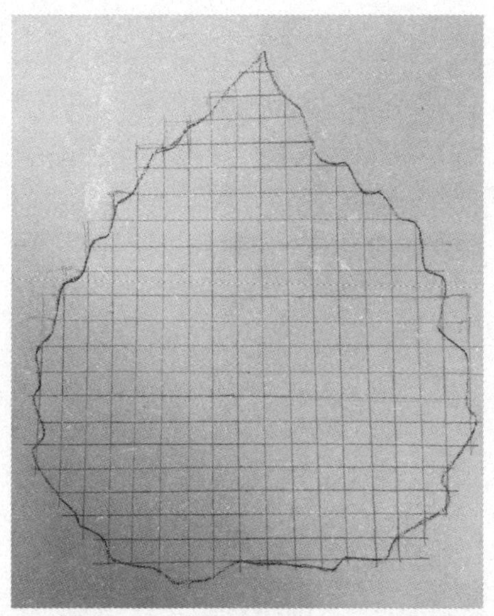

师:面积越精准,需要的格子越小。同学们的想法很好,我们一起去看一看。(PPT 展示)

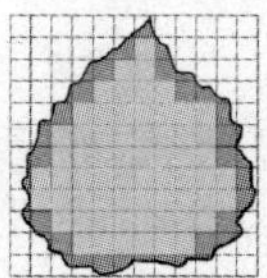
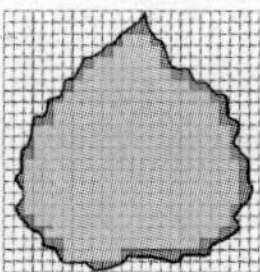
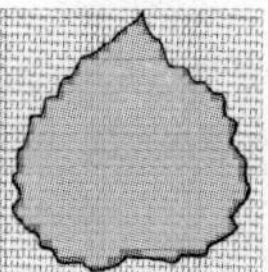

师:看到这里,谈一谈你的感受?

预设:①格子越小越精准。②化曲为直的思想。③格子大小都一样,不用计算数一数就可以了。

师小结:数格子的方法真的很了不起,人类的很多研究就像刚刚同学们经历的过程,不断追求精准。这种极限的思想在我们今后的学习中还会用到。

【设计意图】 通过第二次对比,凸显了方格法的价值。第一,极限思想渗透其中。学生能体会到运用越小的格子量越精确。第二,单位思想的体现。与第一次分割图形的方法相比较,这种方法单位面积相同,不需要计算很多图形的面积,数出格子的数量就可以了。

3. 勇于尝试、创新——剪、折的方法

预设方法一:剪

学生展示作品说想法。

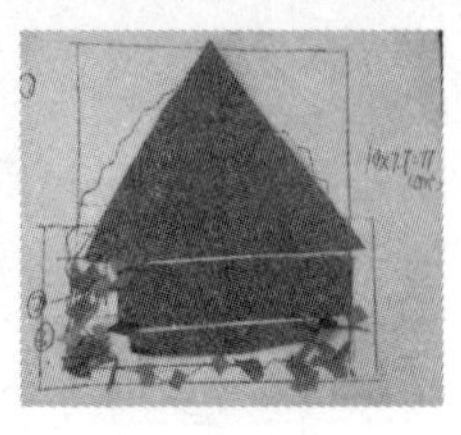

师:怎样想到的这种方法?

预设方法二:折

学生展示作品说想法。

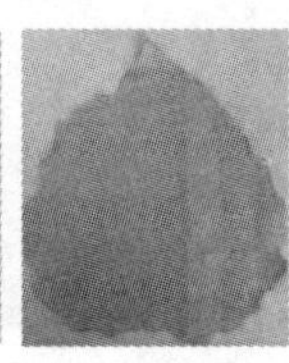
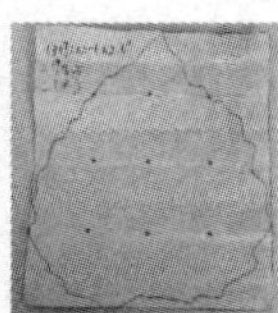

师:怎样想到的这种方法?

师:不管是用剪拼还是用折的方法,在解决问题时,我们要勇于尝试,不管结果怎样,都会给你带来更多思考。

【设计意图】 激励学生大胆尝试,勇于探索的精神,并进行高度评价。呈现学生特色作品,并分享背后的数学思考,培养学生的创新意识和探究精神。

四、深刻反思,体验价值

师:回顾我们研究的过程,谈一谈你有哪些收获。

学生反思:①方法方面,回顾体验;②实践课本身方面;③读懂他人,欣赏同学方面;④问题意识,受到启发……

【设计意图】 这个环节体现了解决问题后深入反思的过程。这些感悟,会陪伴孩子们成长,当遇到新问题时,学生能够借鉴这节课的知识和经验想办法解决。

五、全课总结,提出新问题

师:当我们遇到问题时,用已有的知识和经验去解决问题,把新知识转化为旧知识去思考都是非常了不起的方法。课上同学们不断追求完美,恰恰体现了人类不断研究、不断探索的精神。

师:这节课快下课了,你们还有哪些问题吗?

预设：这节课我们研究了不规则图形的面积，今后我还想研究不规则图形的体积怎样求？

【设计意图】 全课总结，并引发出新的问题，继续研究。

自主思考：

1. 该教学活动设计的优点有哪些？结合教学活动设计进行阐释。

2. 在教学活动设计中教师是如何帮助学生建立不同方法之间的联系的？是如何帮助学生体会数方格方法的价值的？

"综合与实践"是义务教育数学课程四大内容领域之一，这一领域为学生提供了一种综合性、实践性、探索性兼具的学习方式。2015 年 7 月 9 日，北京市教育委员会下发了关于印发《北京市实施教育部〈义务教育课程设置实验方案〉的课程计划（修订）》[①]的通知（京教基二〔2015〕12 号），更增强了对该领域的重视。该课程计划明确指出，要"加强学科实践活动课程建设"，具体为"中小学校各学科平均应有不低于 10%的课时用于开展校内外综合实践活动课程"。"综合实践活动"课程是一种与各学科课程领域有着本质区别的新的课程领域，是我国基础教育课程体系的结构性突破。[②] 在《基础教育课程改革纲要（试行）》发布之前，就有极少数的学校开展综合实践活动实验，发布后又有 38 个实验区的实验校被选为首批实验点[③]，一些学校在课程整合道路上做出了杰出的探索。例如，清华大学附属小学已经在实践探索的基础上构建了"1＋×课程"育人体系[④]。但是，对于未参与到实验活动中的大多数学校，当综合实践活动课程需要全面实施时，他们在综合实践活动课程的素材选择、教学设计、教学实施等方面面临困惑。D 教师执教的"树叶的面积"实际上是开发的系列实践活动课程中的一节。下面结合教学活动设计分析本节课的特点和特色。

（一）在真实问题情境中引导学生发现问题、聚焦问题

《义务教育数学课程标准（2011 年版）》指出："现实生活是数学的源泉，数学问题是现实生活数学化的结果。有意义的学习一定要把数学内容放在真实的且有兴趣的情境中，让学生经历从生活问题的自然语言逐步抽象到形成的数学问题。"美

---

① http://www.bjedu.gov.cn/publish/portal27/tab1654/info38786.htm.

② 张华．论"综合实践活动"课程的本质[J]．全球教育展望，2001(8)：10－18.

③ 徐玉珍．从学校的层面上看课程整合[J]．课程・教材・教法，2002(4)：21－27.

④ 窦桂梅．新课改背景下课程整合的实践探索——清华大学附属小学"1＋×课程"育人体系建构的案例研究[J]．教育研究，2014(2)：154－159.

国教育家布朗也指出:“学习的环境应放在真实问题的背景中,使它对学生有意义。”因而,在数学教学中为学生提供真实的问题情境对于学生的数学学习具有重要的意义。本节课从“树是怎样净化空气?”这一问题出发,通过光合作用追溯到释放氧气的多少和叶面的大小有关,从而聚焦到“树叶的面积”这一问题。

师:同学们,你们知道树是怎样净化空气的吗?

生:树的叶面可以吸收阳光和二氧化碳,制作成自己的食物。释放出氧气。

师:你的知识面真广。就像这位同学说的这样,树叶吸入的是二氧化碳,呼出的是氧气。其实,同学们你们知道吗?树叶在进行光合作用时主要是靠叶面来完成的。叶面的大小直接影响氧气量排放的多少。今天我们就一起来研究“叶面的大小”。

教师用学生每天都见的树开头,引导学生观察思考生活中常见的事物和现象,探究熟悉的事物背后学生并不熟知的问题,引发学生的探究欲望,使学生处于积极的思考状态,让学生感兴趣,愿意思考,乐于探究。同时,也及时聚焦问题“不规则图形的面积如何求”,让学生在发散思维后又逐步聚焦,引导学生经历了完整的发现问题、聚焦问题的过程。

师:面对我们今天研究的内容,你们能提出哪些问题吗?

生1:不规则图形如何求面积?

生2:我们如何计算叶面?叶面是一个什么图形?

生3:是拿尺子量吗?量哪儿呀?

师:咱们一起来看看这几个同学提的问题。都说明了这个属于不规则图形。看一看,这是不规则图形吗?

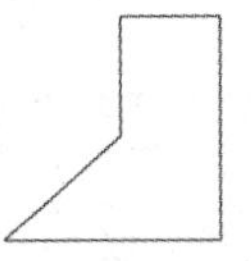 

生:它是一个梯形和一个三角形合起来的一个图形。

师:对比一下树叶,有什么不同?

生:第一个图形的边是直边的,树叶的边是弯曲的。

师:这个图形是个不规则图形,而且边还是弯曲的,这个问题到底怎么解决呢？（板书：曲??）

（二）厘清各种方法之间的关系，有层次分析学生作品

教学活动设计中教师预设了学生在解决“一片树叶的面积是多少”这一问题时的多种解决问题的方法：近似图形法、分割图形法、方格法等。那么，如何呈现这几种方法，如何让学生体会每种方法的价值，如何让学生感受这些方法之间的联系？教师进行了非常充分的思考和恰当的预设。

如前所述，教师在学前调研中发现学生在计算一片树叶的面积时方法很多，而这些方法又不能一下全部给学生，那么，按照什么顺序分析学生的作品呢？这就需要厘清这些不同的方法之间的关系问题。对于这个问题D教师和他的指导教师进行了深入细致的分析，总体来看，明线是让学生经历近似图形到分割图形再到方格法的过程，而其中的暗线是让学生经历“所分弥细，所失弥少”的分割，想象极限的过程，以及从非标准单位到标准单位的变化过程。

学生把树叶近似看成一个三角形，但通过分析作品，学生发现这种方法算树叶的面积不是很精确，尽管后面把多余的部分进行了割补，但究竟补的是多还是少，全是估计着来的。因此有的学生想到，可以把树叶分割成小的三角形，这样算出每个三角形的面积就能得到整个树叶的面积了，同时分的三角形越细越小，最后的结果就越接近树叶的面积。

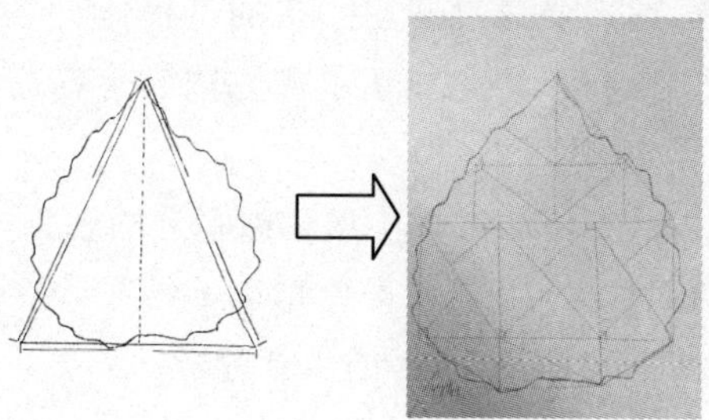

生1：我分成了一些大小差不多的直角三角形，求出一个的面积乘以它的个数。

师：她的方法你们看懂了吗？

生2：分成很多的三角形，求出三角形的面积然后加起来。

生3：我有一个问题，大家都知道曲线和直线是不一样长的。曲线要比直线长，她只是按照直线来分的，曲边这里的面积怎么办？

生1：你看这片叶子有曲边，面积有多出来的，又有凹进去的，大概能求出这片树叶的面积。

生3：但是凸出来的部分比凹下去的部分要多呀？

生4：多出来的部分，可以再分，再分。

既然能分割成三角形，自然而然也能分割成小正方形，接下来非常自然过渡到对数方格方法的探讨。数方格的方法在小学数学中反复出现，三年级学生刚接触“面积的认识”，在比较面积时用到了数方格，计算长、正方形的面积也用到了数格子，后面的平行四边形的面积以及本节课“树叶”(成长的脚印)都出现了数方格的方法，苏教版教材中的圆的面积也用到了数方格的方法。那么数方格的方法到底有什么价值呢？简要分析如下。

第一，在数方格中感悟面积度量的实质。

在用数方格的方法求面积时，都是把方格作为一个小单位，而最后数得的方格的数量和这个小单位的乘积就是整个图形的面积。以前计算长、正方形的面积都是采用这个方法。

第二，通过数方格帮助学生理解转化思想。

在“平行四边形面积”一课中，学生基于三年级面积的学习和长正方形面积的学习，会主动想到用数方格的方法求平行四边形的面积，但是有的格子不是整格子，不好数，为了便于数，就需要通过剪、移、拼的过程，把不是满格子的拼成满格。此时，也就把求平行四边形面积转化成了求和它同底等高的长方形的面积。转化法的思想应运而生。

第三，在不断分割再数方格的过程中渗透微积分的思想。

在求不规则图形的面积时，为了获得更精确的结果，减少误差，就需要不断地分割方格，用更小的方格来度量，如下面的教学片段：

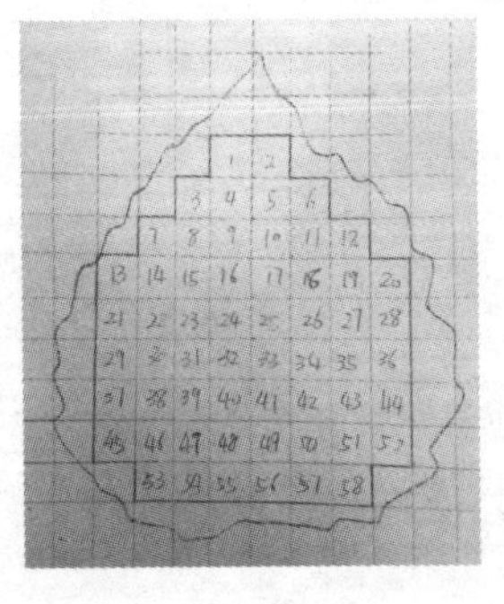

生1：大家看懂我的想法了吗？

生2：你把它画成格子以后，看叶子里面占多少个格子。

生3：你少画了两个格子。(学生上去指位置)

生1：那两个格子不是整格子，我把最整的格子先画出来了。先数整格子。

生4：你只数了整格，那旁边的不满整格的怎么办？

生5:(学生边指边说)这两个半格可以拼在一起。

生6:一半以上的话就把它留下来,一半以下的就把它去掉。

师:他说的这个方法像什么?

(大家齐说四舍五入)

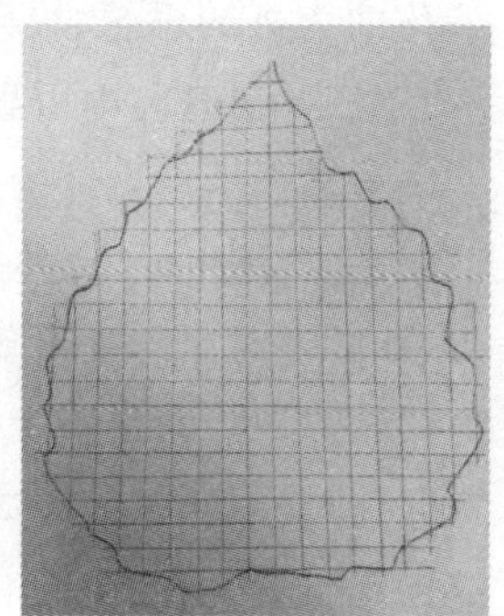

师:这个方法以前在哪里用过?

(计算时用过)

师:这个方法用到这里行不行?

(大家都同意)

师:还有其他方法吗?

生7:可以把格子画得更小。

(大家看后发出"喔——"的感叹声)

师:喔——,什么意思?

生1:更精确了。

生2:刚才不能填满的地方也能填满了。

生1:整的格子越多,越精确。

师:刚刚同学们都谈到了精确,虽然整格子比刚才多了,但是边上还有一些不满整格的格子怎么办?

(学生一起说:"可以用更小的格子")

师:如果还有不满的格子呢?

(学生一起说:"可以用更更小的格子")

师:想不想看看效果是什么样的?一起来看看。(播放PPT)

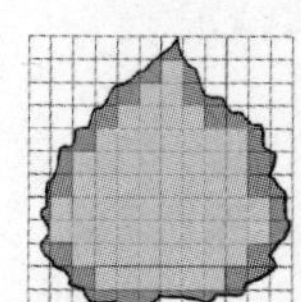 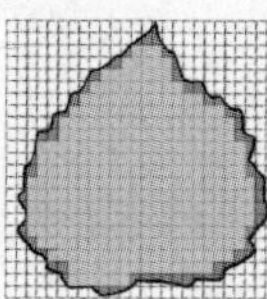 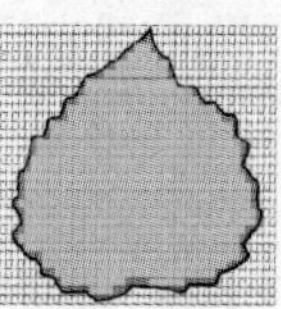

师:同学们研究数格子的方法符合人类思维发展过程,这种极限的思想在今后的学习中会经常用到。谁来讲讲这种方法还有什么好处?

生1:以前用1平方厘米时,剩余的面积比较多。用更小单位量时,剩余的面积就越来越小了。

生2:我相信它是永远达不到一个精确值的,但是我们可以把它尽量精确,越精确对于叶面的研究就越深刻,研究得就越成功。

在讨论完方格法后，教师又和学生交流了剪和折的方法。在所有方法交流过程中，学生主动交流想法，进行提问和补充，辩证地看待各种方法，体会方法中蕴含的化曲为直的思想、极限的思想、转化的思想等。

（三）在追问中引导学生构建与已有知识、方法的联系

该教学活动设计的另一大特色就是教师注重引导学生不断建立与已有知识之间的联系，如学生说“树叶是不规则图形”后，教师拿出了一个不久前刚学过的不规则图形，让学生对比树叶和原不规则图形，学生得出树叶是曲边图形。再如，学生用折的方法计算树叶的面积后，教师引导学生思考“这种方法你原来在哪里用过?”学生感悟“平时游戏中的方法，在解决问题时也帮助了我们思考”。正是不断地追问和引导，最终使得学生明白：结果不是很重要，重要的是我们研究的过程。研究的过程能够给我们带来很大的启迪。这些启迪可以运用到其他的方面，其他的学习中。

本节课的活动设计通过真实的问题培养了学生对数学学习的兴趣，学生认为数学知识还是很有用的，增强学生解决问题的自信心和意志力。学生在解决问题中初步体验到数学与生活的联系及广泛的应用价值，体验到数学各部分之间的联系，体验到数学的美和趣味性，并在解决问题中发展探究精神和创新意识。同时，教学活动设计注意培养学生语言表达能力、观察比较能力、动手操作能力、团结协作能力、分析和解决问题能力以及对策选择、评价、调控等高阶思维能力。

学习任务4：学生学习效果评价

为了检测学生的学习效果，教师又设计了如下学习效果评价题目，在计算海南岛面积中了解学生知识的掌握情况和方法的迁移情况。

想办法计算海南岛的面积。

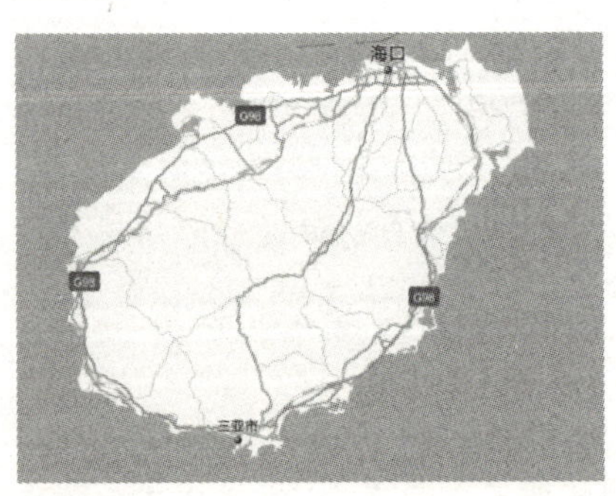

【设计意图】 考查学生能否在现实背景下，利用数学知识和生活经验，解决实际问题。

练一练

小学数学“图形几何”领域的学习中经常会用到“数方格”的方法，请你以自己使用的教材为例，进行教学设计。

(1) 系统梳理教材中都有哪些内容的学习用了“数方格”方法，结合各个内容，分析数方格方法在该内容学习中的作用。

(2) 选择一个内容，设计一个小活动，谈一谈如何通过教学活动帮助学生体会方格法的价值。

拓展阅读资料

[1] 唐爱民．方格图在小学数学教学中的有效应用[J]．广西教育，2017(13)：81.

[2] 李涛．探讨方格图在小学数学教学中的具体实践对策[J]．考试周刊，2017(17)：52－53.

[3] 葛素儿．方寸之间　独具一格——方格图在第一学段数学学习中的应用策略[J]．教学月刊小学版(数学)，2016(11)：17－20.

[4] 邹立坝，叶丽芬．小格子　大智慧——谈利用方格图培养学生的空间观念[J]．小学数学教育，2016(19)：10－11.

[5] 姜荣富．探索数学知识深处的联系——用统计方法估计不规则图形的面积[J]．小学数学教师，2016(2)：21－26.

[6] 龚韬，龚明照．浅谈“方格图”在小学数学教学中的有效运用[J]．科学咨询(科技·管理)，2016(1)：130.

[7] 秦绪博．巧用小小方格图，释放思维大空间[J]．内蒙古教育，2015(36)：26.

[8] 王晶晶．数学小方格　教学大智慧——方格图在教学中的应用与再开发[J]．江苏教育，2014(17)：35－37.

[9] 刘琳娜．用好方格图，理解除法竖式的算理——“除数是整十数的笔算除法”课堂教学实录[J]．小学教学(数学版)，2010(4)：23－24.

第二节 鸡兔同笼,一个重要的数学模型

学习准备

1. 查看至少三个不同版本教材,是否都有“鸡兔同笼”问题?各在哪个年级学习?不同教材的设计意图是什么?

2.“鸡兔同笼”问题有多少种解法?它们之间有什么联系?

3. 关于“鸡兔同笼”的教学,可以设计哪些学习活动?

4. 请阅读本节提供的关于“鸡兔同笼”的文章。

有研究发现,最早关于“鸡兔同笼”的文章写于1950年,就2008年至2017年2月发表的229篇文章进行分析,发现主要有教学类和解法类两大方面的研究①。教学类文章大致有教学设计、课堂实录及思考这两类,解法类大致涵盖假设法、方程法、列表法、画图法和面积法,还有一些特殊的方法。据统计,教学设计的文章占25%,课堂实录及思考占45%,解法占30%,可见人们更关心“鸡兔同笼”教学问题。解法类文章中,关于假设法的占35%,方程法占24%,列表法占22%,画图法占13%,面积法占4%,其他方法占2%。可见假设法是人们研究最多的方法,也是解决“鸡兔同笼”的一般方法;方程法是连接小学与初中的桥梁,是代数思想的初步认识,因此方程思想也受到了大家的重视;列表法和画图法是低年级学生解决鸡兔同笼时最直观的方法,符合低年级学生的认知水平,所以它们所占的比重也较大;其他方法研究得相对较少。

自主思考:

1.“鸡兔同笼”问题你会几种解法,它们之间有什么联系?

2.“鸡兔同笼”问题的教学价值是什么?

---

① 张莉,罗燕,李昌勇.“鸡兔同笼”问题的研究综述[J].中国校外教育,2017(2):53-54,60.

学习任务1:“鸡兔同笼”问题的起源与算法

“今有雉兔同笼,上有三十五头,下有九十四足,问雉兔各几何。”这是我国古代数学名著《孙子算经》中的一道趣题。在课堂教学中,这一段话常常用作导入语,有的老师在结束课前还会介绍《孙子算经》中“雉兔同笼”问题的解法,渗透数学史内容。那么,“鸡兔同笼”问题经历了哪些变化[①],又有哪些解法呢?

一、《孙子算经》中的“雉兔同笼”

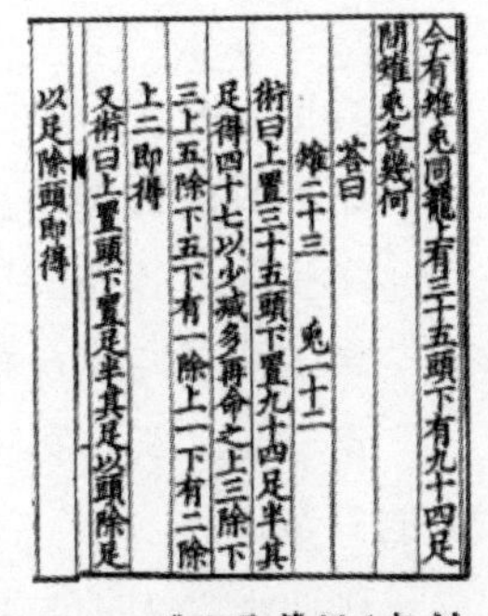
今有雉兔同籠上有三十五頭下有九十四足
問雉兔各幾何
荅曰
雉二十三　兔一十二
術曰上置三十五頭下置九十四足半其
足得四十七以少減多再命之上三除下
三上五除下五下有一除上一下有二除
上二即得
又術曰上置頭下置足半其足以頭除足
以足除頭即得

《孙子算经(宋刻本)·卷下》图

“鸡兔同笼”问题始见于公元3—4世纪的《孙子算经》,作者不详。从清代的《子部集成·科学技术·数理化学·孙子算经·孙子算经(宋刻本)·卷下》中看,“鸡兔同笼”问题的叙述为:“今有雉兔同笼,上有三十五头,下有九十四足。问雉兔各几何。”

其中,“雉”是“野鸡”的意思,“几何”是“多少”的意思。问题可译为:“鸡和兔在同一个笼子中,总头数为35,总足数为94。问鸡和兔各有多少只?”

《孙子算经》中附有算法概括为:“上置头,下置足,半其足,以头除足,以足除头即得。”此算法可译为:“将足数除以2,减掉头数,即为兔数;再将所有的头数减掉兔数即为鸡数。”即总足数94取半成为47,此时相当于所有鸡都成为了金鸡独立的“独足鸡”,所有兔都站立起来成为“双足兔”。此时每只鸡的头数和足数都是1,每只兔的头数是1,足数是2,所以用47减去总头数35就得到兔的只数是12。最后用总头数35减去12就得到鸡的只数。此算法我们称为“半足法”。

二、《算法统宗》中的“鸡兔同笼”

“鸡兔同笼”问题后来又收录于明代程大位(1533—1606)所著《算法统宗》第八卷的“少广章”。

其中,对问题中的“雉”改为了“鸡”,因此“鸡兔同笼”的说法沿用至今。《算法统宗》中对“鸡兔同笼”问题给出了两种算法,这两种算法与《孙子算经》中的算法是

① 郜舒竹.“鸡兔同笼”算法源流[J]. 教学月刊小学版,2012(7-8):26-29.(编者适当删改)

《算法统宗》中的“鸡兔同笼”问题

不一样的，相当于现在所说的“假设法”。

第一种算法如下。

第一步：“置总头倍之得七十”，意思是将总头数 35 加倍，也就是乘 2，得到 70。

第二步：“与总足内减七十余二四”，也就是从总足数 94 中减去 70 得到 24。

第三步：“折半得一十二是兔”，将 24 折半（也就是 24 除以 2），得到 12，这就是兔的只数。

第四步：“以四足乘之得四十八足”，用每只兔的足数 4 乘 12，得到兔的总足数 48。

第五步：“总足减之余四十六足为鸡足”，用总足数 94 减去兔的总足数 48 得到 46，就是鸡的总足数。

第六步：“折半得二十三”，将鸡的总足数 46 折半(46 除以 2)，就得到鸡的只数为 23。

根据第一、二、三步的意思，列综合算式：(94－35×2)÷2＝12(只)

根据第四、五、六步的意思，列综合算式：(94－4×12)÷2＝23(只)

第二种算法如下。

先求鸡的只数，与前面先求兔只数的程序基本相同，再求兔的只数。这一算法可以用下面表格的形式呈现出来。

原文	以四因总头	减去总足	余折半得鸡	减总头余得兔
释义	用 4 乘总头数 35 得 140	用 140 减去总足数 94 得 46	46 的一半 23 就是鸡的只数	用总只数 35 减去鸡的只数 23，就得到兔的只数 12
算式	35×4＝140	140－94＝46	46÷2＝23	35－23＝12

这样的过程显然与《孙子算经》中的“半足法”不同，半足法首先将总足数减半。这里的第一步是用每只鸡或兔的足数(2或4)去乘总头数，因此，我们可以称为“倍头法”。不难发现，“倍头法”背后的道理其实就是现在所说的“假设法”。

三、《算法统宗》中的“米麦问题”

《算法统宗》中的“鸡兔同笼”问题出现于该书第八卷中，实际上在之前的第五卷中就已经出现了与“鸡兔同笼”问题数量关系类似的“米麦问题”：“今有米麦五百石，共价银四百零五两七钱，只云米每石价八钱六分，麦每石价七钱二分五厘。问米麦各若干。”

可译为：“有大米和小麦共500石，总价格为405.7两。大米每石价格为0.86两，小麦每石价格为0.725两。问大米和小麦各有多少石?”

《算法统宗》中给出的算法为：“置米麦五百石，以米价八钱六分乘之得四百三十两，减去共价余二十四两三钱为实，以米价内减麦价余一钱三分五厘为法，除之得麦一百八十石，却以米麦五百石内减麦数余三百二十石为米数，各以原价乘之合问。”

今有米麥五百石共價銀四百零五兩七錢只云
米每石價八錢六分麥每石價七錢二分五釐問米
麥各若干

《算法统宗》中的“米麦问题”

法曰置米麥五百石以米價八錢六分乘之得四百
三十兩減去共價餘二十四兩三錢爲實以米價內
減麥價餘一錢三分五釐爲法除之得麥一百八十
石却以米麥五百石內減麥數餘三百二十石爲米
數各以原價乘之合問

《算法统宗》“米麦问题”解答

其中的“实”与“法”分别表示现在所说的“被除数”和“除数”。这一算法可译为：首先用大米和小麦的总数500与米的单价0.86相乘得到430两，然后减去实际总价格405.7，得到24.3两作为被除数，大米单价与小麦单价相减的差0.135两作为除数，除得的结果就是小麦有180石，用总数500减去180就得到大米数量为320石。写成算式就是：

(0.86×500－405.7)÷(0.86－0.725)＝180(石)

500－180＝320(石)

不难看出，这一算法与前面解决“鸡兔同笼”问题的“倍头法”是一样的。《算法统宗》中将这一算法命名为“差分贵贱法”。在“米麦问题”中，大米是贵物，小麦是相对于贵物的贱物，所谓“差分贵贱法”就是一种能够将二者区分开的方法。《算法统宗》对这一方法的解释为：“差分贵贱法尤精，高价先乘共物，情却用都钱减今数，余留为实，甚分明别将二价也相减，用此余钱为法，行除了先为低物价，自余高价物方成。”意思是说：“差分贵贱法很精确，先用贵物单价与总数量相乘，而后减去实际总价格，这个差作为被除数，贵、贱物单价的差作为除数，除得的结果就是贱物的数量，而后不难求出贵物数量。”

四、《镜花缘》中的“灯球问题”

清代李汝珍所著《镜花缘》的第九十三回“百花仙即景露禅机　众才女尽欢结酒令”中，也出现了两个与“鸡兔同笼”问题数量关系类似的问题。这两个问题均出现于众才女在小鳌山赏灯时的情景中。

问题1：楼下灯有两种：一种一大球，下缀二小球；另一种一个大球，下缀四个小球。大灯球共三百六十个，小灯球共一千二百个。问两种灯各有多少？

问题2：楼上灯有两种，一种上做三大球，下缀六小球，计大小球九个为一灯；(另)一种上做三大球，下缀十八小球，计大小球二十一个为一灯。大灯球共三百九十六个，小灯球共一千四百四十个。问两种灯各多少？

自主思考：

如果是你，你会选择哪种方法解决上面两道“灯球问题”？请将解决过程写下来。

五、日本数学教科书中的“鹤龟算”

日本的数学教科书中有一个叫作“鹤龟算”的问题[①]，这一问题的原型其实就

① 李淑文．日本新编中学数学教材的特点评析[J]．数学教育学报，2003(11)．

是中国古代的“鸡兔同笼”问题，可以看出，中国古代数学对周边国家的影响。1815年在日本出版的《算法点窜指南录》中记载的“鹤龟算”问题为：“某处有鹤龟百头，只云足数和为二百七十二，问鹤龟各几何？”其解法为：“置龟之足数(4)，减鹤足数(2)，以余为法(4－2＝2)，置某处鹤龟之数(100)，乘以龟足数(100×4＝400)，得四百，又减总足数(400－272＝128)，得余数一百二十八，用法除之(128÷2＝64)，得六十四，此为鹤之数。”①这一解决方法与《算法统宗》中的“倍头法”是一致的。

综上所述，“雉兔同笼”“鸡兔同笼”“米麦问题”“灯球问题”“鹤龟算”，虽然出现在不同历史时期或不同国家，但它们本质上都是一种数学模型，即二元一次方程组。如：

“鸡兔同笼”(“雉兔同笼”)：设鸡 x 只，兔 y 只，可列方程组：$\begin{cases}x+y=35\\2x+4y=94\end{cases}$

“米麦问题”：设大米 x 石，小米 y 石，可列方程组：$\begin{cases}x+y=500\\0.86x+0.725y=405.7\end{cases}$

“灯球问题”1：设第一种灯 x 个，第二种灯 y 个，可列方程组：$\begin{cases}x+y=360\\2x+4y=1200\end{cases}$

“灯球问题”2：设第一种灯 x 个，第二种灯 y 个，可列方程组：$\begin{cases}3x+3y=396\\6x+18y=1440\end{cases}$

“鹤龟算”问题：设鹤 x 只，龟 y 只，可列方程组：$\begin{cases}x+y=100\\2x+4y=272\end{cases}$

可以看出，“鸡兔同笼”展现的是这样一类问题：把有联系的两种事物放在一起描述，已知这两种事物的总数和关于这两种事物本身特有的另一个数量，求这两种事物各自的数量。这类问题具有普遍性，“鸡兔同笼”只不过是其中的一个代表，此模型又可以进一步拓展为以下几种类型②。

(1) 支付问题：某零件加工厂按工人完成的合格零件和不合格零件支付工资。工人每做一个合格零件得工资10元，每做一个不合格零件被扣除5元。已知某人一天共做了12个零件得工资90元。那么他在这一天做了多少个不合格零件？

解：设合格零件 x 个，不合格 y 个，可列方程组：$\begin{cases}x+y=12\\10x-5y=90\end{cases}$

---

① 平山谛．东西数学物语[M]．代钦，译．上海：上海教育出版社，2005：49．

② 杨忠．关于“鸡兔同笼”问题的教学思考[J]．教育践与研究(A)，2013(6)：67－69．(编者增加解法)

(2) 装载问题：有大小两个瓶，大瓶可以装水 5 千克，小瓶可以装水 1 千克，现在有 100 千克水共装了 52 瓶。问大瓶和小瓶相差多少个？

解：设大瓶 x 个，小瓶 y 个，可列方程组：$\begin{cases} x+y=52 \\ 5x+y=100 \end{cases}$

(3) 比赛问题：赢一场球赛得 3 分，平一场得 1 分，负一场得 0 分，某队踢 12 场，负 6 场得分 16 分，问胜了几场？

解：设赢 x 场，平 y 场，可列方程组：$\begin{cases} x+y=12-6 \\ 3x+y=16 \end{cases}$

(4) 计数问题：一份中学数学竞赛试卷共 15 题，答对一题得 8 分，答错一题或不做答均倒扣 4 分。有一个参赛学生得分为 72，这个学生答对的题目个数是多少？

解：设答对 x 题，答错或不答 y 题，可列方程组：$\begin{cases} x+y=15 \\ 8x-4y=72 \end{cases}$

(5) 购买问题：红铅笔每支 0.19 元，蓝铅笔每支 0.11 元，两种铅笔共买了 16 支，花了 2.80 元。问红、蓝铅笔各买几支？

解：设红铅笔 x 元，蓝铅笔 y 元，可列方程组：$\begin{cases} x+y=16 \\ 0.19x+0.11y=2.80 \end{cases}$

(6) 工程问题：一份稿件，甲单独打字需 6 小时完成，乙单独打字需 10 小时完成，现在甲单独打若干小时后，因有事由乙接着打完，共用了 7 小时。甲打字用了多少小时？

解：设甲打字 x 小时，乙打字 y 小时，可列方程组：$\begin{cases} x+y=7 \\ \dfrac{1}{6}x+\dfrac{1}{10}y=1 \end{cases}$

(7) 贷款问题：某公司向银行申请 A、B 两种贷款共 60 万元，每年共需付利息 5 万元，A 种贷款年利率为 8%，B 种贷款年利率为 9%，该公司申请了 A 种贷款多少万元？

解：设 A 种贷款 x 元，B 种贷款 y 元，可列方程组：$\begin{cases} x+y=60 \\ 8\%x+9\%y=5 \end{cases}$

(8) 币值问题：买一些 4 分和 8 分的邮票，共花 6 元 8 角。已知 8 分的邮票比 4 分的邮票多 40 张，那么两种邮票各买了多少张？

解：设 4 分邮票 x 张，8 分邮票 y 张，可列方程组：$\begin{cases} x-y=40 \\ 0.08x+0.04y=6.80 \end{cases}$

在这些“鸡兔同笼”的拓展问题中，都有对应的“鸡”和“兔”，都有对应的“鸡腿数”和“兔腿数”，都有对应的“鸡兔总只数”和“鸡兔总腿数”。由此，我们可以发现“鸡兔同笼”问题的一般模型：一些本身固有两方面特征数量的两种事物，它们这两方面的数量之和或差均已知，求这两种事物各多少。①

在一般模型中，为叙述方便，以“怪鸡”与“怪兔”来代表两种事物，给出如下一般命题，并用“假设法”给出其一般解。

命题："怪鸡""怪兔"分别有 a，b 个头和 c，d 条腿。一些"怪鸡""怪兔"同笼，它们的头的个数之和(差)为 m，腿的条数之和(差)为 n。"怪鸡""怪兔"各几只？(a，b，c，d 均不为零，且 $ad\neq bc$)

下面先把 m，n 当作和给出解法。

解：假设"怪鸡"的头有 m 个，则有 $c(m\div a)$ 条腿，比实际少 $n-c(m\div a)$ 条腿。把一个"怪鸡"头换成一个"怪兔"头多 $d\div b-c\div a$ 条腿，故应换上 $[n-c(m\div a)]\div(d\div b-c\div a)$ 个"怪兔"头，"怪兔"有：

$[n-c(m\div a)]\div(d\div b-c\div a)\div b=(an-cm)\div(ad-bc)$(只)。

因此，"怪鸡"有：

$\{m-[(an-cm)\div(ad-bc)]b\}\div a=(dm-bn)\div(ad-bc)$(只)。

只列算式为：

"怪兔"有：$[n-c(m\div a)]\div(d\div b-c\div a)\div b=(an-cm)\div(ad-bc)$(只)……①

"怪鸡"有：$\{m-[(an-cm)\div(ad-bc)]b\}\div a=(dm-bn)\div(ad-bc)$(只)……②

注：关于 m，n 一个为和一个为差，或两者都为差的情况，只要引入负数的概念，上面的解法都适用。这时把"怪鸡""怪兔"总头数或总腿数少的一方固有的该特征数量记为负数，多的一方记为正数，这样 m，n 就都可看作代数和来处理。且上面①与②可作为这类问题的公式用，对具体问题只需将对应数字代入即可。

而将上面的算术模型列出二元一次方程组模型如下：

$$\begin{cases}ax\pm by=m\\cx\pm dy=n\end{cases}(a,b,c,d\text{ 均不为零，且 }ad\neq bc)$$

只要根据题意解求和或求差的二元一次方程组，就可以得到“鸡兔同笼”问题的一般解。由此，可见用“鸡兔同笼”来代表这类问题的确很恰当、很经典。

① 刘慧，刘宪升．“鸡兔同笼”问题的一般化拓展[J]．数学学习与研究，2014(21)：125－126.

学习任务2:“鸡兔同笼”问题的多种解法及其联系[①]

自主思考:

关于“鸡兔同笼”问题,请写出你的算法。

一、画图法

在低年级教学中,不少老师选择画图法给学生直观讲解。所谓画图法即画一个○表示头,线段表示脚,画出35个○,在每个○下画两只脚,共70只脚比94少,所以需要添脚,而一只兔比一只鸡多两只脚,所以每次给一个○加两只脚变成兔,发现给12个○添脚刚好满足,故兔12只,鸡23只。也可先全画成兔,再去掉多的脚。画图法的实质是假设,只是比纯假设列式增加了形象的示意图。

二、列表枚举法

北师大五年级数学教材呈现了三种列表枚举法。第一种是逐一枚举,将鸡的只数从0开始依次列出,再计算出相应的兔的只数以及总的脚数,直到找到正确答案为止。

头/只	35	35	35	35	35	35	35	35	35	35	35	35	35	35	35	35	35	35	35	35	35	35	35	35
鸡/只	0	1	2	3	4	5	6	7	8	9	10	11	12	13	14	15	16	17	18	19	20	21	22	23
兔/只	35	34	33	32	31	30	29	28	27	26	25	24	23	22	21	20	19	18	17	16	15	14	13	12
腿/只	140	138	136	134	132	130	128	126	124	122	120	118	116	114	112	110	108	106	104	102	100	98	96	94

第二种是跳跃枚举,跳跃计算鸡兔的数量,逐步逼近鸡兔数量的可能性范围,以减少列举的次数。

---

① 张莉,罗燕,李昌勇.“鸡兔同笼”问题的研究综述[J].中国校外教育,2017(2):53-54,60.(编者进行适当改编)

头/只	35	35	35	35	35	35	35	35	35	35	35	35	35	35	35	35	35	35	35	35	35	35	35	35
鸡/只	0	5	10	15	20	25	23																	
兔/只	35	30	25	20	15	10	12																	
腿/只	140	130	120	110	100	90	94																	

第三种是取中枚举，鸡兔共 35 只，取最中间的数开始列举，观察列举的脚数与实际的脚数的差值，判断正确值从中间值的左边还是右边，再在选择的一面继续取中列举，这样大大缩减了列举的范围。

头/只	35	35	35																					
鸡/只	18	27	23																					
兔/只	17	8	12																					
腿/只	104	86	94																					

常规的逐一枚举法利于低年级的学生理解，锻炼了学生的估算和推理能力，培养了学生用列表法解决问题的策略。跳跃枚举、取中枚举是优化后的列表法，培养了学生对特殊数据的敏感性，渗透了极限逼近思想。

三、假设法

假设法是对数学问题的一些数据做适当的改变，然后根据题目的数量关系进行计算和推理，再根据计算所得数据与原数据的差异进行修正和还原，最后使原问题得到解决的思想方法。

(1) 极端假设法：假设全是鸡(兔)。假设全是兔，根据脚应有的总数和实际有的总数的变化关系，得到鸡与兔的只数，算式分别是：鸡的只数为(4×35－94)÷(4－2)＝23(只)，兔的只数为(94－2×35)÷(4－2)＝12(只)。假设全是鸡，思路是一样的。

(2) 公平设计法：兔有 4 只脚，鸡只有 2 只脚不公平，所以我们就将鸡的两个翅膀也看作脚，那么总共有 35×4＝140(只脚)，如果不把翅膀当作脚，那么脚 94 只，所以多出的 140－94＝46(只脚)为鸡的一对翅膀，所以鸡有 46÷2＝23(只)，兔有 12 只。

(3) 抬脚法：假设把鸡和兔都抬起两只脚，则只有兔子还有两只脚在地上，地上总共剩下 94－35×2＝24(只)兔子脚，故兔共 12 只，鸡 35－12＝23(只)。

假设法有利于发展学生的逻辑推理能力，渗透化归的思想。上述几种方法虽然解决问题的角度不同，但都是立足于假设思想上，都是“折半法”或“倍头法”的变式。

四、方程法

1. 一元一次方程

设鸡 x 只，兔 $(35-x)$ 只，由数量关系可列方程：$2x+4(35-x)=94$，解得 $x=23$，即鸡 23 只，兔 $35-23=12$（只）。也可设兔 x 只，过程类似。

2. 二元一次方程组

设鸡 x 只，兔 y 只，列方程组：$\begin{cases}x+y=35\\2x+4y=94\end{cases}$，解得 $x=23$，$y=12$。

方程法体现的是代数思想，需要一定的抽象思维和用符号代替数的能力，所以方程法比较适合高年级学生。

五、面积法

假设用一条线段的长度表示一只兔脚的总数，那么一只鸡的脚的总数就是这条线段的一半，而鸡与兔脚的总数就可以分别用长方形的面积来表示。（如图 5、图 6 所示）

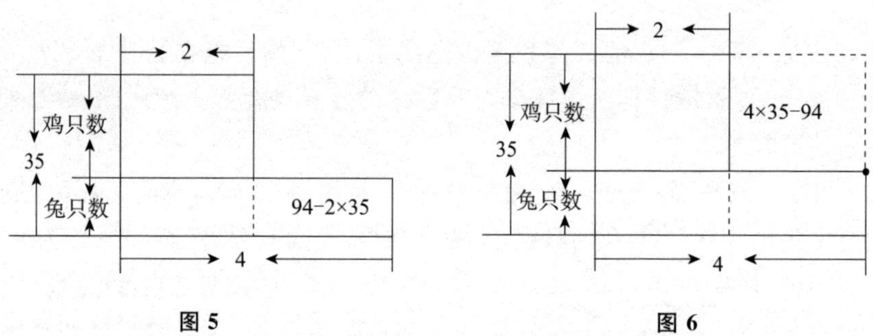

图 5　　图 6

图 5 解法：兔的只数为 $(94-2\times35)\div(4-2)=12$（只）

图 6 解法：鸡的只数为 $(4\times35-94)\div(4-2)=23$（只）

面积法实质是将算术问题几何化，充分体现了数形结合和构造的思想。面积法是一种具有挑战性的方法，需要较强的几何思维，所以目前对面积法的研究并不多。

此外，还有一些特殊解法，如画线段图法、比例分配法、差量作比法、代数消元法，纪祥在《“鸡兔同笼题，千年没变过”说开去》中甚至主张将鸡兔的数量关系与向量矩阵的知识联系起来，可见“鸡兔同笼”的解法越来越丰富了。

分析与点评

画图法、列表枚举法、假设法这几种方法之间有什么联系与区别呢？显然，它们之间是有紧密联系的，至少本质上是一致的，都是假设法的不同体现。画图需要假设，列表枚举也是假设。每一种方法都是“假设—验证—调整”这样一种循环往复的思维过程，都是从简单操作的层面过渡到算式理解的层面，从操作的复杂化到列式的简单化，从前方法的局限性到后方法的适用性，从思维的低层次向高层次迈进，从形象具体到逐步抽象的过程。①

从宏观方面来说，无论是画图法、假设法还是面积法都是对原问题实现了不同形式的转化，而这种不同的转化均体现了同一种数学思想——化归思想，面积法还体现了数形结合的思想，方程法则体现了方程思想，而且巧妙的转化还显示了其解法的优越性。从微观方面来说，假设法中的极端假设法、公平设计法、抬腿法都渗透化归思想，还穿插有对应思想与变中抓不变的思想等，通过化复杂为简单、化未知为已知、化陌生为熟悉、化抽象为具体等多种途径，最终实现对问题的解答。面积法是对问题的转化，更为重要的是渗透了数形结合思想，将复杂的数量关系以直观明了的图形形式表示出来，比较形象直观，学生容易理解，最终达到了解决问题的目的。方程法应该是小学高年级学生能够想到的方法，运用方程法，将鸡与兔脚的数量关系用一个等式直接表示出来，使人一看就很明白，不仅渗透了方程思想，体现了数学的符号化和形式化特点，同时能够感受到方程法在数学运用上的普适性，也为学生进入初中阶段的学习做了铺垫和过渡。②

自主思考：

1. 不同版本小学数学教材中“鸡兔同笼”问题各在哪个年级学习？不同教材的设计意图是什么？

2. 小学阶段“鸡兔同笼”问题的教学重点是什么？

---

① 张莉，罗燕，李昌勇．“鸡兔同笼”问题的研究综述[J]．中国校外教育，2017(2)：53－54，60．（编者进行适当改编）

② 陈安宁．浅谈数学思想方法对小学数学教学的启示——以鸡兔同笼问题为例[J]．兰州文理学院学报（自然科学版），2014(11)：97－100．

学习任务3:分析“鸡兔同笼”的教学价值[①]

“鸡兔同笼”问题能从1500年前流传至今,是由它的价值决定的。

一、“鸡兔同笼”问题的数学现实价值

1.“鸡兔同笼”问题,能引起学生的兴趣和好奇心

“鸡兔同笼”并不存在于现实,但其问题却有助于唤起学生的学习兴趣。例如,有学生曾说:“鸡和兔关在一个笼子里,这个问题很有趣,吸引我去解决它。”我们常说“兴趣是最好的老师”。“鸡兔同笼”作为一种数学模型,将抽象、枯燥的数学问题形象化、生活化,从而激发人们对这类数学问题的研究兴趣。

2.“鸡兔同笼”问题,有利于训练学生的数学思维能力

“鸡兔同笼”问题求解时,学生可以采用画图法、列表枚举法、假设法等多种方法,通过比较,发现假设法是解决这类问题比较通用、有效的方法。例如,有学生曾说:“它能教我们很多解决问题的方法,让我们的思维得到训练。”其实,“鸡兔同笼”是一个数学模型,是一个很好的一元一次方程和二次一次方程模型,生活中很多问题经过适当的转化和迁移,都可以用“鸡兔同笼”问题的算法解决。不言而喻,数学思维能力很容易从中得以提高。

二、“鸡兔同笼”问题的数学永恒价值

1.“鸡兔同笼”问题蕴含假设思想

假设思想是数学思维的重要模式。曾有位小学数学教师说:“当我遇到数学难题时,我都会想想:能否用假设法来解?结果发现,很多难题都能迎刃而解。”

“鸡兔同笼”问题的算法中,画图法、列表枚举法、倍头法、方程法、面积法等中都蕴含了假设思想。通过这些方法的使用与比较,学生可以感悟到假设思想对于问题解决而言是多么不可或缺的思维方式。

2.“鸡兔同笼”问题渗透化归思想

化归法,就是在解决问题时,先不对问题采取直接的分析,而是将题中的条件

① 李丽生.“鸡兔同笼”问题的价值追寻[J].小学教学设计·数学,2015(12):21-23.(编者适当调整)

或问题进行变形,使之转化,直到最终把它归成某个已经解决的问题,这是许多数学家推崇的思维方法。有很多数学问题都可以化归为“鸡兔同笼”问题,如“百僧问题”“车轮问题”“龟鹤问题”“人狗问题”等,都是“鸡兔同笼”问题的变式问题。因此,学生只要懂得将这些问题化归为“鸡兔同笼”问题,就可迎刃而解了。而实质上,这和“鸡兔同笼”作为一个重要的方程模型具有密切关系。

自主思考:

关于“鸡兔同笼”问题,你认为还有哪些价值?请写下来。

学习任务4:如何调研理解学生关于“鸡兔同笼”的已有认识

有一位教师设计了如下问题,调研了解学生关于“鸡兔同笼”问题的已有知识基础。

停车场上,有车辆12辆,其中汽车有4个轮子,摩托车有3个轮子,这些车共有42个轮子。摩托车有几辆?

自主思考:

1. 写下你的答案。
2. 这道调研题目的设计意图是什么?
3. 学前调研题目、结果是否可用于教学中?可以如何用?

下面是人大附中经济技术开发区实验学校赵连磊老师设计的调研题目、调研结果以及所做的分析。

调研目的	了解学生对“鸡兔同笼”问题的算法
调研对象	四年级9班学生,共37人
调研形式	问卷
调研题目	第一题:笼子里有若干只鸡和兔。从上面数,有35个头,从下面数,有94只脚。鸡和兔各有几只?用你喜欢的方法解决这个问题。 【设计意图】根据题意,找出数量关系,解决问题,主要考查学生会不会解这类问题,在问题思考过程中,会不会运用转化为小一点的数量解决问题,再用相同方法尝试解决大一点数量的问题

调研之后,赵连磊老师做了以下分析:

情况分类	答对情况		答错情况		没答情况	
	人数/人	百分比/%	人数/人	百分比/%	人数/人	百分比/%
第一题	5	13.5%	25	67.6%	7	18.9%

从学生的答题情况可以看出，大部分学生不会解这类问题，但学生对此问题很感兴趣，并表现出了积极的探索精神。从他们提交的答题过程中可以看到，即使是答错学生（占 67.6%），都有对此问题的思考过程。根据学生的答题情况，再进一步具体分析如下。

1. 答对学生情况分析

全班 37 人中，有 5 名学生答题正确，占全班人数的 13.5%。他们采用的方法主要有列式计算法、画图法、跳跃式枚举法，极端假设法等。如下图所示。

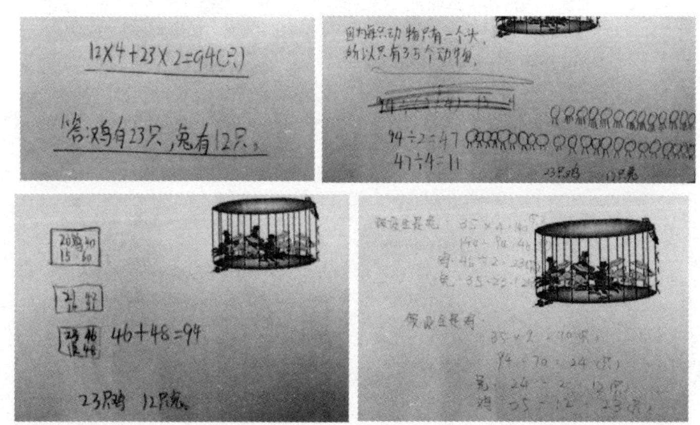

从学生的解答过程可以看出，他们不仅曾经接触过"鸡兔同笼"问题，而且至少掌握了 1 种算法。但他们是否能够说清楚数量关系有待进一步了解。

2. 答错学生情况分析

全班 37 人中，答错学生共有 32 人，占 86.5%。其中，尝试解答，但未能答对的学生有 25 人，占 67.6%，而选择放弃的学生有 7 人，占 18.9%。尝试解答的学生采用的方法主要是画图法、列表枚举法、极端假设法，但没有出现将大数量转化为小数量先探究，再解决问题的情况，而都是直接解决问题。他们答错的原因有三类，其一是数量关系表达方式不便于探究，其二是厘不清数量关系，其三是计算错误。

第一类：数量关系表达方式不便于探究。

下面这名学生用直接列算式法、画图法尝试解决问题。首先尝试列式，但未能成功。再尝试画图法，用○表示头、用△表示腿，但因为表示两者数量关系的方法不对，探究活动中止。

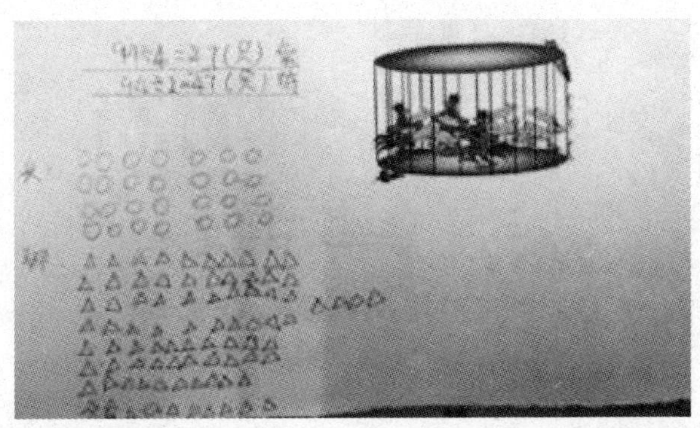

第二类：厘不清数量关系。

下面这名学生采用极端假设法解决问题。从他的答题过程可以看出，他对解决这类问题有大体思路，但理不清楚具体的数量关系，即求出“比实际少的脚”数后，进一步求兔数时，学生列出 24÷4=6(只)，混淆了 24 对应的是每只兔子的脚多于鸡的脚的数量，即 4－2=2(只)。因此，后面的鸡数的列式也出现错误。

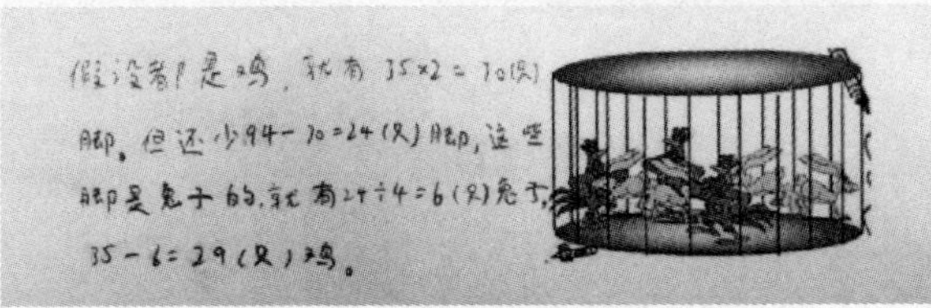

第三类：计算错误。

下面这名学生采用取中枚举法解决问题。从他的答题过程可以看出，答题思路清楚，数量关系理解正确，但是因为计算错误，使之探究中止，未能得出正确答案。

鸡	18	19	……	22
兔	17	16	……	13
头	35	35	……	35
脚	104	102	……	94

3. 对前测的思考

学生在学习"鸡兔同笼"问题之前,通过其他途径已经接触了"鸡兔同笼"问题,但对其算法掌握得并不是很清楚。根据学生的答题情况,在教学设计上重点关注以下几点。

(1) 面对大数量,学生没有想过要先用小数量探究数量关系,再解决大数量问题,因此,教学设计中要设计借助"转化"解决问题的过程,并让学生感悟这是一种很好的问题解决策略。

(2) 大部分学生对"鸡兔同笼"问题的原有经验存在很大漏洞,因此,应该通过交流自己的想法等方式,让学生回顾和反思自己的问题解决过程,帮助学生更好地进行数学表达,理清其数量关系,并正确计算。

(3) 前测问题中,没有要求学生用多种方法解决问题,因此,多数学生都只用1种方法来解决问题。教学过程中,可以通过交流算法,引导学生感悟不同算法之间的联系与区别,体会"鸡兔同笼"问题具有的数学模型特征。

学习任务5:核心教与学活动及其设计意图

下面是人大附中经济技术开发区实验学校赵连磊老师执教"鸡兔同笼"所设计的学习活动以及意图。

一、解读"鸡兔同笼"问题,提出简单化策略

1. 出示"鸡兔同笼"问题

大约1500年前,我国古代数学名著《孙子算经》中有一道数学趣题——"鸡兔同笼"问题。原文如下:

今有雉兔同笼,上有三十五头,下有九十四足,问雉兔各几何?

意思是:笼子里有若干只鸡和兔。从上面数有35个头,从下面数有94只脚。鸡和兔各有几只?

板书:"鸡兔同笼"

2. 将原题转化为简单"鸡兔同笼"问题

师:"鸡兔同笼"原题我们做过,很多同学在做的过程中,都遇到了不同程度的困难。能分享

一下，你遇到的困难是什么？你都做了哪些尝试？

预设 1：不知道怎么解决这类问题，尝试过画图/列表/列式。

预设 2：数据太大了，算起来很麻烦。

师："鸡兔同笼"原题有点难，但我们可以从简单问题入手，先解决简单问题，再用同样的方法解决复杂问题。

转化为：笼子里有若干只鸡和兔。从上面数，有 8 个头，从下面数有 26 只脚。鸡和兔各有几只？

师：现在问题变简单了，那在这道"鸡兔同笼"问题中，都有哪些数学信息？

预设 1：鸡头＋兔头＝8，鸡脚＋兔脚＝26

预设 2：鸡头＝兔头＝1，兔脚－鸡脚＝4－2＝2

预设 3：鸡头×2＋兔头×4＝26(总脚数)

【设计意图】 从我国古代数学趣题直接导入，让学生感受到我国数学文化的悠久与魅力，以激发学生探究的兴趣。因为"鸡兔同笼"问题曾向学生做过课前调查，学生尝试解决过。所以，交流问题解决过程中遇到的困难，自然地采用化难为易的策略，引出简单问题，为解决"鸡兔同笼"问题提供思路，并引导学生发现简单问题中的数量关系。

二、探索"鸡兔同笼"问题的多种算法

师：这个简单问题，都可以用哪些方法解决呢？先独立思考算法，再与小组同学互相说一说自己的算法。

小组交流，并汇报。

1. 画图法

预设 1：假设全是鸡，先画 8 个头，用○表示头，每个头下面都画 2 只脚，用//表示，一共有 16 只脚。16 比 26 少，说明脚画得不够，差 10 条腿。每只兔脚比鸡脚多 2 只脚，因此，从第一个头开始，添加 2 只脚(\\)，添到第 5 只，正好添加了 10 只脚，这样脚数一共是 26 只。从图中，可以看出有 5 只兔子，3 只鸡。

预设 2：假设全是兔，先画 8 个头，用○表示头，每个头下面都画 4 只脚，用//\\表示，一共有 32 只脚。32 比 26 多，说明脚画多了，多 6 条腿。每只兔脚比鸡脚多 2 只脚，因此，从第一个头开始，去掉 2 只脚(/)，去掉至第 3 只，正好去掉了 6 只脚，

这样脚数一共是 26 只。从图中，可以看出有 3 只鸡，5 只兔子。

2. 列表法

预设 1：逐一列表

头/个	8	8	8	8
鸡/只	0	1	2	3
兔/只	8	7	6	5
脚/只	32	30	28	26

预设 2：跳跃列表

头/个	8	8	8	8
鸡/只	0	2	4	3
兔/只	8	6	4	5
脚/只	32	28	24	26

预设 3：取中列表

头/个	8	8	8	8
鸡/只	4	2	3	
兔/只	4	6	5	
脚/只	24	28	26	

3. 猜测验证法

预设：如果有 3 只兔，5 只鸡，一共是 22 只脚。不对！如果有 4 只兔，4 只鸡，一共是 24 只脚。也不对！如果有 5 只兔，3 只鸡，一共是 26 只脚。正确！

4. 列算式法

预设 1：假设全是鸡：

鸡的脚数：2×8=16(只)

比实际脚数少：26−16=10(只)——兔脚

兔脚与鸡脚多：4−2=2(只)

兔的只数：10÷2=5(只)

鸡的只数：8−5=3(只)

预设 2:假设全是兔:

兔的脚数:4×8=32(只)

比实际脚数多:32-26=6(只)——鸡脚

鸡脚与兔脚少:4-2=2(只)

鸡的只数:6÷2=3(只)

兔的只数:8-3=5(只)

5. 比较四种方法

师:回顾我们今天的解题方法,画图、列表、猜测验证、列算式这四种方法之间有联系吗?

预设 1:它们都要先假设。

预设 2:它们都是假设后与实际情况做比较再调整,最后找到答案。

师小结:画图、列表、猜测验证、列算式,虽然形式不同,但都用到了假设的思想。不管用哪种方法,都是从最开始的假设,发现总腿数与实际总腿数之间的差距,再进行适当的调整,从而找到正确的答案。

6. 解决"鸡兔同笼"问题原题

(1) 解决原题。

师:那么,现在能解决"鸡兔同笼"问题了吗? 请选择一种方法解决。

预设 1:画图法,鸡 23 只,兔 12 只。

预设 2:列表法,鸡 23 只,兔 12 只。

预设 3:猜测验证法,鸡 23 只,兔 12 只。

预设 4:列算式法,鸡 23 只,兔 12 只。

(2) 拓展阅读:抬脚法、折半法。

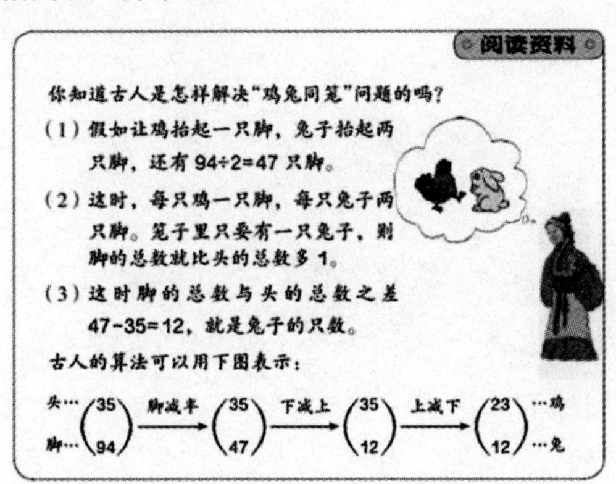

【设计意图】 通过小组研究“鸡兔同笼”问题的多种算法，让学生至少掌握1种算法，并了解多种算法，以及多种算法之间的联系。结合教材中呈现的方法，重点讨论画图法、列表法、假设验证法和列算式法（极端假设法），再通过比较发现这4种方法的共同点是都运用了假设思想，感悟假设思想在数学问题解决过程中的重要性。在此基础上，运用以上方法解决“鸡兔同笼”问题的原题，使学生经历一次化繁为简、化难为易的化归过程。

三、利用“鸡兔同笼”问题模型解决新问题，感悟“鸡兔同笼”问题的价值

1.“龟鹤算”问题

有龟和鹤共40只，龟的腿和鹤的腿共有112条。龟、鹤各有几只？

2. 投篮问题

篮球比赛中，3分线外投中一球记3分，3分线内投中一球记2分。在一场比赛中张鹏总共得了21分。张鹏在这场比赛中投进了几个3分球？（张鹏没有罚球。）

3. 抽奖问题

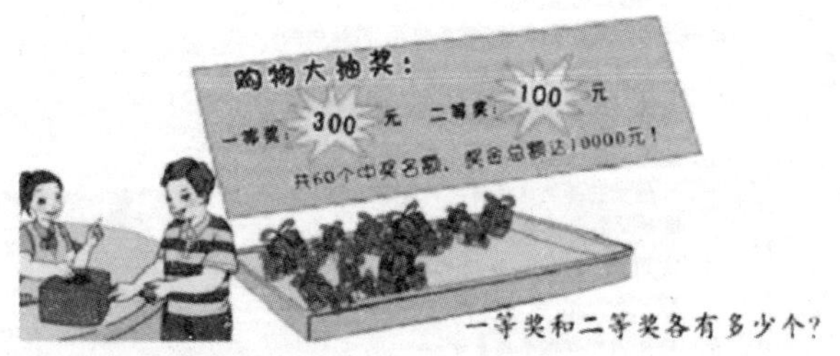

师：“鸡兔同笼”问题的算法，在解决以上问题过程中都可以用到。那这些问题有没有什么共同之处呢？

预设:两个事物之间可以建立两种数量关系。

师小结:说得太好了。我们的生活中并不存在"鸡兔同笼",但"鸡兔同笼"问题可以流传 1500 多年,就是因为"鸡兔同笼"是一个数学模型,掌握了这个模型,就可以解决两个事物之间存在两种数量关系的全部问题。

【设计意图】 借助"鸡兔同笼"问题解决经验,解决不同领域的 3 个问题,"鸡兔同笼"是一个数学模型,让学生感悟到研究"鸡兔同笼"问题意义与价值,并对"鸡兔同笼"问题的算法进行巩固理解。

四、回顾解决问题过程,感知化归思想

师:回顾我们解决"鸡兔同笼"问题的过程,你有什么收获?

预设 1:我学会了解决此类问题的方法。

预设 2:我发现方法之间都是有联系的。

预设 3:我知道了不会解决复杂问题时,可以先解决简单问题。

师小结:回顾我们今天解决问题的过程,我们是将复杂问题简单化,再用简单问题归纳方法,最后利用方法解决了复杂问题。像这样化繁为简、化难为易的思路称为化归。化归思想不仅可以用来解决数学问题,还可以用来解决很多生活中的问题。

【设计意图】 通过回顾"鸡兔同笼"问题解决过程,总结问题解决的思路,感知化归思想。

分析与点评

"鸡兔同笼"问题是一个数学趣题,关于"鸡兔同笼"的算法也很多。赵连磊老师先引导学生理解数学问题中的化归策略,问题解决方法多样化及多种方法之间的联系,再借助"鸡兔同笼"问题解决策略的应用,使学生感悟到"鸡兔同笼"问题作为一个数学模型在生活领域的广泛应用性。

1. 以学生的认知难点作为教学起点,让学生体会化归策略在问题解决过程中的重要性

"鸡兔同笼"是四年级下册的内容,通过问卷调查,赵老师知道绝大多数学生缺乏解决"鸡兔同笼"问题的经验,只有少部分学生通过其他路径已经掌握了至少一种解决"鸡兔同笼"问题的方法。因此,赵老师直接以"鸡兔同笼"问题作为本课的

导入，让学生分享问题解决过程中遇到的困难，并提出问题太难，我们可以先解决简单问题，使得问题难度降低，为学生指出问题解决的一种策略。接着，让学生经历“用多种方法先解决简单问题，再解决复杂问题”的过程，让学生体会到化归策略在解决问题过程中的重要性。

2. 引导学生探究解决问题方法的多样性，并发现多种方法中都蕴含着假设思想

赵老师先从简单问题入手，引导学生发现“鸡兔同笼”问题的数量关系，即鸡有2只脚、兔有4只脚，兔脚－鸡脚＝2，鸡头×2＋兔头×4＝26(总脚数)。再组织小组讨论，让学生尝试用多种方法解决问题，帮助学生感知多种方法之间具有一定的联系。在后续的全班讨论中，教师引导学生借助刚刚的经验，发现画图法、列表法、猜测验证法、列算式法虽然形式不同，但都用到了假设的思想。不管用哪种方法，都是从最开始的假设，发现总腿数与实际总腿数之间的差距，再进行适当的调整，从而找到正确的答案。

3. 运用“鸡兔同笼”问题解决策略解决新问题，体会“鸡兔同笼”模型的广泛应用性

“鸡兔同笼”是一个典型的二元一次数学模型。四年级学生还没有学习方程，因此，二元一次方程模型并不是学生的学习内容，但有必要借助“鸡兔同笼”让学生体会这种模型在生活中具有广泛性。赵老师通过3个不同领域的内容，即“鸡兔同笼”问题传播过程中的变式问题“龟鹤算”、球类运动中的投篮问题、生活中的抽奖问题，引导学生感悟“鸡兔同笼”具有的模型特点。

练一练

1. 在“鸡兔同笼”教学中，如何设计导入环节？其主要意图是什么？
2. 利用“鸡兔同笼”问题，还可以解决哪些问题？试着编一个数学问题。

后　记

本书是帮助教师(尤其职初新任教师)学会教学的教材,因此精选小学数学中的经典内容作为案例,深入挖掘这些数学内容的学科本质与教育价值,调研了解学生在学习这些内容时的难点与学习路径,从而设计有效的学习活动实施教学。本书也突出强调了教学实施过程中优秀教师如何组织管理课堂教学秩序、如何引导学生进行深入的数学思考、如何及时有效地进行学生学习评价等。全书每一节都适时地加入"自主思考""练一练"等环节,旨在让本书的阅读者带着"问题"、带着"思考"与教材编写者进行"对话",进行"巩固练习",从而将教材所呈现的内容、技能及某些理论能够内化于心、真正理解和掌握,并能在教学实践中运用。

从萌发为新任教师编写一本教学指导手册,到编写一本小学数学教学设计案例集,再到目前的小学数学典型内容教学设计与评析,历时将近一年。从确定哪些内容是"典型内容",到确定教材编写结构以及选择哪些教学案例,我们进行了大量的研讨和调研,刘加霞、刘晓婷、刘琳娜三位老师确定编写体例与样章,北京教育学院何劲松院长、钟祖荣副院长多次给予指导。初等教育学院小学数学教研室全体教师及小学课程研究中心部分教师参与编写,具体分工情况如下。

前言与后记、第一章第二节、第一章第四节、第三章第一节、第四章第一节由刘加霞完成;第二章第三节、第二章第四节、第三章第四节由刘琳娜完成;第二章第一节、第四章第二节、第五章第一节由刘晓婷完成;第二章第二节、第五章第二节由崔英梅完成;第一章第一节、第一章第三节由潘丽云完成;第三章第二节由彭纲完成;第三章第三节由刘月艳完成。最后全书由刘加霞统稿并对部分章节做了较大修改与完善。撰写过程中引用了大量一线教师的教学案例，本书相应位置都做了标注，在此不一一赘述，谨向辛勤付出的老师们表示诚挚的谢意。

“学会教学”是教师一生的追求，尤其要实现以“学生为学习主体”的教学。“让学生有效地学习、让教师有效地教学”也是教师培训者一生的研究课题，本书仅是对小学数学典型内容的有效“学与教”提出管窥之见，不妥之处敬请批评指正。

编者

2018 年 10 月 1 日